バイユーの綴織(タペストリ)を読む

中世の
イングランドと
環海峡世界

Tsurushima Hirokazu
鶴島博和

山川出版社

父と母、そしてイアンへ

存在はさまざまに語られる（アリストテレス）

Decoding the Bayeux Tapestry:
England and the Cross-Channel-World in the Eleventh-Century
by
Hirokazu TSURUSHIMA

バイユーの綴織(タペストリ)を読む　鶴島博和

凡例

・人名において，名前と姓，字を結ぶオブやドゥは = で表記した。カタカナは原則として・で繋いだ。
・本文中には欧文はできる限り入れていない。固有名詞やテクニカル・タームに関しては索引で欧文を参照できるようにしている。
・カタカナ表記は，地名は現地表記に近づけたが，人名は教皇はラテン語の表記を，それ以外は原則として英語表記とした。ただし慣用に従ったところもある。とくに頻出する人名については，初出で「ウィリアム（ギヨーム）」とフランス語などの表記を補った場合もある。正確な表記は不可能という立場に立って，あまりペダンティックな処理はしていない。
・図の編集の関係上，ラテン語の銘文が途中で切れる場合がある。その場合は次の「場」を参照のこと。
・註の扱い方について。本文中には，原史料に関するものと説明註以外はつけない。引用註はつけず，巻末の参考文献をもってこれにあてる。
・専門用語などは，索引で簡単な説明を加えたものもある。索引を簡単なグローサリとした。
・史料上の傍点はすべて筆者によるものである。

目次

プロローグ …… 5

第Ⅰ部 　絵解き …… 17
第1幕　ハロルド　ノルマンディに行く …… 18
第2幕　ブルターニュ戦役 …… 53
第3幕　ハロルドの宣誓と臣従 …… 67
第4幕　エドワード王の死去とハロルドの戴冠 …… 75
第5幕　前哨戦 …… 91
第6幕　ウィリアム　海峡を渡る …… 110
第7幕　決戦前夜 …… 137
第8幕　戦闘 …… 146

第Ⅱ部 　「綴織」の制作とその歴史 …… 191
第1章　「綴織」の構成と制作の過程 …… 192
第2章　「綴織」の歴史 …… 200

第Ⅲ部 　歴史的背景 …… 203
第1章　イングランド人の国王とノルマン人の公 …… 204
第2章　新貴族 …… 210
第3章　紛争解決と新体制 …… 218
第4章　地域に生きる人々 …… 225
第5章　「ノルマン征服」か …… 249

エピローグ …… 257

註 …… 267
参考文献 …… 285
系図 …… 299
全体地図 …… 305
索引 …… 307
謝辞 …… 329

【図版目次】

第Ⅰ部
図1 ポンチュー伯領とノルマンディ公領 …………… 30
図2 ボーラン城のモデルと等高線図 …………… 33
図3 『エルフリック六書』の鳥打ち図 …………… 41
図4 ルーアンの都市と城 …………… 49
図5 環海峡世界 …………… 51
図6 当時のモン・サン・ミシェル修道院 …………… 58
図7 『エルフリック六書』のラハブの図 …………… 62
図8 ディナンとレオン …………… 66
図9 バイユーの都市プラン …………… 70
図10 聖遺物箱を運ぶ4人の聖職者 …………… 74
図11 スクレレウ3型 …………… 104
図12 ウィリアムとハロルドの進軍路 …………… 118
図13 当時のペヴェンシ湾とウィリアムとハロルドの進軍路 …………… 125
図14 最後の晩餐 …………… 130
図15 開戦直前の戦闘配置 …………… 156
図16 ハロルドの軍に結集した軍勢の出身地 …………… 170
図17 午前中の戦闘状態 …………… 172
図18 陽動作戦 …………… 177
図19 弓兵による攻撃 …………… 182
図20 ハロルドの戦死と軍勢の逃亡 …………… 190

第Ⅲ部
図1 11世紀のドーヴァ …………… 215
図2 エドワード王の令状発給先の州と宮廷移動経路 …………… 224
図3 チラムのシーレッドの所領と一族の系図 …………… 227
図4 北海と海峡でのニシンの漁期 …………… 233
図5 フェカン修道院の所領とニシン漁の港 …………… 237
図6 オドの所領分布 …………… 242
図7 トゥラルドの所領 …………… 244
図8 ワダードの所領 …………… 244
図9 カンタベリ近郊のヴィタールの所領 …………… 246
図10 11～12世紀のカンタベリ …………… 246
図11 ブルターニュ …………… 250

プロローグ

「バイユーの綴織」と本書の目的

　1066年10月14日，イングランド南部サセックスのバトルの丘は鮮血に染まった。その後のイングランドの歴史を大きく変えたヘイスティングズの戦いである。その対岸にあるフランス，ノルマンディ地方にバイユーという小さな町がある。田舎然とした古びた小さな駅に降りると，そこから閑散としていて時間がとまったような感覚を覚える鄙(ひな)の町並みが広がる。それでもその起源はローマ時代にさかのぼる。その名前は，原住のボディオカッシ人のラテン語形バイオカッシに由来するという。

　この町に戦いを描いた一大絵巻物が残っている。この地の名前を冠して，「バイユーの綴織」(「綴織」と略記)と呼ばれる，長さ68.58m，幅は45.7cmから53.6cmのリネン生地に刺繡された長大な刺繡絵である。ただ，綴織という言い方は，18世紀以来慣行的に用いられてきたのでそれに従う。10色の毛糸で刺繡され，625の人と190の馬，35の犬，想像上のものも含めた506の生物，37の船，33の建築物と37の木あるいは林が織り成す，色鮮やかなダイナミックで詳細な描写は見る者の心をとらえて離さない。11世紀中頃の人々の政治生活をここまで活写した資料は，ヨーロッパ広しといえども残存していない。この長大な絵巻物を読み解き，11世紀におけるイングランドとフランスの両岸に広がる環海峡世界を物語ることが本書執筆の目的である。

　銘文があるとはいえ，「綴織」は所詮画像，それ自体は決して雄弁ではない。どうしても同時代の資料を参照しなければ，何が起こったのかを正確に描くことはできないし，ましてや一つの世界に接近するなど及びもつかない。幸いヘイスティングズの戦いのように，決定的で長期にわたる影響力をもった事件には，膨大な量にのぼるこれを伝える資料が残っている。これらを参照しながら「綴織」を読んでいこう。

参照する史料[1]

　本論に入る前に参照する史料を概観しておこう。ただし，ここで扱うもの

は主たる史料で，それ以外のものに関してははじめてでてきたときに註で説明する。

ウィリアム＝ジュミエージュ『ノルマン人の諸公の事績録』(1070年頃)

　ウィリアム(ギヨーム)＝ジュミエージュ『ノルマン人の諸公の事績録』は，征服という事件を記録した直近の史料の一つである。ノルマンディは，カロリング朝が解体していくなかで形成された領邦としては，自らの歴史を書いた最初の領邦であった。著者はドゥド＝サン・カンタン。彼の仕事は，リチャード(リシャール)1世や2世に依頼されて，ノルマン人の定住を正当化することであったが，たくさんの伝説が盛り込まれていて，ノルマン人がヴァイキングの末裔であるという，特異なアイデンティティ形成に一役かったのである。その作品を継続して，書き続けたのがウィリアム＝ジュミエージュであった。彼については，ジュミエージュ修道院の修道士という以上に詳しいことはわからないが，自身がリチャード3世(在位1026～27)以降の事件の生き証人と証言していることから紀元1000年頃の生まれと推定される。彼自身のことは，ノルマンディの修道士のあいだではある程度語り伝えられていたようで，オルデリック・ヴィターリスは3度言及している。1060年までには最初の部分を書き終えていた。しかし，征服という偉業を成し遂げたウィリアム王の命を受けて，彼は再度ペンをとり，1070年頃までに征服の歴史を書き加えている。その骨子は，公の王位はエドワード王より約束されたものであり，ハロルド王は王位簒奪者だという，公の側の主張の表明である。しかし，公の要請を受けて急いで書き上げたらしく資料収集も不十分で，征服に関する叙述は不正確で情報量に乏しい。征服前のイングランドに関する詳細で正確な叙述と比較すると明らかな対照をなしている。征服前については，カンタベリ大司教で1052年以降ジュミエージュ修道院に隠棲したロバート(ロベール)＝ジュミエージュが情報源であったと考えてよいだろう。

ウィリアム=ポワティエ『ノルマン人の公ウィリアムの事績録』(1070年代)

　「綴織」の同時代史料でもっとも情報が豊かなのがこの事績録である。ただし，オリジナルは残存していない。1619年にフランスの尚古家アンドレ・ドゥシェンヌが破損した写本から転写したコピーが原本となっている。その写本は，1731年にイングランドの尚古家，コットン卿の図書館の焼失とともに消滅した。コピーには最初と最後の頁がなく，本来ここに書かれたはずの執筆の動機と本人の経歴などは，推測によるしかない。ただ，オルデリック・ヴィターリスがウィリアムについて多少書いており，また事績録のなかでも本人についての若干の叙述があり，おおよその経歴は知ることができる。

　これらの話を総合すると大体以下のようになる。1020年代にルーアンの北東14kmにあるプレオーの裕福な騎士の家系に生を受けた。父はおそらくはボーモン家の家臣であった。若くして戦闘に参加したが，ポワティエに逃れ，そこで古典の勉学に励み，聖職者となってウィリアム公の礼拝堂司祭となった。同時に，リジューの司教座の大助祭として2人の司教ヒュー(在任1049～77)とギルバート・マミノット(在任1077～1101)に仕えた。

　ウィリアム=ジュミエージュの『ノルマン人の諸公の事績録』を受けつつも，ウィリアム公の征服を讃えハロルド王を誓約違反の簒奪者として描く『ノルマン人の公ウィリアムの事績録』におけるその太鼓持ち的な筆致に，著者の政治的な野心が見て取れる。しかし，1075年頃から国王の恩顧を失ったようである。これが同書が未完に終わり，国王に献呈されなかった直接の理由であろう。ではなぜ恩顧を失ったか。それは『ドゥームズデイ・ブック』からも推測できる。

　ドーヴァの城塞内にあるセント・メアリ教会は，1050年代から「ノルマン征服」までイングランド最強の貴族ゴドウィン家(→214頁)の庇護を受けていた。「征服」後，教会の保護は，ゴドウィン家の東部に関する伯職の後継者でケント伯と称され，同時に城を任されたバイユー司教オドに移った。彼はそれまで聖職禄を共同で保有していた共住聖職者教会を解体して聖職禄を個々の参

事会員に分配した[GDB, fo. 1v]。その1人にウィリアム＝ポワティエがいたのである。彼の聖職禄のシーベルツウォルドは，957年にエドマンド王が，カンタベリのセント・オーガスティン修道院に与えた土地でもあった[『ウィリアム・ソーンの年代記』]。ウィリアムは，聖職禄の旧保有者であったセント・オーガスティン修道院とも近い関係にあったであろう。また司教オドとの関係でいえば，ウィリアムが仕えたリジューの司教ギルバートは，1086年の時点で，ケントにおいて司教オドの封臣として土地を保有していた[GDB, fo. 7]。ウィリアムは，征服後，ギルバートを通して司教オドに接近していったものと思われる。

　彼のヘイスティングズの戦いでの詳細な情報は，公の礼拝堂司祭として征服に従軍して得た直接の見聞や，彼が聖職禄をもっていたケントに定着したオドの家臣たちから得たと推測される。口頭の情報源に関しては推測の域をでないが，一面においてウィリアム＝ポワティエの作品は，『ノルマン人の公ウィリアムの事績録』といいながらも，バイユー司教オドとその周囲からみた解釈を含んでいる。1077年にウィリアム王は長男ロバート（ロベール）との不和が表面化した。オドはロバートを支持し，このあたりからウィリアムとオドの関係も悪化していった。一方における公そして国王の宮廷礼拝堂司祭，一方におけるオドとの増していく親密さという立ち位置で，ウィリアム＝ポワティエは宮廷内の権力闘争の余波を受けて，「事績録」を完成するのを断念せざるをえなかったのではないだろうか。

　未完成とはいえ，ウィリアム公の「イングランド人の王」位継承の正当性とゴドウィンの子ハロルドの宣誓誓約違反と王位簒奪を基調とする「事績録」は，征服直後から準備され，大半は1071年以降に書き始められ77年以前に筆がおかれたものと思われる。その内容は詳細で，同時代性や著者が征服行動に同行したと思われるところから「ノルマン征服」を研究する際の基本的史料とされてきた。しかし，その構成は古典作品のモデルを踏襲しているといわれ，カエサル，キケロ，サッルスティウス，ウェルギリウス，ウェゲティウスを模倣し頻繁に引用している。従って，史料として利用する場合は，古典

のレトリックを考えなくてはならない。

　これらの古典著作からの引用文をどこで入手したのであろうか。移動していた公の礼拝堂司祭の身であれば，こうした図書へのアクセスは容易ではなかったろう。個人的蔵書とか記憶ということも考えられるが，持ち運べる蔵書に限りがあり，記憶であればその正確さに疑問が生まれる。もしウィリアムが，執筆の時期にカンタベリかその近隣に滞在していたのであれば，オドを通せば厚遇を得たであろうセント・オーガスティン修道院，あるいは参事会員であったドーヴァのセント・メアリ修道院の蔵書を利用することができたかもしれない。大司教座聖堂附属修道院は1067年の火事で図書館の蔵書は灰燼に帰したこともありその可能性は低いであろう。とくにセント・オーガスティン修道院は古典を含めた豊かな蔵書を有していた。このことは口頭の情報入手との関係で重要である。

アミアン司教ギー『ヘイスティングズの戦いの詩』(1067年頃)

　『ヘイスティングズの戦いの詩』は，ポンチュー伯ギーの叔父のアミアン司教ギー(在任1058頃〜75, →系図5)の作といわれ，ノルマン征服を讃えた叙事詩である。そのトーンは，ウィリアム＝ポワティエ『ノルマン人の公ウィリアムの事績録』と同じで，ウィリアムの王位継承の正当性とハロルドの王位簒奪を歌っている。その一方で，ウィリアム＝ポワティエと違い，ハロルドの武人としての能力を高く評価している。冒頭でランフランクに挨拶を送っていること〔「ギーは，その徳で讃えられ，知性によって飾られ，強められ，高められ，光輝あるものとされたランフランク殿に挨拶を送る」〕から，詩はのちのカンタベリ大司教ランフランク(在任1070〜89)に献呈され，ウィリアムの側近中の側近であった彼を通して新国王の恩顧を得ようとして作成されたものであろう。その最終的目的は，教皇庁と対立していたアミアン司教座の状況を，ウィリアムを通して打開しようとしたものともいわれる。冒頭でのランフランクは，カンタベリ大司教と称されていない。従って作成の時期は彼の大司教就任の

1070年以前，それも1067年の早い段階とされてきた。それは，ギーが，ブーローニュ伯ユースタス2世がヘイスティングズの戦いで果たした役割を，きわめて高く評価していることから導き出された推定である。ユースタスは1067年の12月に城の所有権を再度主張してドーヴァに上陸した。同年3月からノルマンディに帰還していたウィリアムは彼の行動を反乱とみなして，ユースタスがイングランドにもつ所領の没収を宣言した。両者が和解に達するのは数年先のことであった。従って，ランフランクへの献呈は，ユースタスが行動を起こした1067年12月以前ということになる。『ヘイスティングズの戦いの詩』は，征服直後に書かれた直近の史料であり，献呈されたランフランクの大司教就任とともにカンタベリに持ち込まれたものであろう。

『エドワード王伝』(1065～67年頃)

　この史料は，エドワード王の妃で，ゴドウィンの娘エディス(1025頃～75，結婚は1045年)に献呈された国王賛歌である。二部構成からなり，第一部は，王妃とエドワードの生活や実家であるゴドウィン家を描き，第二部は王の宗教生活を描いている。第一部は1065年の秋に執筆が始まったが，66年10月のヘイスティングズの戦いで著者の目論見は頓挫し，軌道修正を余儀なくされ，ゴドウィン色のない第二部の執筆となった。一応の完成は1067年といわれる。第二部はのちに，エドワード王の列聖の際(1161年)の基礎資料となった。現在伝わっているのは1100年頃の破損した写本である。著者は不明だが，法的問題に興味を示すなど世俗のことに深く関心を寄せていることなどからすると，ウィリアム＝ポワティエと同じく王妃専属の在俗聖職者であったかもしれない。1040年から42年にサン・トメールのサン・ベルタンの修道士によって作成され，エドワード王の母后エマに献呈された『王妃エマの賛歌』[6]と同じジャンルの作品である。著者のラテン語文法はしっかりとしたものであり，レトリックや古典的神話の知識をもっている。情報源も多様で，文献もアーサの『アルフレッド王伝』，アインハルトの『大カール伝』からスエトニウス

にも目を通している。形式は，散文と六歩格と哀歌体の対連の韻文からなる混合構成である。

『アングロ・サクソン年代記』(9世紀後半〜1154年)

　『アングロ・サクソン年代記』は，複数の伝来を異にする版の合成本である。年代記は復活祭表の事項欄に，その年のおもな出来事を記入したことに由来する。形式的には「○○の年」で始まる。ただ，年の始まりは一様ではない。通常はクリスマスを始まりとするものの，11世紀に関しては，3月25日の受胎告知，9月1日の15年紀を利用したものも混じっている。また，ローマ市民の俗人慣習的な1月1日元旦も知られていた。また，年の記載のないときもあり，いくつかの版を1冊の本に編集し直すときには工夫が必要となる。

　年代記の編纂が始まったのは，9世紀後半のアルフレッド王の宮廷においてである。時まさにウェスト・サクソン王権によるイングランドの統合化が始まった時期であった。年代記は標準的な文語の英語で書かれた。英語が記録の媒体として重要な位置を占めたのは，当時のヨーロッパでは特異なことであった。こうした重要な資料は，複写されて国王の保護下にある司教座教会や修道院で保管され，同時に書き継がれ，その地域の特異性を織り込みながら独自な発展を遂げたのである。

　最古の写本で，ウィンチェスタで作成されたA版の序文は，アルフレッド王の家系図で始まっている。これまでのさまざまな資料を集めながら，以後年代記は書き継がれていった。A版は1011年以降，ヴァイキングの襲撃によって荒廃したカンタベリの大司教座教会の記録を整備すべく，その文書室に移され，ランフランクが赴任する1070年まで書き継がれた。B版はアビンドン修道院で1人の書記によって10世紀後半に紀元60年から977年までの記事が書かれた。その後カンタベリの大司教座教会に送られ，記述が継続された。C版も11世紀中頃にアビンドンで書かれた。D版は少し毛色が違う。11世紀中頃にウースタで執筆が始まったが，ヨークかリポンで作成されたテキスト

の影響を色濃く残している。『ベーダの教会史』や『ノーサンブリアの年代記』の影響がみられるのである。書記は北部イングランドやスカンディナヴィアの情報に詳しく，スコットランドにも興味を示している。いわば北部版である。ウースタ司教座がヨーク大司教座の管轄にあり，両司教職がこの時期に兼職されていたことを考えると，そこに活発な情報交換があったことが推測される。E版は，ピーターバラ修道院で書き継がれていたが，1116年に同修道院が火災で荒廃したために，カンタベリのセント・オーガスティン修道院からのコピーを用いて書き続けられたものである。1131年まで1人の修道士によって書き続けられ，その間さまざまな資料からの書込みがおこなわれた。その後1154年までは別の修道士が書き継いだ。彼の英語は口語的な方言色の強いものであった。各テキストのなかでもっとも長く書き綴られた版となった。F版は，1100年頃カンタベリ大司教座教会で作成された。英語とラテン語のバイリンガルな構成をとっている。

　同書が扱う時代では，D版とE版には，その内容のもつニュアンスに違いがある。前者の筆は反ゴドウィン的であるのに対して後者は親ゴドウィン的である。マーシア人の伯とノーサンブリア人の伯と，ケントを拠点の一つとするゴドウィン家との対抗関係が背後にあったのかもしれない。以下，史料においては，『アングロ・サクソン年代記』E, 1066という形で表記する。同年代記E版1066年の意味である。

　以上が「ノルマン征服」とほぼ同時代の史料ということになる。12世紀に入っても，いくつかの史料が重要な情報を提供してくれる。その代表的な史料として以下の四つをあげておく。とくに1120年代から30年代というヘンリ1世の治世後半の時期は，イングランド人とフランス人の融合が進み，新たなイングランド人が生まれてきた時期でもある。征服直後の熱気のなかで書かれた第一世代の史料とは一味違ったものがある。以下，大まかに作成年代の古い順に説明しよう。第Ⅰ部の「絵解き」で使用する場合も，ここで説明した順でおこなう。

エアドマ『イングランドにおける新しい歴史』(1120年代頃)

　エアドマ(1060頃〜1126頃)は，カンタベリ大司教アンセルムの伝記作家として有名であるが，『イングランドにおける新しい歴史』は，カンタベリのヨークに対する首位権を証明するために書かれ，1066年から1122年までのイングランドの歴史を扱っている。同書は，アンセルムに献呈されている。彼は，1066年以前に生まれ，カンタベリ大司教座聖堂附属修道院の修道士となった。アンセルムが大司教となってからは彼の片腕として働いた。史料を読む際にはこうした教会の政治状況と著者の人間関係を視野に入れなくてはならない。

オルデリック・ヴィターリス『教会史』(1110〜42年頃)

　オルデリック・ヴィターリス(1075〜1142頃)は，シュロップシャのアチャムでフランス人の聖職者とイングランド人の女性のあいだに生まれた。父オデラ＝オルレアンは，シュルズベリ伯，ロジャ＝モンゴメリ付の司祭であった。5歳のときシュルズベリの修道院に預けられ11歳でノルマンディのサン・テヴルー修道院に修練士として入った。修道士となったのちも，彼は，クローランド，ウースタ，カンブリアとイングランド各地の修道院はもとより，クリュニ修道院も訪問している。1110年から15年にかけて，『教会史』を書き始めた。各地の教会の文書庫から得た情報や，サン・テヴルー修道院に隠棲した騎士たちや訪問者から聞き取った情報をまとめて，ノルマンディとイングランドに関する巨大な歴史書をつくりあげた。とくに貴顕たちに関する詳細な記述は，この時代を研究する者にとって貴重な情報源となっている。この『教会史』を編集したマジョリ・チブナルは，オルデリックが，各地の修道院の失われたパンカルタから情報を集めたという。ちなみに彼女はオルデリックが洗礼を受けた同じ教会で，900年近い時を経て，洗礼を受けている。歴史の偶然のおもしろさであろう。

ウィリアム゠マームスベリ『イングランド人の国王たちの事績録』(1125年頃)

　オルデリックが12世紀前半のノルマンディにおける歴史家の筆頭とすれば，イングランド側ではウィリアム゠マームスベリ(1095/96頃～1143頃)をあげることができる。彼もオルデリックと同じく，父はノルマン人で，母はイングランド人であった。しかし，オルデリックと異なり，生涯をイングランド，それもウィルトシャのマームスベリ修道院で過ごした。文献を渉猟し，200人余りの著作家の400を超える作品に目を通したともいわれる。7～8世紀の巨人ベーダを著作のモデルとして尊敬していて，序文の初めで次のように述べている。「イングランド人の歴史は，ベーダが，そのブリテン島への到来から彼の時代までをきわめて魅力的に描いている。思うに，ベーダのあと，ラテン語でイングランド人の歴史を，身を粉にして書いたものを見つけるのは至難の業であろう」。彼はベーダの後継者をめざし，事績録は1125年頃には完成した。

ウェイス『ロロの物語』(1155年頃)

　ウェイス(1110頃～74以降)はロバート・ウェイスとも呼ばれるが，ジャージ島の有力者の家に生まれた。カンで育ち，バス・ノルマンディを中心に活動した聖職者で，バイユー司教座教会の参事会員であった。彼の海事に関する記述は詳細で，海に慣れ親しんだ環境に育ったためであろう。

　『ロロの物語』は1155年頃ヘンリ2世の依頼で書かれた。その主要部分はウィリアム征服王とヘイスティングズの戦いに関する叙述である。ウェイス自身，ジェフリ゠モンマスの『ブリタニアの諸王の歴史』に多くを負っているといわれる。多少蛇足になるが，アーサ王の「円卓の騎士」やエクスカリバの命名はウェイスが最初という。そのことはバス・ノルマンディがブルターニュの延長としてブリトン系の文化の影響圏にあったことを示している。「ノルマン征服」や，ヘイスティングズの戦いを執筆する際，ウェイスは，文書史料はいうまでもなく，自身の家の伝承や，カン，バイユー近隣の関係者からの聞取りによる情報も盛り込んだといわれている。

本書の構成

　読者に,多少とも煩雑な史料解説に付き合わせてしまった。しかし,「綴織」のような画像史料は,寡黙である。なんと多くの研究者が想像力をたくましくして,自分たちの綴織の世界をつくりあげてきただろうか。本書ではそれだけは避けたい。第Ⅰ部の「絵解き」では,あまりにも強力なその可視的世界にシナリオを与えるために,これら同時代の史料の助けがどうしても必要なのである。そのための予備知識と考えていただきたい。

　第Ⅰ部では,「綴織」を話の筋から,八つの「幕」に分けた。「綴織」には,場面ごとにラテン語の銘文が縫い付けられている。その銘文には後代,番号が振られた布が縫い付けられた。「綴織」の解説は,伝統的にこの番号に従っておこなわれてきた。本書もこの番号に「場」という言葉をあてて,その慣行を踏襲する。各場は,(1)銘文と「綴織」の画像,(2)同時代の史料の翻訳文,(3)説明的解説という三段構成をとった。「場」で説明しきれないものは,(→)の記号を振って他の箇所での説明を示唆した。

　第Ⅱ部「『綴織』の制作とその歴史」では,第1章で「綴織」の物質的構成と制作の過程について,第2章で「バイユーの綴織」の現在に至るまでの歴史を概観して,「もの」としての「綴織」に触れる。第Ⅲ部「歴史的背景」では,イングランドと北フランスの海岸地帯の11世紀の政治史を概観する。「綴織」から見えたこと,あるいはその歴史から「綴織」を読み込んでいく。エピローグは,「綴織」の失われた「話」を,ウィリアム゠ポワティエ『ノルマン人の公ウィリアムの事績録』で補って筆をおく。「もの」からその背後にある「死者」の世界への旅が本書のライトモティーフである。

　では,「綴織博物館」へどうぞ。

第Ⅰ部
絵解き

ハロルド王のパックス貨

第1幕 ハロルド ノルマンディに行く

3人の男が話し合っている。1人は，玉座に座り王冠を被り，左手には王笏を持っている。のちに証聖王と称されるエドワード王である。彼と向かい合っているのが，1060年代のイングランドで最強の貴族であったゴドウィンの子，ハロルドである。もう1人はハロルドの近しい家臣である。彼らが何を話しているかは今となってはわからない。しかし，すべてはこの会話から始まった。

第4場 ハロルドの出航　　　第5場 ギー伯領へ到着　　　第6場 ハロルド

第10場 ウィリアムの使者の到着　第11場 ウィリアムの使者たち　第12場 使者が公のもとに到着

← 時間の逆流

第1場 エドワード王　　　第2場 ボーシャムへの騎行　　　第3場 教会

第7場 ハロルドの捕縛　　　第8場 ハロルドの連行と幽閉　　　第9場 ハロルドとギーの会話

第13場 ハロルドのウィリアム公への引渡し　　　第14場 ウィリアムの宮廷への帰還　　　第15場 聖職者とエルフギーヴァ

第1場
エドワード王
EDVVARD REX:

ウィリアム゠ジュミエージュ『ノルマン人の諸公の事績録』EHD, ii. 215；WJ, ii. 158-160
　イングランド人の王エドワードは……カンタベリ大司教ロバートを公のもとに派遣してウィリアムを王国の相続人に指名した。……王はまたのちに、王国の伯たちのなかの伯であるハロルドを公のもとに派遣して……忠誠によって公の王位継承を保証し、キリスト教徒の慣習に従って宣誓によってそれを確認することを望んだのである。

ウィリアム゠ポワティエ『ノルマン人の公ウィリアムの事績録』68-69
　ほぼ同じ年（1064年）、イングランド人の王であるエドワードは、ノルマンディのウィリアムを兄弟か息子のように愛していた。そして自分の相続人にと考え、以前に約束していたよりも確かな保証を与えたのである。王は聖性に満ちた生活を送り、神聖なる王国を願っていた。その死期の近づいたのを知ったとき、相続が確固たるものになることを願った。それで王はゴドウィンの子、ハロルドを使いとしてウィリアムのもとに送った。その目的は、ハロルドがウィリアムに宣誓して、（王位継承の）

約束を確認することであった。ハロルドは王の臣下ではあるが，そのなかでも，名誉と権勢でもっとも秀でた者であった。王位継承に関して，ハロルドは以前，その兄弟と甥をウィリアムに人質として差し出していた。それでも王は慎重に慎重を期して，ハロルドにこの使者の仕事を命じたのである。というのも，ハロルドの富と権勢が，すでに決まっていることを引っ繰り返して，王国中を争乱に巻き込むことを避けたかったのである。

エアドマ『イングランドにおける新しい歴史』5-6

　王の母后エマの死後，ゴドウィンとハロルドは，それぞれ，大船団と兵士たちを従えて，イングランドに戻った。事を察知した王の貴族たちは，いずれの側からであれ戦いが始まることを恐れて，平和を樹立するための和解の労をとった。しかし，王は，ゴドウィンの策略を恐れていた。それで，まずゴドウィンの側から保証として人質を出さない限り平和交渉のテーブルには着かないと言ったのである。それでゴドウィンの子ウルフノースと同じくゴドウィンの子スウェインの子ハーコンが人質として差し出された。彼らはノルマンディに送られ，ウィリアム公の保護下におかれた。……ハロルドはゴドウィンを継いでから程なくして，人質としてノルマンディに幽閉されている兄弟と甥を解放し，国に連れ戻したいので彼の地に行く許可を王に求めた。これに対して王は，「朕はこのことに関与するつもりはないが，邪魔をしていると思われるのも本意ではないので，出立の許可を与えるから，好きなところに行って，できることを考えてこい。しかし，この国に不幸と汝に対する不名誉しかもたらさないのでは，と危惧する。公は，あの性格だから自分の将来に大きなメリットが生まれると確信しない限り，そうやすやすとは汝の言うことを聞かないだろう」と言った。

ウェイス『ロロの物語』iii. 5581-5604行

　ハロルドとエドワード王の仲はとても良かった。……ゴドウィンが食べ物を喉に詰まらせて亡くなってから，ハロルドはノルマンディに渡り，人質を解放したいと願った。……当初，エドワードは彼が海を渡ることを好まなかったし……ウィリアムと話をすることも認めなかった。目配せの効く公だからハロルドはノルマンディで簡単に策略に陥るであろうと考えたのである。もしハロルドが人質を帰してほしいのであれば，ほかの人物を使者に立てるべきである。私はこのことを書いたものを見つけたが，ほかの本にはエドワード王が王国を親戚であるウィリアムに譲るべく，事を確実にするために……ハロルドにノルマンディに行くか尋ねたとある。いずれが正しい説明なのかはわからないが，二つとも書かれているのである。

　王の宮廷と思わしき場所で，エドワード王と2人の男が話し合っている。エドワードは，獅子飾りのついた玉座に座り，王権の象徴である三つ

花弁飾りの王冠(フラ・ダ・リ,花はアイリスまたは百合)を被り左手に権威の象徴である笏を持っている。右手は,話相手の男を指し,相手がその右手を王に向けている。この人物こそ当時イングランドでもっとも権勢を誇ったウェセックスの人々の伯,ハロルドである。場所はウィンチェスタかロンドンの王宮であろう。次の場面でボーシャムへ騎行する様子が描かれているので,距離の点からはウィンチェスタであろうか。

　建物は塔をもち,窓のアーチはロマネスク風の半円形である。一般にロマネスク建築は征服後に伝わったといわれるが,のちに出てくるボーシャムの教会やウェストミンスタ修道院の教会などを見ると,征服以前からその影響がみられる。

　エドワードとハロルドのあいだで何が話し合われたか。ウィリアム＝ジュミエージュ『ノルマン人の諸公の事績録』やウィリアム＝ポワティエ『ノルマン人の公ウィリアムの事績録』のノルマン側の主張からは,王位を狙えるハロルドを使者に立てて,ノルマンディ公ウィリアムの王位継承を確認することと読める。一方,エアドマのようなイングランド側の主張には,王位継承の約束よりも1051/52年の事件で人質となったハロルドの弟と甥を解放させるため,あるいはウィリアム＝マームスベリ(→29頁)のように,まったく違った説明がなされている。ただウェイスなどは,ハロルドが人質の解放をせつに願っていたことも書いていて,彼は明らかにウィリアム＝ジュミエージュやウィリアム＝ポワティエのほかエアドマにも目を通していた。

　この場面が何年のことかを直接示す史料はない。しかし,一般には1064年と考えられている。『アングロ・サクソン年代記』にはハロルドのノルマンディ行きに関する記述がない。『ジョン＝ウースタ』[9]に1064年の記述が残っている。「ウェールズ人の王,グリフィスは8月5日に臣下に殺害され,彼の首と船首が伯ハロルドのもとに送られ,それを伯はすぐさまエドワード王のもとに送った。王はその後,ウェールズをグリフィスの兄弟であるブレスゲントとリグワッタに与えた。両名は王とハロルド伯に忠誠を誓い,海であれ,陸であれ,両名の命令に従うことを約束した」という。これによると8月5日以降,ハロルドはイングランドにいた。従って,ハロルドのノルマンディ行きはそれ以前ということになる。

第2場
イングランド人の公ハロルドと
彼の騎士たちがボーシャムへ馬を駆ける
VBI: hAROLd DVX: ANGLORVM: ET SVI MILITES:
EQVITANT: AD BOShAm:

　王の命令を受けたハロルドは、5人の配下の騎士たちを引き連れてボーシャムに向かった。ボーシャムは、ウィンチェスタからも遠くない。彼らはみな長髪で口髭をたくわえている。一行はチュニックとマントをまとい、ギャロップで軽く駆けているかのようである。

　先頭を行く人物のえんじのチュニックと黄土色のマントは、第1場のエドワード王と指さしをおこなっていた人物がハロルドであることを確認してくれる。鞍や拍車そして鐙は当時のイングランドの乗馬技術が高い水準にあったことを教えてくれる。馬はたてがみをそろえ、ハロルドの左手には貴顕の象徴である鷹が、馬列の前には首輪をして鈴をつけ小動物を追うグレイハウンドのような3頭の猟犬が描かれている。鷹は頭部に頭巾をしておらず、まだイ

　スラーム圏から頭巾は輸入されていなかったのであろう。鷹狩がこの時代，貴顕にとってすでに重要な儀式であったことがわかる。鷹狩を擬した威風堂々たる隊列は，大貴族の王の使節という役務をあらわしているのだろうか。
　銘文にある「イングランド人の伯」dvx Anglorum（中世ラテン語ではuとvは互換可能）という表現は奇妙である。「綴織」は，イングランド人の伯にduxを，ノルマン人のそれにはcomesを用いている。しかし，「イングランド人の伯」という職は存在せず，あたかもウィリアムの「ノルマン人の公」dux Normannorumとハロルドが対等であることを強調しているかのようである。文字を入れたデザイナは，ハロルドに敬意を示しているかのようである。
　銘文が「ここで」UBIあるいは「このとき」HICで始まるのは『アングロ・サクソン年代記』の形式を踏襲している。

第3場
教会
ECCLESIA:

「綴織」では「樹木」が，場面の切替えに用いられている。後代につけられた番号はこれを無視していて銘文に対応している。デザイナのもともとの意図は，ここから第2場が始まるものであったろう。しかし，煩雑さを避けるために，これまでの慣習的な作法に従って銘文の番号に従う。

　ここで，ボーシャムに到着したハロルドは，側近の1人〔エドワード王の面前に同席した人物とよく似ている〕と教会で祈りを捧げている。「綴織」にはイングランドの地名は4カ所しかあらわれない。ボーシャムはその一つである（あとはボーラン，ペヴェンシとヘイスティングズ）。ボーシャムは，複数の集落から構成された巨大集落で，それ自体が一つのハンドレッドであった。ハロルドが領有していたと考えられる土地だけでも 56.5 ハイドに査定される [GDB. fo. 16]。11世紀の中頃の時点では，ゴドウィン家海軍の拠点の一つで，アイルランドから大陸に向かう際の中継地でもあった。

ボーシャムは，ローマ時代から大陸との交通の要衝の地で，7世紀からはアイルランドの隠修士の活躍も知られている。『ドゥームズデイ・ブック[14]』にはすでに聖職者の共住教会があり，聖職者や十分の一税（2ポンド）の記録が残っている[GDB, fo. 17v]。エドワードは教会とそれに属する土地112ハイドを，王の遠縁にあたる宮廷礼拝堂司祭であったノルマン人のオズバーンに与えていた。しかし，同時にゴドウィン家の配下にあったゴドウィンというイングランド人が聖職禄としてボーシャムと近隣に土地を与えられて，在地における聖職者として活動していたと推測される[15]。実際に差配していたのはゴドウィンであろう。

　ミュッセは，デザイナが教会を知っていたと推測している。教会は，後代にかなり改築されているが，11世紀当時の建物は，西側の塔，外陣と内陣の一部に残っている。とくに両者のあいだのアーチはハロルドの時代のものといわれ，「綴織」の教会との類似性が指摘されてきた。マイケル・ルイスは，教会の基本的な形態はアングロ・サクソン時代の姿を留めているという。

　ボーシャムの干満の差は，4.7mと大きく，クヌートの娘でドイツ皇帝ハインリヒ3世の妃グンヒルドが溺死し，教会に埋葬されたという伝承がある[16]。船は干満の差を利用して出入港をおこなった。満ち潮から下げに出るのが一番合理的である。一行はハロルドの館で潮待ちのあいだ，2階で宴会をおこなった。5人の人物が祝宴をあげている。真ん中にいて金属製か木製のカップでおそらくはエールを呑んでいるのがハロルドであろう。両端の2人は，当時一般的に用いられていた牛の角のカップを使用している。そこに従者が出帆の準備が整ったことを知らせに2階に上がってきた。

　第3場から第4場にかけて，「綴織」の下の縁取りにイソップの寓話が描かれている。「狐とカラス」「狼とライオン」「3頭の牛とライオン」「狼と鶴」「狼と子ヤギ」などとおぼしき寓話は何かを暗示しているのだろうか。それともたんなる飾りだろうか。

第4場
ここでハロルドは海へ繰り出す
HIC hAROLD∴ MARE NAVIGAVIT∴

エアドマ『イングランドにおける新しい歴史』6
　ハロルドは船に乗り込んだ。彼とともに，家来のなかで豊かで高貴な者たちも同乗した。皆，その身分にふさわしい金や銀や高価な衣服をまとい所持していた。
ウェイス『ロロの物語』iii. 5613-14行
　ハロルドは2隻の船を準備させ，ボーシャムから出帆した。

　ハロルドの出航の図である。桟橋からではなく浅瀬から船を押し出している。2人の従者がチュニックをまくり上げて猟犬と鷹を船に運んでいる。彼らに続いて2人の男がオールと積み荷を運び入れている。貴顕にとって鷹狩は身分の表象である。この点に関しイングランドの貴顕は大陸の貴族と同じエートスを共有していた。12世紀の著述家バースのアデラード（1080頃～1152頃）は，「ハロルドが狩猟に関する本を複数所有していた」という。

第5場
そして風を帆にいっぱい受けてハロルドは伯ギーの土地にやって来た
ET VELIS: VENTO: PLENIS VE = NIT: IN TERRA:
VVIdONIS COMITIS

ウィリアム゠ジュミエージュ『ノルマン人の諸公の事績録』 EHD, ii. 215; WJ, ii. 158-160

ハロルドが使節として出かけたとき，風に押されてポンチューに到着した。そこで彼は，アブヴィルの伯，ポンチューのギーに捕まり，すぐさま家来もろとも獄に繋がれた。

ウィリアム゠ポワティエ『ノルマン人の公ウィリアムの事績録』 68-69

ハロルドは，使者の役割を果たすために，海峡を渡るという危険を冒した。危ない目にあったが，なんとかポンチューの海岸に上陸した。そこで，彼はポンチュー伯ギーによって捕まり，仲間ともども牢屋に入れられた。ハロルドは，拘束されたことを，遭難したよりも不運に感じたであろう。ゴール（フランス）においては，多くの人々のあいだにおいて，キリスト教徒の慈悲に反して，まったく悲しむべき慣行が横行していたからである。そこでは権力のある者も金持ちも捕まると，つねに

無慈悲にも繋がれ，凌辱され，拷問され，あるいは死に至るまで打ちのめされる者もいたからである。多くは巨額の身代金を払って釈放してもらった。
エアドマ『イングランドにおける新しい歴史』6
　ハロルドは，行くことに決め，金，銀を持ち，高価な衣装をまとった豊かで誉れ高き貴顕たちを引き連れて出航した。しかし，すぐに海はしけ，船上にいる者たちは恐怖に脅えた。大波が襲い，船は持ち上げられた。それでもなんとか船はメイ（川）というポンチューの河口にたどりつくことができた。そこで，地方の慣習によって船と乗船していた人々は，捕獲物とみなされ，逮捕されてしまった。
ウィリアム＝マームスベリ「イングランド人の国王たちの事績録」ii. 228.3 (416)
　ある者はこの目的（王位継承）のためにノルマンディに送られたといい，ある者は秘密の意図をもってより身近な目的（人質解放）をもってそうしたという。……ハロルドは，ボーシャムにある自分の所領にいるとき，リクリエーションで漁船に乗り，娯楽（釣り）を満喫するために海に繰り出した。突然嵐にあって，ポンチューの海岸まで運ばれてしまった。
ウェイス『ロロの物語』iii. 5615-40行
　私はハロルドがどのような誤りをしでかしたのかは知らない。操舵手のミスなのか風のせいなのか。いずれにせよ彼がコースから外れたことは知っている。ノルマ

ンディに行かずに，ポンチューに行かざるをえなかったのである．戻ることはできず，そこに到着したことを隠すこともできなかった．その地域の漁師たちの1人 (Un des pescheors de la terre) が，イングランドに行ったことがあって，そこでハロルドをしばしば目撃していたからである．彼は，顔と話す言葉でこの (哀れな) 人物がハロルドであることを認めた．そして秘密裏にポンチュー伯のもとに行き，このことを話した．漁師はこのことを伯以外の誰にも話すつもりはなかった．それは，もし彼が伯のお供をすれば，懐にたんまり入ると目論んだからである．もし伯が漁師に20ポンドをくれるのであれば，伯は100ポンドを得ることができるだろうと話した．ハロルドを捕まえれば，これほどの人質は100ポンドかそれ以上の利益をもたらすからである．伯はこの者の申し出を受けてハロルドを指示させた．

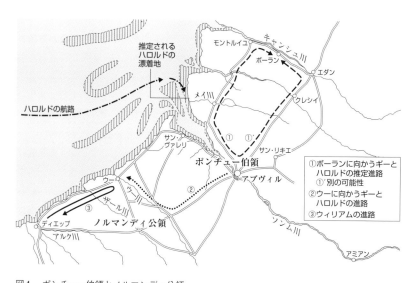

図1　ポンチュー伯領とノルマンディ公領

第6場・第7場
ハロルド
HAROLD∵
ここでギーはハロルドを捕まえる
hIC: APPRehENDIT: VVIDO: HAROLDV[M]:

　ノルマンディのルーアンをめざしたハロルド一行は，期せずしてポンチュー伯の領域に漂着してしまった。その目的に関しては，ウィリアム＝ジュミエージュやウィリアム＝ポワティエは，ハロルドが王位継承の確約をウィリアムにするために王によってノルマンディに派遣されたと主張し，またエアドマは，ハロルドは，人質としてノルマンディに連れていかれた兄弟と甥を解放するために，自分の立場が不利になる危険性を知りながらあえて出航した，という。あるいはウィリアム＝マームスベリのように釣りに出て流されたという説明もある。この話は，船釣りが当時王侯貴族のあいだでリクリエーションとして流行していたという別の興味深いテーマを考えさせるし，彼が依拠した史料について想像を豊かにしてくれる。しかし，当時の史

料全体の流れではウィリアム＝ポワティエの話の線がより事実に近いであろう。いずれにせよ強い西風に押されてポンチュー伯領に船が漂着したことを記している。「綴織」の船の帆も風に強く押されている様を描いている。強い順風はリーショアという風で，船が対岸に打ち付けられ難破を引き起こす厄介者であった。

彼らが漂着した場所は，その後一行がボーランの城に連れて行かれたことからも，ソンム水系の河口域であろう。『ヘイスティングズの戦いの詩』は，ソンム川の河口域にヴィミュという港があったことを書いている。

「ヴィミュの港はいにしえの人々によって知られていた。この港を囲む川はソンム川と呼ばれていた。ほとんどの住民は戦に長け，船乗りを全身全霊で歓待する人々でもある。この港の北にサン・ヴァレリという城塞が位置する」[48-52行]。

エアドマが記しているように，ハロルドたちはソンムの河口の北側のメイ川あたりに漂着したのであろう。アミアン司教ギーは，海岸域に住む人々が戦闘能力のある海民である，と暗に語っている。

ソンム川，メイ川，そしてキャンシュ川河口域の集落民は，海軍活動や漁労活動，それもニシン漁に従事した海民であった。彼らは，難破船の漂着をみて，慣習に従って略奪行為に及んだ。難破船や漂着物そして難民はその海面を領有する領主や共同体の取得物であった。「潮の干満に洗われる地先の磯，藻場，浅瀬，干潟や水際，渚，浜などは陸と水の接点として人間の開発行為の及びやすい身近な水の世界」（保立道久）は，領主権の及ぶ範囲（地先権）であった。

海民は，漁労に際してしばしばイングランド海岸の海民と活動をともにした。魚，とくにニシンは陸地に群れて近づく産卵時期が緯度によって異なり，それに合わせるように海民集団はあたかも季節労働者のように移動していたと思われる。ノルマンディの漁業を取り仕切っていたフェカン修道院がサセックスにラムズリ（ライ）の所領を獲得し，対岸でのニシン漁の基地としていたことや，ブーローニュ伯ユースタスがドーヴァの権益を欲したのも，彼らの海事を技術的に支える海民を支配する海の領主の必要性に迫られてのことであった（→218頁）。

難破船の略奪に押し寄せた住民のなかに頻繁にイングランドに出かけた海民がいた。ハロルドをしばしば見かけたというのは，彼が拠点とするドーヴァを中心とするケントからサセックスの港に頻繁に出かけたからであろう。こ

こは，グレート・ヤーマス沖のニシン漁の船団基地であるとともにハロルド海軍の基地であった(→234頁)。漁師として出かけたのか，それとも水兵としてハロルドを見たのかは判断できないが，彼は英語を理解していた。この者は，伯ギーと交渉できる程度の社会的地位にあった人物であることを考えると，ただの漁師ではなく，メイ川流域の海民の指導的地位にあった人物であろう。

上陸したハロルドたち一行は，漁師の通報を受けた伯ギーによって逮捕された。登場人物の容姿に注目してほしい。イングランド人も，フランス人も，服装や剣など貴種をあらわすシンボルに大きな違いはない。しかしイングランド人が，長髪で口髭をはやしているのに，フランス人は短髪刈上げで，髭もない。この違いは注目する必要がある。ウィリアム＝マームスベリは，「(ヘンリ1世の29年目)おそらく驚きに値するであろうが，イングランドではわれらの勇者たちが，その生まれも忘れて，巻毛の長い髪をして，女のように変わってしまったような事態が起こったのである」と嘆いている。この違いは，「綴織」前半においては顕著であるが，後半になると差が曖昧になってくる。これは，デザイナの違いと考えられる。

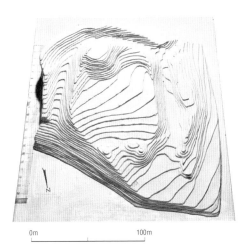
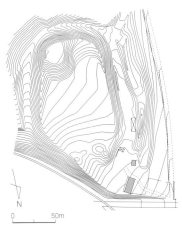

図2　ボーラン城のモデルと等高線図[Professeur-ingènieur G. Lefranc]

第8場
そしてハロルドをボーランに連れて行き そこで幽閉した
ET DVXIT: EVM AD BELREM: ET IBI EVM: TENVIT:

捕 虜となったハロルド一行ではあるが、左手に貴顕の象徴である鷹を掲げ、猟犬も同行して威風堂々と騎行している。犬も鷹もボーシャムで積み込まれた。ウィリアム＝ポワティエなどの語調とは異なり、ハロルド一行は、幽閉されたとはいえ貴顕としての風格を失わない形で描かれている。

　ポンチュー伯領は、西南でウー川によってノルマンディと接し、中央にソンム川、北にキャンシュ川が流れている。この地域はピカルディと呼ばれ、その沿岸地域は、海峡の交易にとって重要であった。ソンム川とキャンシュ川は、西フランク王国北部の交通の要衝であったし、サン・ヴァレリは、セーヌ川河口域以北の数少ない港の一つであった。

　ボーランの城は、キャンシュ川の左岸に位置していた。現在は私有地で、筆者が訪問した1992年には、葡萄園が広がり、ドンジョン（タワー）や門など

　もなく城跡だった面影はないものの中央には盛り土が残り，前面に前庭部，それらの周囲を囲む溝と土手の跡が確認できた。再訪した2012年には，パリに住む所有者の別荘として整備され中を覗くことはできなかった。幸いリエージュのリセのルフラン教授が計測した城の等高線図がある。図2は，等高線図をもとに作成した縮尺1/1000のモデルである。
　城は当時北フランスで一般的なモット・アンド・ベイリと呼ばれる築城技術で建てられていた。これはモットと呼ばれる盛り土の上に木造の塔を建て，周辺に居住空間であるベイリを配置し，周囲を柵，溝，土手で囲んだ比較的簡便で高く小さな城であった（→133頁第45場）。

第9場
ここでハロルドとギーが話をしている
VBI: hAROLD: 7VVIDO: PARABOLANT:

＊第9場から第12場までは時間が逆流している。

ウィリアム＝ポワティエ『ノルマン人の公ウィリアムの事績録』68-69
　ウィリアム公は，彼のもとに派遣された使者からハロルドの身に起こったことを耳にして，すぐさま使者を送り，祈りと威嚇(いかく)とによってハロルドの釈放を勝ち取った。

エアドマ『イングランドにおける新しい歴史』6-7
　それでハロルドは1人の囚人として扱われたが，そこにいた庶民の1人を買収して，必ず報酬を約束するからと言って，秘密裏にノルマンディ公のもとにその者を送り，自分の身に何が起こったかを伝えさせた。公は急いで使者(複数)をポンチューの領主のもとに送り，これからも今までのように「友人」であり続けるのであれば，ハロルドと彼の家臣をすぐさま自分のもとに返すよう，そして彼に対してなんらの要求もしてはならないと伝えた。しかしポンチューの領主はハロルドの解放を拒否した。それで公はすぐに，2番目の有無も言わせぬ内容のメッセージを送った。もし，従わないのであれば，公は軍勢をもってハロルドを救いにポンチューに行く，というの

である。それで，ギーは，彼らから奪った高価な品々とともにハロルドと彼の家臣を公のもとに送ったのである。このようにしてハロルドはウィリアムのもとに来て彼の貴種にふさわしいもてなしを受けた。

ウェイス『ロロの物語』iii. 5641-64行

　ハロルドはアブヴィルに連れて行かれた。ハロルドは，彼がウィリアム公に会いに来たこと，目的の港に着くことができなかったこと，など自分の身に起こったことを，1人の関係者を通して，ノルマンディ公に伝えた。この者は使者として戻ったが，正しい道を見つけることができなかった。ポンチュー伯はこの者を捕まえ，牢に入れてしまった。……ギーはハロルドを丁寧に扱い，災いが起こらないよう保護した。そしてハロルドを公からできるだけ離すためにボーランに送った。……ウィリアム公は伯に引き渡せばハロルドの所有物を与えると約束し，あるいは恐喝し，あるいはそうするよう強く求めた。ウィリアム公はギーにオールヌ川（ノルマンディ，ディエップを河口とするアルク川の支流）のそばにある館を与えた。

　第9場で，ハロルドと伯ギーは，ボーランの城のドームのようなドンジョンの中で何かを話している。ドンジョンの外では，フランス人とイングランド人の戦士たちが中の様子を伺っている。ギーは，お互いの立場の違いを示すように，椅子に座り左手に剣を掲げ，ハロルドを右手で指さしている。左手で剣を支えて右手をやはりギーに向けているハロルドのあいだで何が話し合われたのか。その後ろには，エドワード王の面前でハロルドの後方に立っていた長身の側近と思しき同一の人物がハロルドを支えている。

第10場
ここに公ウィリアムの使者が
ギーのもとに到着する
VBI:NVNTII: VVILLELMI:
DVCIS: VENERVNT: AD VVIDONE[M]
トゥラルド
TVROLD

　ウィリアム＝ポワティエは，ハロルドの配下の者がひそかに脱出してウィリアム公に援助を求めたという。しかしエアドマによると，ハロルドは地元の住民を買収して公に助けを求め，公とギーのあいだの交渉は2度にわたったという。使者は2度送られたことになっている。この点，ウェイスの情報源はユニークである。ギーはウィリアムに奪取されるのを恐れて，アブヴィルからボーランへとハロルドを移している。メイ川近辺に漂着したのであれば，ボーランまでの道程からすると，彼の説明は合理的である。交渉は一筋縄ではいかなかったようである。

　第10場で2人の使者と馬引きの下僕のあいだにトゥラルドと人名が縫い込まれている。「綴織」には，同時代の叙述史料にはあらわれない3人の平の騎士，ワダード（126頁第41場），ヴィタール（154頁第49場）そしてこのトゥラルドが登場する。トゥラルドがTの文字の左側の従者（ラウンド）か，それとも小人の馬引き（フリーマン）かで意見の対立があった。騎士然とした人物を考えた保守主義者で貴族的なラウンドと，平民的であまりうだつのあがりそうにないが，将来の出世が望まれる人物を想定した自由主義者フリーマンとのイデオロギーの違いが見て取れる。征服前のノルマンディには29のトゥラルドという名前が史料上確認できるというが，大事なことは，3人が，「綴織」のなかにセットであらわれる理由である。それを無視して勝手な推測はできない。3人は，「綴織」の背後にある，直接には見えない世界への入り口である。一点だけ指摘しておく。ほとんどの銘文は上の端（マージン）に縫い込まれている。なぜ彼の名前は真ん中にあるのだろうか。文字が中央にあるのは，この場合も含めて全体で2カ所である。この問いは後段（→243頁）で扱う。

　第9場の途中から第12場まで，「綴織」の描写の時間は逆流している。座しているギーの横の槍を持った戦士が右手で伯に触れ，左手でウィリアム公の

使者の到来を知らせている。その騎士の指さす方向，塔の柱の右端に小さなイングランド人らしき人物が描かれている（36頁第9場）。彼は，この場を脱出して，ウィリアムに助けを求めにいったハロルドの伝令であろう。エアドマはその役割を買収された現地の人間に与えた。地元の人間は英語を理解したのだろうか。それともハロルド側がフランス語を話したか。「綴織」が正しく，使者がイングランド人であれば，ウィリアムが英語を理解しなかったのは有名な話だから，ハロルドの家来はフランス語が堪能だったか，通訳を雇ったと考えられる。ルーアンまでの道のりは遠いから，ハロルドの家来が地元民を道先案内人として雇い公のもとに向かったと考えるべきであろう。ウィリアム＝ポワティエとエアドマは，一つの事実の一方向だけを告げたにすぎないかもしれない。伝令となったハロルドの家来は，地元の人を雇ってルーアンに向かったであろう。

　槍を持った従者の前で戦斧を持ったギーが使者と話している。「綴織」では，斧はイングランド人の武器として描かれており，フランス人の貴族が剣ではなく斧を持つのは奇妙である。この箇所はデザイナがイングランド人であったことを示す例証と考えてよいだろうか。ミュッセは，この部分は，時間の逆流ではなく，エアドマを根拠としてウィリアムとギーのあいだの2度のやりとりを表現していると解釈している。ただ，時間が逆流している個所は，エドワード王の葬儀のところにもみられる（→81頁第26場〜83頁第28場）。

　第9場から第10場にかけて，「綴織」の下の縁取りに，犂耕（りこう）、種播き，ハロー（砕土機），鳥打ちといった一連の当時の農作業が描かれている。犂耕は，通常は複数（8頭が定説ではあるが）の牛か馬に重量のある車輪付きの犂（すき）を引かせる。幅6cmもない狭い空間に刺繍するのであるから，正確さを要求するのは無理があるが，この獣はどうみてもロバに見える。しかし，尖った耳が角であれば牛かもしれない。これに対して，犂そのものは，車輪，犂先や刃など，正確に描かれている。ハローはこの時期の最先端の技術で，これが最古の図だといわれる。文字史料の初出は1096年である。ここで注目に値するのは，播いてならした種をついばみにくる鳥追いの図案である。これとセント・オーガスティン修道院で11世紀中頃に作成された『エルフリック六書』[18]の細密画との近似性が主張されてきた。もしこの農作業が，ハロルドのノルマンディ行きの季節を暗示していたとすれば，春か秋ということになる。春であれば，大麦，秋であれば小麦の播種の時期である。1064年の10月にハロルドはイングランドにいた可能性があり，65年の春に，南ウェールズに侵攻しているこ

とを考えると，ハロルドは大麦の播種の時期，1064年の春に海を渡ったと考えられる。

図3 『エルフリック六書』の鳥打ち図（カンタベリのセント・オーガスティン修道院，1030年頃）[BL. MS. Cotton Claudius B. iv, fo. 26v より]

第11場
ウィリアムの使者たち
NVNTII: VVILLELMI

　ウィリアムの2人の使者が髪をなびかせてボーランに疾走している。その場面の下では，1人の騎士が剣と盾を持って鎖に繋がれた熊と格闘している。それに続いて鹿狩りの場面が描かれていて，いずれも騎士の戦闘訓練を思い起こさせる。熊との格闘は，「熊いじめ」を想起させる。「熊いじめ」は，近世イングランドで1835年に廃止されるまで人気を博した庶民の娯楽（ブラッドスポーツ）であった。その起源は騎士の戦闘訓練にあるのかもしれない。夏目漱石は『文学評論』のなかで，近世のイギリス社会を，全体が一大賭博所と評するなかで「熊いじめ」に触れている。

第12場
ここで使者が公のもとに到着する
†HIC VENIT: NVNTIVS: AD WILGELMVM DVCEM

　の城は定説ではルーアンの城とされてきた。しかし，本書ではアーノルド・テーラーの説に従いボーランの城とする。門と二つの塔，奥の盛り土の上のドンジョンからなる城は，ボーランの城のモデル(→33頁)とよく似ている。ルーアンの塔はセーヌ川に近く，城壁はシテの市壁の一部でありこの図とは相容れない(→49頁)。ここは，ボーランの城から，ギーがハロルドをウィリアムに手渡すべく出発した絵と考えるほうが理にかなっているだろう。ルーアンとされた理由は，城の左横で，左手で剣を持ったウィリアムが座し，長髪で口髭をはやしたイングランド人が助けを求めている構図にある。彼こそが派遣された伝令であった。区切りの樹木はあるが，この時点から叙述の時間が逆転して，話は左の方向に進んでいったと考えるほうが自然である。

第13場
ここでギーはハロルドを
ノルマン人の公ウィリアムに引き渡した
HIC: WIDO: ADDVXIT hAROLDVm AD
VVILGELMVM: NORMANNORVM: DVCEM

ウィリアム゠ポワティエ『ノルマン人の公ウィリアムの事績録』70-71
　（ウィリアムは）ハロルドに会いに出かけ，彼を名誉をもって受け取った。ギーは振舞い正しく，力や身代金の誘惑を断って，しようと思えば虐待も，殺すことも，売り飛ばすこともできたのに，自ら喜んでハロルドをウーの城まで連れて来た。そしてそこで彼をウィリアム公に引き渡した。ウィリアムはギーに礼をつくし広大で豊かな土地と多額の金銭を与えた。

　ウーはピカルディとの境にあるノルマンディ公領の東の守りである。その起源は，990年代リチャード1世が庶子ウィリアム（→系図2）のために創設した伯領にある。1051/52年（1050〜53年のあいだで諸説あり）にウィリアムが

　マティルダと挙式したのはこの城のチャペルであったといわれている。ギーもハロルドもウィリアムも馬に乗っている。前者2人は，貴種の象徴である鷹を手にしている。ギーは後方のハロルドを指さし，右側のウィリアムはギーを指さしている。この指さしはハロルドの引渡しを意味しているのであろう。ウェイスによるとウィリアムが与えた土地は，オールヌ川のそばにあった。

　第13場で，1番目の布地と2番目の布地が接合されている（▲）。もし空白がなく，上の縁取りの下の線にずれがなければ，その部分を写真から確認するのが困難なほど巧みである。このずれをなくすために，以降では，柱などの対象物の中央で接合がなされている。ここでの経験がそうさせたのか，それともここだけ図像がなく接合が難しかったのかはわからない。それほど接合は精巧である。

▲

第14場
ここで公ウィリアムはハロルドとともに宮廷に帰ってきた

HIC: DVX:· VVILGELM: CVM hAROLDO: VENIT: AD PALATIV[M] SVV[M]

ウィリアム＝ポワティエ『ノルマン人の公ウィリアムの事績録』70-71

　ウィリアムは，ハロルドを最上のもてなしをもってルーアンへ連れて行った。ルーアンは公領の中心都市であり，そこでウィリアムは，旅の途中でひどい目に遭ったハロルドを贅をつくしてもてなした。というのも近親であり，愛すべき友人でもあるエドワード王によって送られてきたこの優れた客人を歓待したかったからである。しかもこの使者ハロルドは，イングランドで王に次ぐ地位にあり，公とイングランド人のあいだをとりもつ，ウィリアムにとっても忠実な人物であってほしいという望みがあったからでもある。

　ボンヴィルに集会が召集され，そこでハロルドはキリスト教徒の神聖なる儀式に従って，公に忠誠を誓った。列席した誠実で名誉ある人々が証人となって，ハロルドは，以下のことを彼の自由なる意志をもって宣誓したのである。

　第1に，ハロルドは，彼の主人であるエドワード王の宮廷で，国王が命ある限り，ウィリアムの代理人として振る舞うこと。
　第2に，ハロルドは，彼の助言と富をもって，王の崩御のあとには，イングランド人の王国が確実に公の手に渡るようにすること。
　第3に，それまで，ドーヴァの城に公の騎士を配置し，この守備兵をハロルド自身の費用で維持すること。
　第4に，公が選択したイングランドのほかの地域の城にも，守備隊を配置し，その維持をおこなうこと。
　以上である。
　公はこの約束の代償として，臣従礼の儀式をおこない，ハロルドの忠誠を受け入れた。公は，ハロルドを臣下として受け入れたあと，そして彼が宣誓する前に，彼の要求に従ってハロルドの土地と権力を保証した。というのもエドワード王は，すでに病に冒されており，余命いくばくもないと思われたからである。
　それから，ウィリアムはハロルドが，勇猛果敢で名声を欲する人物であることを知っていたので，彼と従者たちに騎士の武器と素晴らしい馬を与えた。
エアドマ『イングランドにおける新しい歴史』8
　ハロルドは，なぜ自分がイングランドからノルマンディに来たかを説明した。それを聞いた公は，その目的がかなうか否かはハロルド次第だと答えた。公はハロル

ドの滞在のあいだに，思いのたけを打ち明けた。公は言った。ずいぶん前のことであるが，エドワード王がノルマンディで公とともに過ごしたときに，2人とも若かったが，「エドワードは自分に，もしエドワードがイングランド人の王になることがあれば，ウィリアムを彼の相続人に指名し王位継承の権利を譲り渡すという誓約をした」と言った。続けて，公は（ハロルドに）「貴殿が貴殿の側で，このプロジェクトについて私を支持し，さらに私のためにドーヴァに井戸のある城塞を造ることを約束してほしい。同じく，貴殿の妹を，しかるべき私の貴族の1人に娶らせるべく私のもとに送ってほしい。その代わりに，私の娘を貴殿の妻として娶らせよう。これらの約束を守るのであれば，今ただちに貴殿の甥（→21頁）を釈放し，私がイングランド人の王になるまで，弟君の安全と健康を保証しよう」と言った。

　ルーアンに向かうとき，ウィリアムはマントを身にまとい鷹を手にしている。その前をハロルドがイングランドから連れて来た犬を先導させて，騎行している。「綴織」は全体にハロルドを好意的に，しかも高貴な姿で描いている。ウィリアムの王位継承の正当性を強固に主張し，ハロルドを見下げようとするウィリアム＝ポワティエの叙述と対照をなしている。

　ここで「綴織」とウィリアム＝ポワティエの叙述のあいだに乖離がみられる。ハロルドの宣誓は，「綴織」では第3幕第23場（→71頁）で描かれている。ハロルドと婚約したウィリアムの娘に関しては，「綴織」は沈黙している。エアドマも名前をあげてはいない。オルデリック・ヴィターリスが，アガサという娘がハロルドと婚約し，破談ののちにスペインのアルフォンソと婚約したが，スペインまで行くのをいやがり，やがて亡くなってバイユーに埋葬されたと伝えている [OV, ii. 189, 391-392 ; iii. 159]。オルデリック・ヴィターリスの情報源がどこかは定かではない。ウェイスは，公の娘をアデラとしている（→68頁）。ハロルドの妹としては，エルフギーフかエアドギーフの可能性があるが，確証はない（→系図8）。

　「綴織」は，おそらく，ルーアンにあったウィリアムの城のホールにおける会談を描いている。一方，ウィリアム＝ポワティエはルーアンでの歓待のあとボンヴィルで，公の貴族たちを集めての会議が開催され，ハロルドがおこなった宣誓についてかなり詳細に述べている。そこで，ハロルドはウィリアムに臣従礼をおこない，双方の義務と権利の関係が設定された。ウィリアム＝ポワティエが正しければ，ハロルドは，ウィリアムとフランク的な封建的関係を結び，騎士叙任をおこなったことになる。『アングロ・サクソン年代記』

にはこの年の記述がないため，エアドマを除くとイングランド側は沈黙を守っている。ノルマンディ側は，臣従礼がおこなわれたことを記録している。ただ，その場所に，従って時期に違いがみられる。「綴織」とウェイスがバイユーで，ウィリアム＝ポワティエはボンヴィル，オルデリック・ヴィターリス[OV, ii. 124-126]はルーアンとしている。ウィリアム＝ジュミエージュとエアドマは特定の場所には触れていない。「綴織」がバイユーをその場所としていることに，作成の目的が隠されているのであろうか。この点は第3幕第23場で検討する。ウィリアム＝ポワティエによると1064年の時点で，エドワードの死期が迫っていることは周知の事実となっていたようである。しかし，王は1065年トスティクと猟に出かけている。後知恵的な情報であろうか。

　ルーアンの城は都市ルーアンのシテの南東の角に市壁に接するように位置していて，セーヌ川に面している。ただ，「綴織」に描かれている建物は，半円形のロマネスク建築様式の大きな建物である。これだけの巨大建造物が城の内部に存在したとすれば，ホールであろう。あるいは，会談の場所は教会か，それともこの図像そのものがデザイナのイメージによるものか。ウィリアムが椅子に座り左手で剣を支えている。後方に護衛の兵士が立っている。向かい合うハロルドは，後ろに3人のノルマン人戦士が立つなか，真後ろのイングランド人の戦士を指さしながら，右手で何かを説明しているようである。このイングランド人は髭をはやしている。人質であったウルフノースの可能性も指摘されている。ブルターニュ戦役の軍議だという研究者もいる。

図4　ルーアンの都市と城

第15場
ここに1人の聖職者，そしてエルフギーヴァ
VBI: VNVS: CLERICVS: ET:~ÆLFGYVA

　第15場は「綴織」のなかでもっともスキャンダラスな場面である。エルフギーフ（ヴァ）は英語の女性名としては一般的で（以下エルフギーフとする），彼女が誰かを同定するのは名前だけからでは不可能である。さらにイングランド人である必要はない。エドワード王の母エマも英語名はエルフギーフだった。ただ下の縁取りに，性器を強調しながら相撲の四股を踏む仕草の男性が描かれていることから，この図は，聖職者と彼女との不倫行為を断罪している，とも考えられる。「綴織」を見た当時の人々が，すぐに意味することを理解できるような，当時流布していた噂であろう。

　「綴織」が，ノルマンディのほかの史料よりも中立的であったとしても，最終的にウィリアムの王位継承を正当化する物語だとすれば，対立候補の可能性に繋がる人物ということになる。この女性が，クヌートの愛人で，ハロル

ド1世の母，エルフギーフ＝ノーサンプトンであれば，エマ，エドワード，そしてウィリアムといったノルマンディ系の王位継承に対する，デーン系の王位請求への，一種のネガティヴキャンペーンになる（→系図1，206頁「2人のエルフギーフ」）。

　もう1人。1046年にゴドウィンの子，ハロルドの兄スウェインに誘拐されたレミンスタ女子修道院長も考えられる。ゴドウィンの家系に対するネガティヴキャンペーンの可能性もあるが，「綴織」の全体の叙述の色調からすればその可能性は低いであろう。

図5　環海峡世界

ブルターニュ戦役

第2幕

ウィリアムによってポンチュー伯の手から救われたハロルドは，公に付き従ってブルターニュ戦役に出立した。モン・サン・ミシェル修道院の近くのクースノン川で，英雄的な働きをした。

第16場 ウィリアム軍のモン・サン・ミシェル到着　　第17場 砂から兵士を引き上げる

第18場 軍勢のドル到着とコナンの逃亡　　第19場 レンヌ　　第19場・第20場 ウィリアム軍のディナン攻撃

第16場
ここでウィリアム公と彼の軍勢は，モン・(サン・)ミシェルに来た

hIC VVILLEM: DVX: ET EXERCITVS: EIVS: VENERVNT: AD MONTE[M] MIChAELIS

ウィリアム＝ポワティエ『ノルマン人の公ウィリアムの事績録』72-73

　ウィリアムは，ハロルドと従者たちを自身のブリトン遠征へと連れて行った。ウィリアム公は客人であり使節でもあるハロルドを戦友として扱った。それはそうした名誉を与えることで，ハロルドがウィリアムに忠誠と恩義を感じるようにするためである。ブルターニュ全域が，自惚れから武器をもって公に抵抗したのである。この大胆不敵な企ての首謀者はコナン・フィッツ・アランである。コナンは成長するに及んで，攻撃的な性格をあらわにし，後見人が必要な年齢を超えると〔1057年頃。誕生は1033年頃〕，堪え忍ぶのをやめ，父方の叔父であるオドを捕らえて，鎖に繋いで城に幽閉した。父〔アラン3世〕が残してくれた領邦を，野蛮さで支配し，父と同じくノルマンディの臣下としてよりは，敵となることを望んだのである。
　これに対して古来からの権利によってコナンの主君でもあるウィリアムは，ブル

ターニュとの境にサン・ジャムの城を建てて防衛戦を敷いた。それはウィリアムの手から遠く離れた地の無防備な教会や良民を，飢えた捕食者による略奪から守るためであった。(古来からの権利とは)フランク人の王シャルル(単純王)がノルマン人の最初の公であるロロから平和と友情を買ったときに，彼に娘ジセラを娶らせ，ブルターニュを永遠の従属下においたことである。フランク人はゴールの剣ではデーン人の斧に抵抗できないためにこの和約を求めたのである。ある年代記はそれを証明している。このとき以来，ブリトン人はノルマン人の支配の軛からは自由になれなかったのである。もっとも彼らはたびたび自由になろうとして，戦闘を繰り返した。しかし，ブリトン人とノルマン人の公家のあいだには，緊密な血の関係が結ばれた(→系図2・10)。それにもかかわらず，アランとコナンはその関係を尊大で手前勝手な態度で扱ったのである。コナンに至っては，ノルマンディに侵攻する日取りさえ通告するに至ったのである。

ウェイス『ロロの物語』iii. 5665-72行

　ウィリアムは，ハロルドを長いあいだ，当然なように高貴な人として遇した。豪華なトーナメントにも何度も参加させた。公はハロルドに武器と馬を与えてブルターニュ遠征に3度か4度連れて行った。詳しい回数を私は知らないが。

アラン3世は父ジェフリ（ジョフロワ）1世とノルマンディ公リチャード2世の妹のあいだに生まれた。父の後を継いだ1008年当時，彼はまだ幼少で，母アヴィスが摂政を務めていたが，伯父のリチャードが後見人としてブルターニュの政治に介入してきた。1018年にアランがブロワのベルタと結婚し，26年にロバートがリチャード3世を継いだあたりから，アランはノルマン人の影響力から逃れようとした。

　1030年代の初めにロバートはドルを攻撃し，これに対してアランはアヴランシュを攻撃し交戦が続いた。ルーアン大司教ロバートが2人の甥の休戦の仲裁に入り，モン・サン・ミシェルでアランがロバートに忠誠を誓った[WJ. ii. 78-79]。1037年に大司教ロバートが没すると，幼い公ウィリアムの後見はアランと従兄弟のギルバートがおこなうことになった。彼らは大司教にマウガをそしてアルクの伯にウィリアムを任命し，幼い公を支えた。しかしアランは，1040年10月1日に死亡した。オルデリック・ヴィターリスは，ノルマン人が毒殺したという[OV. ii. 304-305]。ノルマンディとブルターニュの緊張は，いやがうえにも増していたのである。アランを継いだのがその子コナン（1033頃～66年12月11日）であった。

　コナンがウィリアムと直接衝突したのは，ノルマンディ公家との関係が薄いということも考えられる。おそらく，伯父のオドを幽閉したことにも示されるように，ブルターニュ内のいわば親ノルマン派との軋轢が一方にあり，他方には，ウィリアムがアラン3世のときと同じようにコナンに臣従礼を求め，彼がこれを拒否したことが考えられる。これらがこの戦闘の一つの原因であろう。オド自身は1062年には復活している。

　コナン自身，ウィリアムと同じく自分の公領を統一するのに，在地の貴顕たちとの抗争を繰り返しながら統合していかざるをえなかった。しかもノルマンディからの圧力を受けながらである。彼が曲がりなりにも自立して，自らの権力をある程度安定できたのは1057年頃である。イングランドではエドワード＝ハロルド体制が確立した頃で（→223頁），ノルマンディではウィリアムが，反対派の貴族を駆逐して自立してから4年程遅れてのことである。この時差は，公領の形成にとっては，決して小さくはない影響を与えることになった。統合がそれに先行した近隣の領邦からの干渉を受けざるをえないからである。さらに，ブルターニュでも新しい貴顕層が台頭し彼らの掌握は容易ではなかった。その結果，レンヌに拠点をおくコナンに対して，ノルマンディとの境界地帯にいてつねに両者の顔色をうかがう勢力は，コナンの支配に

とって不安材料であった(→252頁)。

　1064年にコナンはサン・ジャム城近隣のブリトン人の反乱に手を焼くことになる。彼らは，ウィリアム公と組んで反旗を翻した。その中心にいたのが，ドルのルワロンであった。ルワロンは，コンブールの領主で，ドル大司教（司教）座教会の守護職でもあった。[21] 政治的にはウィリアムに従っていた。コナンは，ルワロンの拠点であるドルを包囲した。おそらくはルワロンと関係の深いディナンも包囲したであろう（第18場～第20場）。

　ブルターニュ戦役に関しては，ウィリアム＝ポワティエがもっとも詳細である。しかし，ほぼ1世紀後の史料であるウェイスは，長期の遠征というよりは小さな戦闘が何度かおこなわれたことしか示唆していない。ウィリアム＝ポワティエの叙述は「綴織」とも必ずしも一致しない。それに従うと，戦いはドルを中心におこなわれ，ディナンには触れていない。同じように「綴織」も戦いが比較的長期の遠征であったことを表現している。戦いはもっぱら攻城戦に終始しているが，それはドルだけではなく，ディナンにまで及び，レンヌでもおこなわれたと読むこともできる。

　略奪は，当時の戦闘方法であった。敵地の穀物や家畜を奪い，軍勢を維持するとともに，領民を疲弊させる。これによって，領主である敵の領民への支配力は低下してしまう。ウィリアムだけではなくコナンも同じ戦法を用いている。ウィリアムがヘイスティングズに上陸してからも同じ戦法を使用している。ルワロンが戦闘の終了後にノルマン軍の早期の撤退を要求したのは，自分の領地で略奪が継続するのを恐れたためである。

　右上に描かれたモン・サン・ミシェルについては，708年アヴランシュ司教オベールが大天使ミカエル（ミシェル）のお告げによって，山頂に教会をつくったという伝承がある。共住聖職者団の教会は966年にノルマンディ公リチャード1世によって，ベネディクト修道士に代えられて修道院となった。10世紀中葉のエドガ王の時代に始まったといわれるイングランドのベネディクト改革は，後発的というよりはノルマンディやヨーロッパ大陸のそれと同時並行的に進行していた。その後11世紀になるとカロリング時代の古い教会はクリプト（地下聖堂）に転用され，プラットフォームがつくられて，その上に当時流行し始めていたロマネスク様式の教会が建造された。進軍するノルマン軍の上に描かれた修道院は，島の上にプラットフォームが築かれ，さらにその上にロマネスク様式の教会が建造されている姿が描かれている。刺繍の

大きさを考えると正確な情報のもとに描かれているといえる。少なくとも，モン・サン・ミシェルを知っている人物からの情報がなくては描けない。

　修道院は，ノルマンディとブルターニュの境に位置し，戦略的にも重要な場所であった。従って，ブルターニュへの進軍を示すためにも，モン・サン・ミシェルを描く必要があったのだろう。修道院の横にライオンの頭飾りのついた長椅子にチュニック姿で座っている人物がいる。この人物は誰か。服装からすると俗人である。コナンの父アランが臣従したウィリアムの父ロバートを描くことで，コナンが臣従の誓いを破ったことを暗示しているのだろうか。修道院に向かって流れるクースノン川を越えるとブリトン人の世界であった。

図6　当時のモン・サン・ミシェル修道院

第17場
そしてここで彼らはクースノン川を渡る。
ここでハロルドは砂から兵士たちを引き上げた
ET hIC: TRANSIERVNT: FLVMEN: COSNONIS:
hIC: hAROLD: DVX: TRAhEBAT: EOS:- DE ARENA

 モン・サン・ミシェル修道院が位置するサン・マロ湾は潮の干満の差が15mに達するといわれる。修道院は湾の東南，クースノン川の河口域にある小島に位置しており，満潮のときは海に囲まれ，干潮時には陸繋島になる。この場面は，進軍中潮が満ちてきて溺れかかった兵士たちをハロルドが救う勇敢なシーンである。押し寄せる波のスピードは毎時30kmにも達するという。海に詳しいハロルドは，自然な対応がとれたのであろう。このような彼の勇敢な行為を褒め称える記録は，「綴織」以外にはない。ここからもハロルドに敬意を払う「綴織」の立ち位置がみえてくる。ここでの主人公はハロルドであってウィリアムではない。彼を軸にして話が展開しているのである。

第18場
軍勢はドルに来てコナンは逃亡した
ET VENERVNT AD DOL: ET: CONAN:· FVGAVERTIT:·

ウィリアム＝ポワティエ『ノルマン人の公ウィリアムの事績録』44-45, 74-77

　しかし，このような威嚇にはびくともせず，ウィリアム公は，コナンが侵攻してくる時期に合わせて，これを迎撃すべく問題の地域に出陣した。コナンは雷に打たれた感じがした。ドルの城はコナンの攻撃によく耐え，城を守り通した。この城を守ったのはルワロンであった。彼はコナンを2日引き留める策を弄し，コナンの撤退を遅らせた。コナンはドルの城の包囲を解いて，自分が支配している城まで撤退した。死におびえ恐怖にさいなまれてコナンは逃亡を続けた。ウィリアム公もこの悪しき者への追撃をやめなかったが，大軍を引き連れて，地の利もなく人気のない痩せた土地を進む危険も承知していた。もし，前年度の収穫物がいくばくかでも残っていれば，住民は家畜とともにそれを安全な場所に隠すであろう。畑の穀物はまだ緑のままであった。糧食を使い果たして，疲れ切っている兵士たちが教会の財産を盗むなどといった冒瀆行為をおこなうことを避けなくてはならなかった。
　しかし，ブルターニュとの境で，ウィリアムはジェフリ＝アンジュが大軍を引き

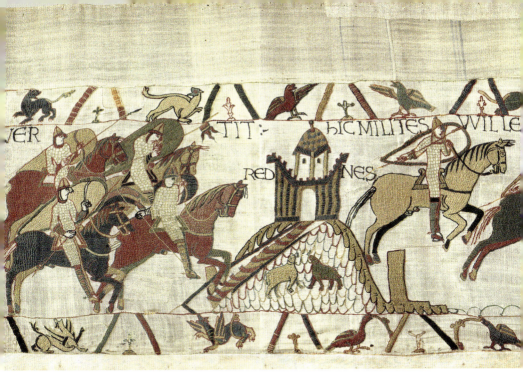

連れてコナンと合流したことを知った。彼にとって、これは2人の敵を一度に倒す千載一遇の機会であった。しかしルワロンは自分の領地に軍勢が陣営のテントを張っていることに不満であった。そしてこう言ったという。「ウィリアム公殿に救われたことに感謝はするが、これ以上敵を待って陣営を張り続けることは、この地域にとって破壊的である。民百姓にとっては、労働の汗を、ノルマン人であれブリトン人であれ、奪われることに違いはない。コナンを追い出したことは名声をもたらしたが、財産の保持にはならないのである」と。公はこう答えた。「急いで撤退することは、臆病者と罵られるかもしれないことを考えなくてはならない。しかし、軍勢が与えた損害に対しては金で十分に補償する」と。公は、すぐに、軍勢に対して、ルワロンのものである穀物や家畜に手を出してはならないと命令した。……結局戦いはなかった。

　ウィリアム゠ポワティエの「前年度の収穫物がいくばくかでも残っていれば、住民は家畜とともにそれを安全な場所に隠すであろう。畑の穀物はまだ緑のままであった」という記述は、前年の秋に播いた小麦が収穫され、緑のままの畑の穀物が春播きの大麦であるとすれば、ハロルドのノルマンディ到着が大麦の播種の時期であったという前述の推測を裏付ける。遠征の時

期は1064年6月頃であろうか。

「綴織」は，コナンがドルの包囲を解いて撤退する様子を，塔からロープを伝って逃げる様で描いている。この描写はウィリアム＝ポワティエの叙述と齟齬がある。籠城側と包囲側が逆転している。この部分は，セント・オーガスティン修道院で11世紀中頃に作成された旧約聖書の「六書」の写本の細密画をモティーフにしているといわれてきた。『共同訳聖書』「ヨシュア記」2:15曰く，「それでラハブは綱をもって彼ら〔2人の斥候〕を窓から吊り下ろした。その家がジェリコの町の城壁の上に建っていて，彼女はその城壁の上に住んでいたからである」と。ブルターニュ戦役に関する「綴織」デザイナの情報はかなり錯綜していたようである。その曖昧さから，手元にあった写本の細密画からドルでの攻防戦を描いたと考えてよいのではないだろうか。

図7 『エルフリック六書』のラハブの図（カンタベリのセント・オーガスティン修道院, 1030年頃）
[BL. MS. Cotton Claudius B. iv, fo. 141v より]

第19場
レンヌ
REDNES

　これまでの「綴織」におけるブルターニュ戦役の説明は、ウィリアム軍は、ドルでコナンを撤退させ、敗走する軍勢を追ってレンヌ、そしてディナンまで追い詰めて降伏させたというシナリオを描いてきた。しかし、「綴織」をよく見るとレンヌで戦闘があった様子はない。レンヌという文字は、上段の銘文としてではなく、城のドンジョン（タワー）を挟むように縫い込まれている。進軍の経路からも、ウィリアムの軍勢はディナンの前にコナンの拠点レンヌに進むことはなかったであろうし、レンヌを通る騎士たちは鎖帷子(かたびら)は装着しているが、槍は投げていない。この図は、コナンの拠点とするレンヌを軍勢が通過することで、彼の力の象徴を貶(おとし)めたとも考えられる。

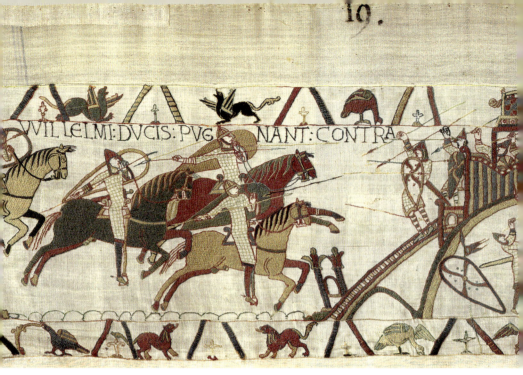

第19場・第20場
ここでウィリアムの騎士は
ディナンの人々を攻撃する
hIC MILITES VVILLELMI: DVCIS: PVGNANT: CONTRA DINANTES:·
コナンは鍵を渡す
ET: CVNAN: CLAVES: PORREXIT:·

　ディナンでの戦いは存在したのだろうか。一つ確実なことは，ドルとディナンの二つの都市の支配者家族が血族であったことである。ドルとコンブールの領主のルワロンは，ハイモ1世とドルのロワンテリンのあいだに生まれた。1034年頃の証書は，ドルの大司教ジュゴネウス(在任1030頃～32)が，その兄弟ハイモ2世，ジョスリンとともに，ルドンの修道士たちに贈与をおこなったことを記録している。子(副伯)のハイモ2世は同じ年ディナンのそばのレオンの城にいた。1040年の証書にドルの大司教ジュエル(在任1040～76頃)などと並んで，ジョスリン゠ディナンの名前がみられる。これがディナンの

史料上での初出である。史料の正確さに問題が残るので、子（副伯）レベルの系図は注意して扱う必要があるだろうが、しかし、この4人はいずれもハイモとロワンテリンの息子たちで、ドルの大司教座と密接に関係していたことは確かである。ルワロンは1065年頃亡くなったというから、ウィリアムの戦役のあとすぐに亡くなったことになる。コナンが、ルワロンが守るドルを包囲した戦闘の流れで考えれば、その兄弟であるジョスリンがディナンを守っていたということも十分考えられる。ルワロンとジョスリンの一族は、ドルを拠点とした親ウィリアム派の貴顕であり、それゆえ、コナンに攻められ、ディナンは占領され、そして解放されたのである。鍵の譲渡はそれを象徴している。こういう推測が成り立たないであろうか。

　この地に城が確認されるのは、レオンに1035年頃、ディナンには「綴織」によって知られるより前の1064年以前である。前者はディナンの南に位置する孤丘にあり、後者はディナン市内の北東部にある郡庁の敷地にあったという。いずれも城のそばに修道院があり、かつランス川の渡河点である橋を見下ろす高台に位置していた。レオンの修道院であったサン・マグロワールはもともと6人の隠修士から始まったとされ、1008年にパリのサン・マグロワール

修道院から修道士が導入されてそのの分院となった。ハイモによって城が修道院の西側の丘に建設されたのはその頃であろう。レオンに城と修道院を核としたブール[24]が生まれた。サン・マロからの道とレンヌからの道が交差する，レオンの北の高台のディナン（ディナンはブルトン語で高台を意味する）にも城が建設された。この高台は高低差60mあり，ランス川の渡河点を見下ろす絶好の位置にあった。この城の周辺に集落が建設されていった。橋のそばにはサン・マグドゥーレンのデュ・ポン小修道院が建立された。さらに1065年以前に，ディナンの都市的集落のさらに北側，サン・マロからの道沿いにサン・マロ教会が建設され，新たなブールが発展していった。

　ノルマン勢が攻撃した城が，レオンの城かそれともディナンの城かは確定できない。いずれにせよ，火攻めをおこなっているところをみると城は木造であった。「綴織」に描かれた城のなかで，ディナンだけが丘が層をなさずに白くあたかも盛り土でなく岩盤のように描かれている。レオンであれディナンであれ，自然の高台を利用しており，盛り土ではなかった。この部分におけるデザイナへの情報提供者は攻城戦に参加していたかのようである。

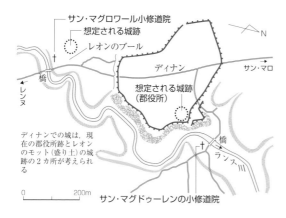

図8　ディナンとレオン

第3幕 ハロルドの宣誓と臣従

ノルマンディに帰還後，ハロルドは公に対して臣従礼をおこない，宣誓をした。ノルマンディ側は，これをエドワード王がウィリアムにしたイングランド人の王位継承の約束を，ハロルドが認めて神と聖遺物の前で誓ったと解釈し，ウィリアムの王位要求の根拠となった。事は動き出した。

第21場 ハロルドの騎士叙任　　**第22場** ウィリアムのバイユー到着　　**第23場** ハロルドはウィリアムに忠誠を誓う

第21場・第22場
ここでウィリアムはハロルドに武器を与える
hIC: WILLELM: DEDIT: hAROLDO: ARMA
ここでウィリアムはバイユーに来る
hIE VVILLELM VENIT: BAGIAS

ウェイス『ロロの物語』iii. 5673-5716行

　一方公はハロルドとエドワード王が崩御ののちには速やかにイングランドを公の手に委ねること，もしハロルドが望むのであれば公の娘のアデラを妻として娶ること，などの合意に至るまで議論を重ねた。……ハロルドの宣誓を受け入れるために，……公はバイユーにおいて会議を召集し……そこにあらゆる聖遺物を集めるように命じ，それらを丸い容器に詰めた。そしてその上に絹の布を被せて，ハロルドがそこに何があるのかわからないようにした。その容器の一番上に，〔別の〕聖遺物箱を置いた。それはウィリアムが選んだそして見つけたなかでもっとも美しく高価なものであった。私は，それが「雄牛の目」と呼ばれたというのを聞いたことがある。ハロルドが手を伸ばしたとき，彼の手は震え，体が痙攣した。そして，ハロルドは，第三者が読み上げたテキストに従って，彼の力と知恵を使って，生きている限り，

しかも神とここにある聖遺物が彼を真に援助するのだから，公の娘であるアデラを娶り，王国をウィリアムに渡すこと，エドワード王の死後，ハロルドはこの点で最上をつくすこと，を厳かに誓い約束した。多くの人々は言った。「神よ，彼をなさせたまえ」と。ハロルドが聖遺物箱にキスをして震えがとまったとき，公は彼を容器へ導いてそばに立たせた。そして容器を覆っていた布をとって，彼がそれに誓った聖遺物そのものを見せた。ハロルドは聖遺物に大いなる恐怖を覚えた。

　ウィリアム＝ポワティエでは，ハロルドがウィリアムに宣誓して臣従を誓い，公によって騎士に叙任されたのはボンヴィルであった（→46頁第14場）。この場所はポワティエのウィリアムがかつて助祭長を務めたことのあった管区内にある。一方，バイユーでの宣誓を描くウェイスは，バイユーの司教座教会の聖堂参事会員であった。作り話にしてはウェイスの話は詳細で迫真の内容である。宣誓が第三者が読み上げるテキストを復唱する形でおこなわれたことは，記憶してよい。これは当時の慣習であったのかはわからない。そのテキストが文書化されたという証拠もない。しかし，ハロルドがバイユーで宣誓をしたという記憶は，その地方に伝承されていたのであろう。ボン

ヴィルで，ノルマンディの貴族の前で，騎士叙任と臣従礼をおこない，それと並行して，王位継承の話合いがなされた。次いでバイユーにおいて再度聖遺物の前で，話合いの内容の確認と誓いの宣誓がおこなわれたという二段階的な説明も可能である。

「綴織」の第21場は，騎士叙任のもっとも古い図像とされてきた。しかし，臣従する者が主君の前にひざまずき，主君が臣下に鎖帷子を与え，兜を頭に載せ，騎士のベルトを与えて，その両肩を剣で軽く叩くという，よく知られた儀式ではなく，騎士の装備をしたハロルドの兜と右手にウィリアムの手を置く形になっている。「ノルマン征服」のイングランドに与えた貴族社会の断絶性を強調する研究者は，イングランドの托身と大陸の騎士叙任とのあいだの，儀式形式の違いを強調したが，この図に従う限り，のちの「騎士叙任」の形式はまだできあがっていないと考えるべきであろう。エドワード王は，この儀式をすでにイングランドに導入していた。小姓であったロバート＝ルドラン（1093年に死亡した北西部ウェールズの領主）に「騎士のベルト」を与えている。20年以上の彼の治世を考えると，この大陸型の叙任式がイングランド人貴族にも知られていたとしても不思議はない[OV, iv. 136-137]。

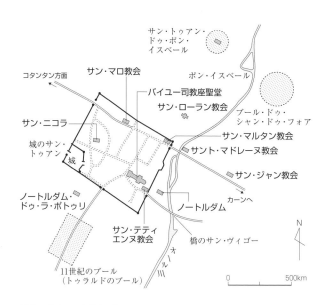

図9　バイユーの都市プラン

第23場
ここでハロルドはウィリアムに忠誠を誓う
VBI hAROLD: SACRAMENTVM: FECIT:· VVILLELMO DVCI:·

エアドマ『イングランドにおける新しい歴史』8

　ハロルドは同意した。それで，ウィリアムは取り決められたことがすべて守られるように，聖人たちの聖遺物を持ち出して，……2人のあいだで同意したことをすべておこなうとハロルドにそれらの上で誓わせた。……ハロルドは甥を連れて国に戻った。

　こまで，「綴織」の銘文には，その始まりである「ここで」に，Ubi(where)と Hic (here) の両方の言葉が使用されてきた。しかし，第23場を最後に Ubi は使用されなくなる。ここから別のデザイナが担当したのか。文字はどのように入れられたのであろうか。あとから入れられたのか。それとも文字を入れた人物と下絵を描いた人物は同じなのか，それとも別人か。この問題は確実には解明できない。第22場では，バイユーの公の城が描かれている

が，その銘であるバイユー Bagias は英語のラテン語形であり，デザイナあるいは銘文を入れた作家がイングランド人である（少なくともこの箇所では）証左であろうか。一般に「綴織」の銘文のラテン語にはフランス語の影響が強いといわれる。とくに，1枚目と2枚目にそれが顕著である。しかし，英語のラテン語系や英語そのものも見受けられ，フランス系とイングランド系両方のデザイナたちによる共同作業と考えるのが妥当であろう。後述するように，全体のモティーフ，ハロルドの描き方，登場人物など，すべての点で，カンタベリ，セント・オーガスティン修道院を拠点に，フランス語と英語を話す人々が制作にかかわったとするほうが説明しやすいのである。

　城は，やはりモット・アンド・ベイリ型で，リチャード1世のときにつくられ，ルイ16世のときに壊された。当時のシテの南西の一角にあり，ローマ時代の軍営地の跡ともいう。現在は平地で公園の一部を占め，郡の役所も建てられている。

　この宣誓は，「綴織」全体の「クライマックス」である。ウィリアムが座り，右手に剣を持ち，左手で聖遺物を指している。ハロルドは，左手を四角い聖遺物箱の上に置いて，右手の二本の指でウィリアムかあるいはもう一つの向かって左側の聖遺物箱を指し示している。二つの聖遺物箱があるのはなぜだろうか。左側の聖遺物箱は持ち手がついて，運搬用である。ここでウェイスの1節「あらゆる聖遺物を集めるように命じ，それらを丸い容器に詰めた」を思い出してみよう。これがその丸い容器である。1047年にカンの郊外での平和宣言の会議で，ウィリアムはルーアン大聖堂の聖オーエン（ウマン）と聖カトリーヌの聖遺物を運ばせている。神に誓う宣誓には熱成しとしての聖遺物が重要であった。バイユーの会議でも司教座の聖遺物だけではなく，ノルマンディ各地から運んでこさせた，あるいはそういう演出をしたものであろう。持ち手の下に垂れ下がっている布は，公が覆いを取るように命じてあらわになった丸形の容器のそれである。この聖遺物箱はもともと，ハロルドが手を置いた聖遺物箱の下に，布で隠されていた。この場面は右から左へと短いあいだではあるが時間が逆行している。それはハロルドがまず左手を最初の聖遺物箱に置いて宣誓をしたからであろう。この手を置いたのが「雄牛の目」と呼ばれた向かって右側の箱である。存在を否定する研究者もいるが，聖遺物箱にある丸い飾りは，まさに「雄牛の目」，弓矢の的のような形をしている。ハロルドは，ヘイスティングズの戦場で倒れる際，まず右目を矢で打ち抜かれている。この「雄牛の目」に納められた聖遺物を通して誓いを破った結末

の伏線というのは考えすぎであろうか。

　バイユーの「綴織」は、ボンヴィルとバイユーでおこなわれた二つの会議を、構成の関係で前者を後者に含み、バイユーでの聖遺物の前での宣誓をクローズアップした形にしたのではないか。バイユー司教オドは、自らのもつ聖遺物の効力を主張して、その重要性を喧伝し、巡礼を招き寄せたかったとも考えられる。それは司教座の財力を豊かにするからである。当時のバイユー司教座教会には2人の聖人の聖遺物があった。聖ラヴァンと聖ラシフのそれである。いずれもバイユーの司教オドの前任の司教ヒュー(在任1015〜49)のときに発見されたという。司教座を富ませるには所領経営だけではなく、ポピュラーな聖遺物が必要であった。なぜ「発見された」のかという理由がそこにある。すぐさま、大聖堂での祝祭の日が定められ、高位祭壇に次ぐ場所に彼らの祭壇が設置された。しかし、その崇敬の儀式はローカルのレベルを超えることはなかった。「雄牛の目」の聖遺物箱に入っていたのはこれらの聖遺物である。ハロルドの宣誓と彼の運命が宣伝となって、司教座の聖遺物は地域を越えた支持を得るようになったのであろう。聖人の遺物に誓った約束をたがえた者の末路は、すぐにヨーロッパ中の人々が知ることになったからである。サン・リキエ修道院の年代記には、「すぐ宣誓するから、哀れなことになる」とある。当時さまざまな情報が乱れ飛んでいたが、ピカルディでは、ハロルドが、エドガ・エセリングの王位継承を後押しするというエドワード王への誓いを破ったとも言われた。いずれにせよ、ハロルドが聖遺物の前での宣誓を破った、というのがノルマンディ側の一大キャンペーンであった。

　ウィリアム＝ポワティエにはこの聖遺物の具体的な話はでてこない。しかし、ウェイスが詳細に語ったところをみると、少なくとも征服当時から人々の口の端に登り、民間伝承として伝えられ、尾ひれがついていった。この点に関しては、「綴織」もウェイスも同根の情報を共有していた。

　聖ラヴァンと聖ラシフというローカルな聖人について話をしよう。2人は、ブリテン島出身のブリトン人隠修士として知られ、ブルターニュとの境のサン・トバンを拠点に布教中の470年7月23日に殉教したといわれる。この日は彼らの祝祭日でもある。もし、宣誓がバイユーで執りおこなわれたとするならば、この祝祭の日におこなわれた可能性は強いであろう。さらに、7月23日は、これまで推定してきたハロルドのノルマンディでの日程に無理なく合致する。祝祭の日にその当の聖人の聖遺物に誓う、その心的プレッシャーは小さくはなかったであろう。

彼らの聖遺物は，ヴァイキングの侵入の時期にバイユー司教座に移された。5世紀には，現在のウェールズやコンウォールとブルターニュそしてバス・ノルマンディの西部は，海峡を挟んで，一つの文化圏を形成しており，濃密な聖人のネットワークが構築されていた。かつては，アングル人とサクソン人に追われ，大量のブリトン人がアルモリカ半島，現在のブルターニュ（小ブリテン）に移住したといわれるが，ウェセックスがコンウォールに実効支配を及ぼすのは9世紀のことである。また，ウェールズがイングランドの支配に服していくのは，ノルマン征服以降のことである。むしろ双方向的な人，モノ，情報の日常的移動があったと考えるほうが自然であろう。前述したようにドルはその繋がりの大陸側の中心であった。海峡は障壁ではなく回廊であった。

図10　聖遺物箱を運ぶ4人の聖職者（バイユー司教座教会）

第4幕 エドワード王の死去とハロルドの戴冠

イングランドに帰還したハロルドは，まずエドワード王に拝謁した。国王の顔は，ハロルドが出立する前とは様変わりしていて，激しくハロルドを叱責するその顔はやつれはて死相すら見える。「そこまでやれとは言った覚えはない」とでも言いたげである。ハロルドは，必死に言い訳をしている。「そうせざるをえなかったのです」とでも弁解したのだろうか。国王は崩御し，死の床で王に指名されたハロルドは，葬儀もそこそこに戴冠式を挙行した。「死の床での王位の指名」。これがハロルドの根拠であった。約束と指名。この二つの行為が，人々を戦いへと巻き込んでいった。

第24場 ハロルドのイングランドへの帰還　　第25場 エドワード王に拝謁

第26場 エドワード王の遺体の埋葬　　第27場 死の床での指名　　第28場 エドワード王の死　　第29場〜第31場 戴冠式

時間の逆流

第24場
このときハロルド公(伯)は イングランド人の土地へ帰る
hIC hAROLD: DVX:· REVERSVS: EST AD ANGLICAM: TERRAM:·

ウィリアム＝ポワティエ『ノルマン人の公ウィリアムの事績録』76-78
　ウィリアム公は，しばらく大事な客人であるハロルドをもてなしたあと，両名にとっても，(エドワード)王にとって貴重な贈り物を持たせて帰した。その名誉はノルマンディに来たときよりも勝っているようにとの配慮である。さらにハロルドの甥(ゴドウィンの孫ハーコン)は2番目の人質であったが，彼を敬意を払って釈放し，ハロルドとともに帰した。少し述べておきたい。ハロルドよ。言葉と手による神聖な宣誓によって，自らと，自らの民を，ウィリアム公のもとにおいた。このあとどのような意図をもってウィリアム公が世襲すべき土地を奪い，戦いを起こしたのか。……何が汝の致命的な錯乱を招いたのか。追い風が帰路の汝の船の黒帆を膨らませたのはなんと不幸なことか。

エアドマ『イングランドにおける新しい歴史』7-8
　ハロルドは，どう転んでも降りかかってくる危険を感じ取っていた。しかし，ウ

ィリアムが望むことを受け入れない限り逃れるすべもないことも理解していた。そのときウィリアムは，約束を確固たるものにするために，聖人の遺物（複数）を運び込み，ハロルドにそれら聖遺物の上で（手を置いて）2人で同意したことをすべて履行することを神に誓わせたのである。ただし，すべて生きるものの定めで，事をなすべき前にこの世を離れない限りという条件はついた。すべてをなし終えたあと，ハロルドは甥を連れてイングランドに帰った。

　　ハロルド一行の帰路は順調だった。時期的には1064年の8月から9月頃であろう。ウィリアム＝ポワティエは，『プルターク英雄伝』（プルタルコス『対比列伝』）を引用して，不吉な結末を暗示しようとしている。[28] 彼の古典への造詣の深さを偲ばせるが，「綴織」では，往路とも船の帆は緑である。どの港に到着したかはわからない。しかし，「綴織」に登場する建物が，全体としてはある程度は信頼できることを考えると，ここに描かれた，1階には倉庫らしき空間と2階に居室を，最上階に突き出たテラスをもつ建物は，交易商人の商館を思わせ，都市的である。ボーシャムではないだろう。ルーアンから出て，直接ロンドンのサザックに上陸したのではないだろうか。

第25場
そしてエドワード王のもとに来る
ET VENIT: AD: EDVVARDV[M] ∶· REGEM ∶·

『アングロ・サクソン年代記』 C, D, E, 1065

＊各版に特異な記述は〔　〕でくくった。

　1065年，聖ペテロの日（8月1日）の前に，伯ハロルドは，自分の所領としていたウェールズのポーツケウェット〔ワイ川河口右岸〕に「城」の建設を命じて，大量の資材を集めた。エドワード王を，そこでおこなう狩りに招待することを考えてのことである。そこに，グリフィスの息子カラドックが，もてる限りの軍勢で攻め込み建設に携わっていた者を虐殺した。……聖バーソロミューの日（8月24日）におこなわれた虐殺である。そして，ミクルマス（9月29日）のあと，ヨークシャとノーサンバーランドのセイン〔有力者でとくに国王に奉仕する者〕（→225頁）たちはヨークに集結し，伯トスティクのフスカールを見つけ次第皆殺しにした〔E：伯トスティクを法外者としたのである。そして，デーン人であれ，イングランド人であれ，彼の関係者や従者を殺害した〕。そのときトスティクはブリットフォード〔の王の所領〕にエドワードとともにいた。事件の直後にノーサンプトンで大きな会議が開かれた。次いで

会議は，聖シモンと聖ユダの日（10月28日）にオクスフォードで開催された。そこには伯ハロルドも出席し，できる限りの和解の道を模索した。しかし無理であった。伯領（の人々）（→223頁）は満場一致で，トスティクと彼とともに不正義をおこなった者を追い出し法外者を宣言した。理由はトスティクが，神から奪い，そして力をもつ人々の命と土地を奪ったからである〔D：（彼らは）ヨークで，トスティクが所有していた，武器，金と銀，銭貨と彼らが見出したものをすべて奪った。そして（マーシア人の）伯エルフガの子，モーカを迎えた。彼らはモーカを伯に選んだのである〕。……モーカはすべての（ヨークシャとノーサンバーランドにある）州（の人々）と南に来て，ノッティンガムシャ（の人々）とダービーシャ（の人々）とリンカンシャ（の人々：以上いずれも旧マーシア）とともに南下してノーサンプトンに来た。そこで伯領の人々とブリトン（ウェールズ）人を従えた弟のエドウィンと合流した。ハロルドも彼らに会うために来た。彼らはエドワード王にメッセージを送ることを彼に委ね，ハロルドに使者を同行させた。彼らはモーカを伯にしてよいか尋ね，エドワード王はこれを了承し，ハロルドは，聖シモンと聖ユダの日の前日にノーサンプトンに戻り，王の指示を伝えた。そしてハロルドは，王からの伝言を手によって（聖遺物に手を置いて）確認し，クヌート王の法も再確認した。しかし，北部の人々は，ハロルドが使者で留守をしたあいだ，ノーサンプトンに損害を与えた。殺戮し，家と穀物を焼き払い，あらん限りの家畜を奪った。その数は何千頭にも及んだ。また何百人もの人を拉致し北へ連れて行った。その結果，州（の人々）だけではなく，その近隣の州（の人々）も，大変な冬を迎えることになったのである。一方，伯トスティクとその妻は，彼と行動をともにした者たちとともに，海を越えて（妻の父）フランドル伯ボルドウィンのもとに難を逃れた。そして冬のあいだ，サン・トメールに留まった。冬のさなか，エドワード王はウェストミンスタに来た。そこで彼が，神と聖ペテロと聖人たちのために建設していた教会の聖別式が無辜聖嬰児の日（12月28日）におこなわれた。

エアドマ『イングランドにおける新しい歴史』7-8

　すべてをなし終えたあと，ハロルドは甥を連れてイングランドに帰った。帰るとエドワード王の質問に，ハロルドは何が起こり，何をしたかを説明した。すると王は「朕はウィリアムのことをおまえに話をしてはいない。おまえのしたことはこの国の上に筆舌につくせぬ禍をもたらすかもしれないのだぞ」と大声で非難した。

　しロンドンに帰還したのであれば，ハロルドは馬でウェストミンスタの王宮に出向き，王にノルマンディでのことを報告したであろう。この報告については，ノルマンディ側の史料は何も語らない。ハロルドの報告を聴くエドワードは第1場の最初の場面と同じような衣装で対面している。ただ玉

座ではなく，ベンチに腰かけている。2人の後ろには，イングランドの王や貴顕の親衛隊である戦斧を持ったフスカールが控えている。

エドワードには老いがみえている。髭も第1場より伸びている。齢60くらいで，当時としては高齢である。ハロルドは45歳くらいであろう。ちなみにウィリアムは59歳で1087年に死亡した。落馬の影響といわれている。エドワードの叱責する態度とハロルドが弁解するジェスチャは，臣従礼までは命じていないというエドワードの怒りだとする研究者も多い。史料としてこの状況を伝えるのはエアドマだけである。ただこれは『エドワード王伝』における「緑の木」(→84頁)に繋がる南イングランドの在地の貴顕たちに共有されていた一つの言説を表現しているように思える。

「綴織」のやつれた姿にもかかわらず，『アングロ・サクソン年代記』を読む限り，エドワード王は1066年に突然体調を崩したようである。トスティクと猟を楽しんだり，冬場にウェストミンスタまで移動している。ハロルドがノルマンディから帰還して，ヘイスティングズの戦いまでのあいだ，とくに1065年は，ウェールズとの対立が激化しただけではなく，統合王権の中枢であったイングランド南東部と，統合された側の北部と西部のあいだにもともと存在していた亀裂が表面化した年であった。ゴドウィン一門とマーシア人の伯とノーサンブリア人の伯になるエルフガの息子たちとのあいだに緊張が走った。同時にゴドウィン家内部でもハロルドとトスティクの対立が顕在化した年でもあった。

事の発端はトスティクによる過重な税への反発であろう。ノーサンブリアで反乱が起きたとき，トスティクは王とともにブリットフォード〔ウィルトシャにあり，ソールズベリの南東約2.5km〕の王の所領にいた。猟場であり，王はまだ元気であった。反乱が起こると，すぐにノーサンプトンで貴族会議が開催された。それから10月28日にオクスフォードに場所を移して会議が継続された。ハロルドは何とか和解にもっていこうとしたがかなわなかった。トスティクは家族と従者を連れて妻の実家であるフランドル伯のもとに身を寄せ，サン・トメールで自らの艦隊とともに冬を越した。

王は，この会議には出席していない。しかし，会議の決定が王の意思であった。大陸と違い伯領や州は依然として，統治組織の領域ではなく，共同行為をおこなう人々の集団（共同体）であった。ハロルドの和解に向けた努力もトスティクは疑っていたようである。イングランドは内部対立をはらみながら1066年を迎えることになったのである。年明け，王の死は突然訪れた。

第26場
ここでエドワード王の遺体は
使徒聖ペテロの教会に運ばれた

hIC PORTATVR: CORPVS: EADWARDI: REGIS: AD:
ECCLESIAM: S[AN]CT[I] PETRI AP[OSTO]LI

＊第26場から第28場までは時間が逆流している。

『アングロ・サクソン年代記』E, 1066

　この年1065年、ウェストミンスタの教会は無辜聖嬰児の記念日（12月28日）に聖別された。そして王は第12日目（12月25日から計算して）1月5日の夜半にみまかった。そしてその日に新しく建立され聖別されたウェストミンスタ教会の内部に埋葬された。

　『アングロ・サクソン年代記』は、ウェストミンスタの宮殿でエドワード王が1066年の1月5日に亡くなったと伝えている。第26場では修道院の東側の屋根に風見鶏をつけようとしている男が描かれている。天上か

81

らは神の手が教会を聖別している。葬儀は,通夜,罪の許し,献金,葬送行進と続く。第26場はその葬送行進のひとこまである。皮あるいは布で包まれたエドワードの遺体は,両端に十字架をしつらえ,豪華に飾りつけられた布で覆われた棺架に乗せられて,修道院に葬送されている。棺架は8人の担ぎ手によって運ばれ,両手のベルを鳴らす2人の付き人が寄り添っている。その後ろから,少なくとも剃髪した7人の聖職者(1人は剃髪が確認できないが)が続く。[29] 先頭の1人は司教杖らしきものを持っている。もう1人は,胸に聖書を抱えて読み上げ(「詩篇」であろう),後ろの聖職者たちが葬送行進歌を唱和している。

　遺体が運ばれていく献堂されたばかりのウェストミンスタ修道院は,古い歴史をもつ。最初のベネディクト修道士団が,ロンドン司教であったダンスタンによって導入されたのは960年のことである。その当時の建物は残っていない。その場所にエドワード王が,ノルマンディで隆盛をみせ始めていたロマネスク様式の修道院を建設した。教会は1065年12月28日に聖別された。教会建設にはレゲイト石が使用され,6つの二重の柱がつくりだす長い外陣(5つのベイ)と頂塔をもつ越し屋根風の塔,そして2つのベイからなる内陣から構成されていた。レゲイト石はサリ州のノースダウン麓の緑色砂岩から採掘され,ロンドン塔やハンプトンコートなどのロンドンの重要な建築物に使用された。技術を伝えた石工集団がどこからきたのか,彼らへの石の供給はどのようにおこなわれたのかは考えるだけで興味がつきない。しかし,紙幅の関係でこれ以上語ることは控えたい。いずれにせよ,例えばボーシャム教会のアーチ(→25頁第3場)など,征服以前のイングランドでも南部ではロマネスク建築の影響とその技術の伝播の可能性を考える必要がある。1066年当時は塔はなく,タットン・ブラウンによると,教会を建築した石工の集団は征服後も建設を続け,完成したのは11世紀の末年であったという。「綴織」では,教会は中央にドーム型の屋根をもつ塔をもっていたが,デザイナが当時の教会建築一般を想定して描いたと考えられる。

第27場・第28場
ここでエドワード王は寝室で，忠節な者たちと話をしている
hIC EADVVARDVS: REX
IN TECTO: ALLOQVIT[UR]: FIDELES:·
そしてここで彼は没した
ET hIC: DEFVNCTVS EST

『ジョン＝ウースタ』(→註9) **ii. 600**

　ハロルドを，エドワード王は死の前に，王国の継承者に指名した。そしてイングランドのすべての貴顕たちによって国王の高みに選出された。

『エドワード王伝』 53-55, 72-81

　1065年の冬になると，北部の政情不安のなかで，エドワードは病に侵され，その死に至るまで，心の病にも冒され続けたのである。……永遠の神様，……いま私（エドワード）が見えていることを語る力をお与えください。いま私の前に2人の修道士が立っています。彼らは，私がノルマンディで青春を過ごしたときに，聖性に優れた者としてすでに知っておりました。そして彼らは神様からのメッセージを伝えた

のです。「以後」と彼らは言いました。「イングランド人の王国で、最高の職にのぼりつめた者たち、伯、司教、修道院長、そしてすべての聖職者たちは悪魔の手先である。私が死んで、1年と1日がたたないうちに、神はこの王国のすべてを敵の手に渡し、悪魔は、火と剣と戦いの煩わしさをもってこの国を混乱に陥れるだろう」と。それで私は彼らに答えました。「私は神様の計画を民に示そうと思う。そして神様の許しが悔い改める者のうえに慈悲を与えんことを」。……しかし彼らは答えて言うに、「もし緑の木が、幹の真ん中で切り倒されて、倒されたほうが、幹から3ファーロング（約600m）離されても、自然と元の木と繋がり、新しい芽を出し、一つに結びつけようという樹液の古い愛で果実が実るとすれば、大きな苦しみが癒されることが期待できるだろう」と。

　この幻視の話を聞いたのは、眠りから覚めて死の床にいた祝福された王が呼び寄せた、王妃エディス、彼女の兄ハロルド（伯）と王宮の執事で王の近親者でもあったロバート（ロバート・フィッツ・ワイマーク、→141頁）そして若干の者たち〔伝の作者あるいは情報提供者か〕であった。王妃は床に座り彼女の膝の上で王の足を温めていた。……大司教は「王は歳と病で弱り自分で言っていることがわからない」と伯に耳打ちした。しかし王妃は、王の語ったことの意味をじっくりと考えそして理解したのである。王は、最後に、いつも娘のようにその傍らにいた妻の献身的な奉仕に神の慈悲があらんことを願った。……そして彼の手を王妃の兄、伯ハロルドに伸ばして、この女と王国を汝の手に委ねる、と言った。……同じように、故郷（ノルマンディ）を離れ今まで朕に心から忠誠をつくしてくれた者を汝に委ねる。もし彼らが望むのであれば、彼らから忠誠の宣誓を受け取るがいい。そうでなければ、朕への奉仕で得たものを含めて、無事、海峡を越えて故郷に送り返すように。わが埋葬は、教会の指定された場所にするように。……そして臨終の聖体拝領を受け、1月4日〔『アングロ・サクソン年代記』は1月5日〕あの世に旅立った。……葬儀の儀式が執りおこなわれ、悲しみにくれる者が、聖なる遺体を王宮から神の家へと運んだ。祈りとため息と詩篇の朗誦はその日も次の日も絶えることはなかった。葬儀の日が明けると、埋葬がおこなわれ、ミサ曲が歌われ、貧者への施しがなされた。

ウェイス『ロロの物語』iii. 5725-5840行
　エドワードは死すべき運命にあった。可能であればウィリアムが王国を継ぐべきであるというのが王の願いであった。しかし、あまりにも遠すぎたし、ぐずぐずしすぎた。時間は延ばせなかったのである。彼を死に追いやった病に苦しみ、王は病床に臥せていた。死期は迫っていた。衰弱が始まっていた。ハロルドは家族を集めて、支持者とほかの者たちを召集したうえで、王の寝室に入り、彼が望んでいたことを話し合った。……ハロルドの命令に従って、あるイングランド人が最初に話をした。「陛下！　陛下を失うことは私たちにとって苦しみの極みです。……陛下の死後、お世継ぎがいないことが混乱を招きます。お年を召され、お子がなく生きてこられま

した。血統を通して，王となり私たちを守る王子も王女も……世継ぎはいないのです。……王なしに平和はなく，陛下を通して以外に王をもちえないからです。陛下がご存命のうちに，将来，この国に平和をもたらす人物に王国を与えてください。われらに悪しきことをなすであろう者を，神は王として与えず，またそれを喜びもなさりますまい。正義と平和が失われれば，王国は価値なきものとなります。正義と平和をもたらさないものは王国を統べる権利はないのです。……王国の最上の者たちがここにいます。あなたの最上の友人たちです。そのすべてがここに集まりました。彼らは……（この）ハロルド殿が陛下の国の王となるべきことを願っているのです」。……彼がハロルドの名前を出した途端，寝室にいたイングランド人たちは，「然り」と叫んだ。そして……「陛下！　もし陛下がこれをおこなわなければ，私たちは生きている限り平和はないのです」と。「諸君！　朕が死後，この国をノルマンディの公に与えるという話を何度聞き及んでいただろう。彼に与えたことを，諸君たちのある者は宣誓で公に誓ったのである。」そのときハロルドは……「陛下！　陛下が何をなされようとも，私が王となり陛下の国を私のものとすることをお許しください。黙って受け入れてください。それ以上を望みません」と。王は「ハロルド，そうするがよい。しかし死ぬことになるぞ。公とその貴族たち，そして公が動員する軍勢を朕はよく知っている。神以外におまえを守ることのできるものはいない」と言った。それでハロルドは，正しきことをおこなうであろうし，王はハロルドが望むことを話すべきだと述べた。ハロルドはすべきことをし，ノルマン人や何者も恐れない，と。王は，向き直って，言った（私ウェイスは，王が心からそうしたのかどうかは知らない），「それではイングランド人をして公か王を創らせよ，ハロルドか別の者かに，朕はこれを与えん」。このような形で，エドワードはハロルドを相続人にした。その場にウィリアム公がいなかったからである。……王は彼の貴族たちの望むようにしたのである。王は亡くなった。……その遺体は栄光に包まれてウェストミンスタに埋葬された。彼の墓は今もそこにあり贅をこらしたものである。エドワードが亡くなると，すぐにハロルドは……塗油され戴冠された。彼は公と話をすることを拒んだ。そして豊かな者たちとほとんどの重要なる者たちから臣従と宣誓を得た。

　　第27場と第28場は上下に描かれている。ウェストミンスタの宮廷の柱の真ん中で2枚目と3枚目の布が繋がれている。この異常な場所での裁断から判断すると，デザイナ（たち）は，1枚の長い布に下絵を描きそれを刺繍する場所のスペースに応じて裁断したものと思われる。柱の真ん中で切ったのは，接合を正確にするためである。3枚目からイングランド人とノルマン人の区別が難しくなる。ハロルドの髭も第30場の戴冠式以外ははっきりとは描かれていない。この変化は，複数のデザイナがいたことを示唆している。

エドワード王は1066年1月5日突然の死を遂げた。1065年にハロルドが王との狩りを考えていたことなどを勘案すると，死因は心臓発作か脳溢血といった突発性のものであろう。ただ健康は1064年の冬から勝れなかった。軽い痴呆症か，言語不明瞭ということもあり，脳溢血を起こしていた可能性もある。王の死を詳細に告げるのは，『エドワード王伝』である。王妃の側から描かれているので，2人の仲むつまじさは割り引く必要があるかもしれない。しかし，「綴織」の臨終の詳細なシーンは，『エドワード王伝』を参照したか，あるいはそれと通底した情報を，デザイナたちが『エドワード王伝』の名の知れぬ著者と共有していたことを示している。『アングロ・サクソン年代記』は，王国をハロルドに委ねたというし，『ジョン゠ウースタ』も同様のことを語っている。三つ花弁の王冠を被っている瀕死の王を支えているのはロバートであろう。剃髪をして王の話を聞いているのは大司教スティガンドである。彼には終油の秘跡をおこなう役目が残されていた。王が右手を指して何かを指示している人物がハロルドである。「綴織」も死の床における王位指名を示唆している。その傍らで王妃エディスは泣き崩れていた。

　王の死の床での，ハロルドと彼を支持する貴族たちの行動や，エドワード王がハロルドを後継の王に指名していくくだりはウェイスに詳しい。強引で脅しに近い後継者の指名で，死の床の王がやや自暴自棄になっているが，少なくとも「王位の指名」がおこなわれたことは，ノルマンディでも周知のことであったとみるべきであろう。王位継承にあたって，イングランド人の貴族たちの意向は無視できない段階に達していたのである。ハロルドが，継承指名のために周到な準備をしていたことは想像に難くない。この点は，エアドマの記述（→88頁）と相通じるものがある。ノルマンディ側の一般的史料と違って，「綴織」は，ハロルドを王位簒奪者としては描いていない。むしろ戴冠式をおこなった正当の国王としている。一方で，彼のウィリアムへの誓いも描いている。この矛盾は，戦闘による神命を仰ぐことでしか解決できなかった。

　第28場は，埋葬の準備をしているところである。立ち会っている聖職者は第27場と同じくスティガンドであろう。エドワード王は，当時の習慣で獣皮にくるまれていたという。しかし，ハロルドの遺体は上質のリネンであるシンドンで包まれた（→187頁）。エドワードもシンドンで包まれた可能性がある。復活したラザロは，「手と足を布で巻かれたままでてきた。顔は覆いで包まれていた」「ヨハネによる福音書」11章44節」。

第29場・第30場・第31場
ここで彼らは王冠をハロルドに与えた
hIC DEDERVNT: hAROLDO: CORONA[M]: REGIS
ここにイングランド人の国王ハロルドが座る
hIC RESIDET: hAROLD REX: ANGLORVM:
大司教スティガンド
STIGANT ARChIEP[ISCOPU]S

ウィリアム゠ジュミエージュ『ノルマン人の諸公の事績録』 EHD, ii. 213

　ハロルドは突如王国を奪った。そして，公に誓った宣誓を破った。それで公はただちに使者を立ててハロルドにこのような行為はやめ宣誓をもって保証した誠実を守るようにと促した。

ウィリアム゠ポワティエ『ノルマン人の公ウィリアムの事績録』 100-101

　この狂ったイングランド人は，民衆の選挙も待たず，最上の人が埋葬され，すべての人々が喪に服しているときに，宣誓を破り，見て見ぬふりをした若干の邪悪な者と，（支持者の）喝采をもって王位を簒奪したのである。ハロルドは不信心なスティガンド（カンタベリ大司教）から聖別を受けた。この者は教皇（レオ9世）から破門

され，聖職を解かれた人物であった。

『**アングロ・サクソン年代記**』E, 1066

　伯ハロルドが，王が彼に委ねたように，そして人々は彼を選んだゆえに，イングランドの王国を継いだ。その日のうちに王として聖別された。

『**アングロ・サクソン年代記**』C, D, 1066

　天使はその御霊(みたま)を天国の明りへと運んだ。しかし賢者は王国を秀でし者，ハロルドに委ねた。国王にふさわしき伯，言葉においても行いにおいても，つねに亡き王に忠義をつくし，民の王が必要とするものは何も否定しなかった。

エアドマ『**イングランドにおける新しい歴史**』8-9

　エドワード王が崩御してすぐに，ハロルドは王の死の前から準備していたかのように，王位を継承した。

『**ジョン゠ウースタ**』i. 224-225

　戴冠式は葬儀と同じ日におこなわれた。エドワードは，ハロルドを副王，つまり後継者に指名した。ハロルドは全イングランドの主要な貴族によって選ばれた。そしてヨーク大司教エアルドレッドによって聖別された。ハロルドは不正な法を廃止し良き法を定め，教会に敬虔で，悪しき者に容赦なく，陸と海で国の防衛に努めた。

ハロルドは，王が崩御してすぐの1月6日に戴冠式をおこない，イングランド人の王に即位した。ウィリアム゠ポワティエのハロルドの宣誓を破った簒奪を主張するトーンとは違い，イングランド側の論調は，少なくとも，ハロルドはエドワードによって後継者に指名され，王国の最上級の貴族たちによって選ばれた王であることを認めている。『アングロ・サクソン年代記』C版に従うと，大司教によって聖別され，戴冠され，そして王国の最上の者たちによって歓呼されるという，シャルルマーニュ以来のフランク型の正式の手続きを経て国王に登極したことが強調されている。ただ，反ゴドウィン的色合いの強い『ジョン゠ウースタ』は，それがヨーク大司教エアルドレッド（在任1060頃～69）の手によってなされたことを強調している。血統を除くと，前任者の指名，貴族たちの同意あるいは選出，という手続きは経ていることになる。血統からすると，アルフレッドの王統では，エセルレッド2世の曾孫のエドガ・エセリングが王位継承には一番近いが，ハンガリーで育った弱冠15歳そこらの少年では，この難局を乗り切ることはできないという判断が，エドワードにもイングランドの貴族たちにもあったようである。

　シャルルマーニュ以来，ヨーロッパの正式の戴冠式は，教会〔教皇かその直接の代理人である大司教〕による塗油による聖別，戴冠を経て，人々による歓呼で完結した。戴冠式をおこなうことが，即位の必要条件であり，一度即位すると王位を否定するのは難しい。従って，戴冠式を司った大司教の正当性が問題となっていくのである。ただし，ウィリアムがスティガンドを公然と弾劾していくのは，イングランド北部の制圧を開始する1069年頃からである。

　第29場で，貴族たちが，イングランドの貴顕の象徴でもある戦斧をもってハロルドの即位を支持している。しかし，時間的にもここにモーカやエドウィンといったマーシアとノーサンブリアの貴族たちが，列席したとは考えられない。列席したのは，ハロルドの側近たちを中心とする南部の貴族たちであろう。

　第30場では，ハロルドが戴冠式のローブをまとい，玉座に座り，権威の象徴である王笏を右手に掲げ，宝珠を左手に持っている。戴冠式の場所は，ウェストミンスタ修道院か，「綴織」の図像の流れからすれば王宮であろう。頭には三つ花弁飾りの王冠を被っている。左側の貴族が，権力の象徴である剣を捧げている。戴冠式で国王はその大権を体現する五つの標識を身に着けた。王冠，王笏，王杖，剣，そして指輪である。ここではハロルドは，王杖の代わりに宝珠を持っている。指輪は確認できない。彼の右側には，大司教ステ

ィガンドが，左手に，当時の教皇レオ9世の対立教皇であったベネディクト10世から与えられたパリウム（大司教用肩掛け）を手にしている。スティガンドは対立教皇との関係ゆえにレオ9世から破門された。ノルマン側が主張する，破門された大司教による戴冠式の無効性とそれゆえのイングランド侵攻は教皇庁からお墨付きを得た聖戦だという主張は，スティガンドの大司教とウィンチェスタ司教の兼職という「腐敗」よりも，当時の教皇庁内の権力闘争と改革の視点から考えなくてはならない。

　973年のエドガ王の戴冠以来，国王の宣誓の言葉はその式次第に従っておこなわれた。「三位一体の神の名において，われは，キリスト教徒の人々とわが臣民に対して三つの誓いを立てる。一つ，われは，神の教会とわが権力下にあるすべてのキリスト教徒に真の平和を維持する。二つ，われは，いかなる身分に属する者であれ，盗みも，すべての不正行為もこれを許さない。三つ，われはすべての判断において正義と慈悲をおこなうことを誓い，これを公布する。それは恵み深く慈悲深い神が，永遠の慈悲を通してわれらすべてに与えたまいしものなり。永遠に生きて治める神よ，アーメン」。

　第Ⅰ部の扉絵を見ていただきたい。ハロルド王のパックス貨である。ハロルドは王位に就くと，すぐに戴冠と平和を宣言する自分の銭貨を製造した。表のデザインは国王の肖像で，王は左を向き王冠を被り王の笏杖を持っている。裏は少し様式が古く，十字架でなく，エドガ改革以前を思わせるような横にPAX（平和）と打刻されている。10月14日にハロルドが死去したあともエドワードの王妃エディスがウィルトンでハロルドの銭貨を発行し続けたという説もある。

　エドガ王は973年にフランク的な戴冠式を挙行すると同時に，その後のイングランドの貨幣史を方向づけた王権を強力に表象する銭貨を発行した。12世紀にスコットランド王デイヴィッド1世の改革による独自の銭貨の製造まで，ブリテン諸島において，ローマ教会とフランク王国の伝統的かつ正統な式次第にのっとった戴冠式をおこない，独自の銭貨を発行できたのはイングランド人の王だけであった。スコットランド王の戴冠式は，大司教座の存在しない状況下で，スクーンの石の上に立った国王に対して，詩人の讃歌が捧げられるという古式にのっとった（大陸の基準からすれば）偏奇的なものであった。

第5幕 前哨戦

エドワード王の突然の死とハロルドの戴冠は，海峡を挟んで，ハロルドとウィリアムを中心に，北海の彼方のスカンディナヴィアやブリテン諸島の権力者のあいだの政治的緊張感をいやがうえにも高めていった。事態は衝突へと向かっていた。不吉な未来を予感させるかのように，ハレー彗星があらわれた。

第32場・第33場 ハレー彗星とハロルド　　　第34場 情報収集

第35場 船団の準備

第36場 船の係留　　　第37場 乗船

第32場・第33場
ここで人々は星に驚嘆している
ISTI MIRANT STELLA[M]
ハロルド
hAROLD

ウィリアム = ポワティエ『ノルマン人の公ウィリアムの事績録』140-143

　彗星、王たちの恐怖は、汝（ハロルド）の登極のあとに輝り、その末路を予言した。

『アングロ・サクソン年代記』C, D, 1066

　この年ハロルド王はヨークから南下してウェストミンスタで復活祭を祝った。復活祭は4月16日であった。そのときイングランド中にかつて人々が見たこともない印が天にあらわれた。ある者は次のように証言している。「あれは、長い髪の星と呼ばれる彗星である」と。彗星がはじめにあらわれたのは聖マルコの祝日の連禱の前日の4月24日で1週間空に輝いていた。この直後伯トスティクが海の向こう（サン・トメール）からワイト島にあたうる限りの船団を率いてきて、金と食糧を供給した。そこから海岸沿いに略奪を繰り返しながらサンドウィッチに来た。というのもウィリアム公がイングランドに来てこの地を奪うであろうという確かな報告を受けてい

たからである。そこで（兄の）ハロルド王がサンドウィッチに向かったことを知ったときに，多くの海民（ボートの民，バッツカール）を，望む者も望まない者も連れて60隻の船でハンバへ向かった。そしてリンゼ（ハンバの南岸）で良き人々を多数殺戮した。

『アングロ・サクソン年代記』E, 1066

　ハロルドが王になってから，ノルマンディ公ウィリアムに対抗して彼は船団を率いて出港した。それからすぐに，伯トスティクは60隻の船団を率いてハンバ川に来た。伯エドウィンが陸上部隊を引き連れて彼を追い出した。海民たちもトスティクを見捨てた。彼は12隻の船でスコットランドへ逃れた。そこでノルウェー王ハロルドの300隻の船団と合流した。トスティクはハロルド（・ハルドラーダ）に臣従した。

エアドマ『イングランドにおける新しい歴史』8-9

　ウィリアムのもとから1人の使者が，イングランドにやって来た。そしてハロルド王に問いただした。2人のあいだで取り交わした約束に従って，公の花嫁となるはずのハロルドの妹を求めた。使者はまた宣誓までおこなった王位継承の約束事を破ったことを非難した。これについてハロルドは以下のように答えたといわれている。

> われわれの契約によって公が求めているわが妹は死んだ。公が彼女の亡骸（なきがら）をほしいというのであれば，いまの状態のものしかないが，送ろう。そうすれば宣誓を破ったことにはなるまい。ドーヴァの城塞と城内の井戸に関しては，約束通りつくりあげた。しかしそれを誰が使うかについては言うことはできない。王国がまだ余のものではなかったときに，いかなる権利をもって，城を与える約束ができるだろうか。公の娘については，彼はわが妻にすべきと言っていたが，彼女を見分することなく，異邦人の女をイングランド人の王妃の座に座らせることはできない。

　使者はノルマンディへ帰り，ハロルドの回答をウィリアム公に伝えた。これを聞いて公は，第二の使者を送り，あらん限りの好意を示しながら，自分の娘との結婚も含めて約束を履行するよう迫った。もしそれができないのであれば，公は自らに約束された王位に就くため軍事行動をとることも視野に入れなくてはならないとハロルドに告げたのである。ハロルドの返事は結婚をするつもりもないし，戦闘も恐れるに足らないというものであった。ウィリアムが激しく怒ったのはいうまでもなく，ハロルドの不正なる行為を正すために戦争を構想したのである。

ウェイス『ロロの物語』iii. 6293-6328行

　公は（遠征の）準備を道理ある形で進めることを望んだ。そして，弁舌巧みな聖職者をローマ教皇のもとに送り，ハロルドが彼に奉仕したこと，宣誓を破り，嘘をついたことを伝えた。というのも彼の娘を娶らず，エドワードがウィリアムに与えた王国を譲らなかった。ハロルドがそのことを宣誓したにもかかわらずにである。それゆえ，聖なる教会の裁きによってこの偽証者に罰を与える。もし神がウィリアム

にイングランドを征服することを望むのであれば，聖ペテロからイングランドを受け取り，神にのみ奉仕するであろうと。それで教皇（アレクサンデル2世，在位1061-73）はウィリアムに征服を認め，旗と指輪を送った。……征服の日取りが決まったとき，巨大な星があらわれ，三つの長い光線を南に出しながら14日間輝いていた。そのような星は，新しい王が誕生するときに見られるという。私はその星を見たという人にあった。その星について語りたい者はそれを彗星と呼ぶべきだ。

ボウドリ＝ブルグイユ「ウィリアム征服王の娘アデラに献呈された詩[34]」243-258行

　私たちは皆その星を10回以上は見た。天空のどの星よりも輝き，その長さがなければ第二の月といってよかったろう。後ろに長い尾を引いていた。年寄りは驚き，何か大きなことが起こる前兆だといった。女たちは胸を叩いた（不安を表現した）。しかし，誰も何が起こるのかを知らなかった。各人が思い思いに想像をたくましくした。

　第32場で，5人の男たちが頭上を指さしている。彼らの右上には長い尾を引く彗星が描かれている。4月24日に75.3年周期で地球に接近するハレー彗星があらわれた。人々には当時から彗星の出現は，何かよくないことが起こる前兆と考えられていたようである。彗星の出現に関しては，ヨーロッパのみならず日本や韓国そして中国でも記録が残っている。「綴織[35]」の時系列は圧縮されているが，年代記の記述によると，ハロルドの戴冠後，ウィリアムは即座に動き，情報を収拾し，使者を派遣し，ノルマンディでの諸侯会議を開き，彼らの同意を得て遠征の決断をした。そのうえで準備にかかり，教皇に聖戦のお墨付きをもらった。彗星があらわれたのはそのときである。ウィリアムは遠征を決断するまでに3カ月をかけた。

　第33場では，ハロルドがウェストミンスタと思われる王宮で槍を持って玉座に座り，剣を持った従者と話をしている。その下段の縁取りには五隻の艤装していない船が描かれている（ハロルドの不安感を示す「幽霊」船団という研究者もいる）。色づけされていないこれらの船は，海峡での海事を2人が話していることを暗示しているのか。『アングロ・サクソン年代記』E版は，ハロルドが王になってからノルマンディへ船団を率いて出航したことを伝えている。E版のみの記録である。ただ『ドゥームズデイ・ブック』も海戦があったことを記録している（→167頁）。本格的な戦闘の前に前哨戦と情報戦があった。

第34場
イングランド人の船が
ウィリアム公の土地に来た

hIC: NAVIS: ANGLICA: VENIT: IN TERRAM
WILLELMI: DVCIS

ウィリアム＝ポワティエ『ノルマン人の公ウィリアムの事績録』106-107

　ハロルドは，この間，陸であれ，海であれ，戦いに備えて海岸線の大部分に大軍を配置した。そして抜け目なく，買収したスパイたちを送り込んだのである。その1人が捕まった。……（スパイに対して）公は，「われわれの計画や準備は，ハロルド殿が考えているよりも，そしてそう望んでいるよりも，確実に進んでおり，すぐにも私と相まみえるであろうことを伝えよ。もし1年以内にハロルド殿がもっとも安全だと思っている場所で，私を見ることがなければ，何も恐れることはないだろうし，平安な人生を送るであろう，と伝えよ」。スパイに対してのこの驚きの発言に，ノルマン人の貴族たちは不安の念を隠さなかった。彼らは次のように言った。「ハロルドは巨万の富をもち，公たちや強力な王たちを自分の味方につけることができるだろう。彼は大船団を有し，海事に優れた技術をもつ者を配下においている。彼は危機を乗

り越えることや，海戦に慣れている。富においても兵の数においてもノルマンディよりも優位にある。1年以内に船団をつくり，水夫を集めることができるだろうか。この前代未聞の遠征が故郷の繁栄を奪い去り，みじめな状態に貶めることを恐れる」。

エアドマ『イングランドにおける新しい歴史』9

　ウィリアムは，……船団を整え，イングランドへ船出した。ハロルドは激戦のなかでその生涯を終えた。

ウェイス『ロロの物語』iii. 5841-5934行

　ウィリアムはルーアンの狩り場にいた。……突然門にイングランドから旅してきた1人の召使がいた。……この者は公にエドワード王が亡くなり，ハロルドが国王になったと告げた。……公の顔つきは怒りに満ち，狩りを中止してボートでセーヌ川を渡り，ホールに戻った。その間会話はなかった。ベンチの端にもたれ，行ったり来たりして，顔をマントで覆い，肘掛けに頭をおいた。こうして公は長いあいだ考え込み，あえて話しかける者はいなかった。……ある執事（ウィリアム・フィッツ・オズバーン）が，「何が起こったのか，なぜお話しにならないのですか」と。「エドワード王が亡くなり，ハロルドが王になったとか。そのことで悩んでおる」。……ウィリアム・フィッツ・オズバーンが答えた。「公よ。遅れてはいけません。約束を違えたハロルドに復讐すべきです。できる限り多くの従う者を召集して海を渡り，ハロ

ルドの手から国を取らねばなりません。……ウィリアムは，ハロルドに対して何度も言葉を発して，宣誓した約束を守るようにと迫った。しかしハロルドは恥知らずにも，ウィリアムの娘と結婚する気もないし，国を譲るつもりもないと返答した。ウィリアムは抗議したがハロルドの返事は，いつもウィリアムは恐れるに足らないというものであった。

　　　　ロルドがノルマンディの情勢を探るべくスパイ船を送った場面である。
ハ　　ハロルドがエドワードの死後，時をおかずに戴冠したという情報はすぐさまルーアンのウィリアムのもとにもたらされた。ハロルドも何度もスパイをノルマンディに送り，公の動きを探らせた。当時イングランド，とくにロンドンと大陸の交易は盛んで，数多くの交易船が出入りしていた。エセルレッド2世の法典には，海の向こうから来る船の積荷に対して，ロンドン港のビリングスゲイト(旧ロンドン橋)において課せられた関税についての取決めが定められている。そこには，フランドル，ポンチュー，ノルマンディ，イル・ド・フランス，ムーズ川，リエージュ，ニヴェールなどの商人や特権的なドイツ皇帝の臣民(主としてケルンからの商人)が訪れていた[『エセルレッド王第4法典』2章6項~8項]。とくにルーアン商人の活動は活発だったとみえて，特別な定めがなされている。「ルーアンの人で，ワインや大魚(ノルマンディの特産のクジラ)を持ってきた者は，大型船の場合は6シリングと魚(の価格)の5%を支払う」。エドワード王時代にも，ルーアンの商人はロンドンに自らの停泊場を有していた。英仏海峡は，船が行き交う海であった。人，モノ，そして情報も行き来していた。海峡は「生きている」のである。

　ウィリアムも手をこまねいていたわけではない。何度も使者を送り，硬軟織り交ぜての交渉をおこなった。この間の事情に関してはエアドマとウェイスに詳しい。「綴織」のスパイの情報は，ウィリアム＝ポワティエのみが伝えてくれる。激しい情報戦が展開されていた。ウィリアム側は，宣誓によって神と聖遺物の前で誓った，王位の継承と結婚の約束の履行を迫り，ハロルド側はそれには触れず，王位にあるという現実を前提に婚姻の破棄を宣言している。ついにウィリアムは，ノルマンディの貴族たちを召集して，イングランド侵攻の会議をおこなうのである。

第35場
ここでウィリアムは船の建造を命じた
HIC: WILLELM DVX: IVSSIT NAVES: EDIFICARE:

ウィリアム＝ポワティエ『ノルマン人の公ウィリアムの事績録』100-102

　　ウィリアム公はまず彼の家臣と協議をした。そして不正に対して武器をもって応え，彼の相続を主張することにした。もっとも多くの貴族たちがこの企ては危険であり，ノルマンディの資力を超えていると主張した。……司教や修道院長に加えて，俗人の秀でた人材のあいだで協議をおこなった。彼らはまさに輝ける指導者たちである。名前をあげれば，ロバート＝モータン（義理の弟，司教オドの弟），ウー伯ロバート（リジュー司教ヒューの兄弟），エヴルー伯リチャード（大司教ロバートの息子），ロジャ＝ボーモン，ロジャ＝モンゴメリ，ウィリアム・フィッツ・オズバーン，子（副伯）ヒュー（＝モンフォール）である。……ウィリアム公の賢明なる命令のもと，船がどのように建造され，武器，人員，そして食糧やそのほかの戦闘に必要な物資がどのように調達され，そのためにノルマンディ全土がこの仕事にどの程度精進したかを長々と書くのはやめておこう。ウィリアム公は賢明にも，（遠征で）留守中にノルマンディを統治し守る人物を決めておいた。そして諸国の騎士たちも大挙して

集まってきた。[37]

オルデリック・ヴィターリス『教会史』ii, 140-142

　ノルマンディでは，多くの船がすでに完全に装備されていた。というのも聖職者も，俗人も，時間と金を使って船を建造したからである。公の召喚に応じてノルマンディ中から戦士が多数集まった。

ウェイス『ロロの物語』iii. 5979-6162行

　公はこの問題を議論するために……以下の者を召集した。ウー伯ロバート，……ロジャ＝モンゴメリ……，オズバーン＝ブレトゥーユの息子ウィリアム〔ウィリアム・フィッツ・オズバーン〕……，ウォルタ・ギファード……，司教オドとロバート＝モータンの（異父弟）……，ロジャ＝ヴィエーユ（＝ロジャ＝ボーモン）……，オド・オ・シャペル（異父妹ムリエルの夫）……である。十分な準備が整う前に，公はこれらの直属の貴族たちにプロジェクトの話をした。……彼らは皆喜んで同意した。……そして彼らは言った。公よ，強力な部隊をもたなくてはならない。……これらのことを皆に話し，困難を分かち合うために話合いに召喚したらどうですか，と。それで，貴族たちが召集され，ある日彼らは集まった。公は〔これまでの経緯と計画を話して〕彼らに援助を求めた。……彼らは，こちらに20人，あちらに15人，そこかしこに40人，100人，30人，あるいは60人と集まって話し合った。ある者たちは言った。船をつくって，公とともに海を渡る，と。しかしある者たちは，負債があ

り貧しく，そんなことはできない，と言った。行くか行かないかで，議論は続いた。そのとき，ウィリアム・フィッツ・オズバーンが，「諸君らは何を言い争っているのか」と話し始めた。「……諸君らは，その封土ゆえに公に軍役を負っている。……諸君らが怖気づいたから，この遠征は失敗したなどと，よもや公の口から言われることのないように」と。しかし，戦士たちは慎重であった。「海は恐ろしい。海の向こうへの奉仕は負っていない」。……結局ウィリアムの努力は功を奏し，彼は全体を代表して公に全体の意思をこう述べた。「ここに集いし者たちは殿と海を渡ります。そして殿に負っている奉仕を2倍にします。20人の騎士で奉仕を負っている者は，自ら進んで40人を提供します。……私は戦士と艤装した船60隻を提供します」。しかし，ウィリアムの熱を帯びた演説に，貴族たちは内心穏やかではなかった。貴族たちは2倍の義務が，封土に転化されて世襲化するのを恐れた。……公は彼らと個別に会って，この遠征に協力してくれるように頼んだ。……事がなされれば……故郷を離れて父祖たちが慣習的に実施してきた奉仕を無視するような要求はしないと約束した。貴族の人々は，何を負い，何隻の船を用意するのかを聞かれた。公は，船の数と人の数を記録した。貴族たちはこれに同意した。貴族たちの名前が書き上げられ，何騎士と何隻の船を供出するかが記録されたのである。

第35場では，宮廷でウィリアムと剃髪をした聖職者が椅子に座って語り合っている。向かって左側の人物が何かを説明し，公の左手がその者を指してその話を受けて，隣に座る聖職者に何かを言っている。聖職者はそれに応えて，左手で，工具斧を持って立っている職人らしき男に指示している。職人の指の指すほうで船の建造がおこなわれている。座る2人の足元に同じクッションが置かれている。そこから推測するに，この聖職者は，ウィリアムと同じ社会的位置にある人物，司教オドであろう。司教が船の建造に大きな役割を果たしたことを強調した場面である。オドが船団の建造に大きな役割を担ったであろうことは，第Ⅲ部第4章の船舶リスト (→240頁) にも表現されている。

　ハロルドが戴冠して王位に就いた以上，ウィリアムにとって，王位を得るにはハロルドとの私闘を制するしか道はなかった。そのためには，海を越えるという難題があり，臣下をはじめとして少なくともノルマンディの騎士たちの同意が必要であった。彼らとの会議がおこなわれた。ウェイスによると，最初は，公の周辺の重臣たちと，そして2回目は公の臣下全体との話合いがもたれた。場所は，1回目はルーアンの公のホールで，2回目はリルボンかボンヴィルでおこなわれた。しかし，臣下たちの同意を取りつけ，イングランド侵攻を決定するのは容易ではなかった。全体の話合いでも，侵攻の同意はなかなか得られなかったのである。そのとき，公の遠縁で友人でもある，ウィリアム・フィッツ・オズバーンが檄を飛ばし，主戦論を張って，なんとか遠征が決められたが，それでも臣下たちの心は不安でいっぱいであった。とくにウィリアム・フィッツ・オズバーンが，公に負っている軍役の倍の戦士と艤装した船を提供すると宣言したことに，内心穏やかではなかったはずである。軍役で提供する戦士の数や期間は，公との個別の口頭での契約で決まっており，それは慣習であり文字化されるものではなかった。ポンチュー伯は公に100騎士役を負っていたが，それは1057年に伯が公に敗れ，臣従する際に決めたことである。それをわれわれが知ることができるのは，オルデリック・ヴィタリスが記録したからである [OV. iv. 88]。

　ウィリアム公は，遠征に参加する貴族や騎士たちが派遣する戦士の数と供出する船の割当てを，彼らと個別に協議し，同意を得たあと，彼らの名前，騎士役と船の供出隻数を記録したリストを作成した。このリストと関係があると思われる史料が上述した船舶リストである。それによると，供出隻数は776隻である。しかしこの数字は，あくまでも諸侯に賦課された割当てであり，

その数の船を彼らが提供したとは限らない。例えばリストでは，バイユー司教オドは100隻となっている。しかしウェイスによると，

> 公はバイユー司教オドから40隻，ル・マンの司教から30隻をそれぞれ乗組員とともに提供を受けたが，貴族たちがどのくらい船を提供したかは知らない。[iii. 6163-70行]

という。公妃マティルダは，モラと呼ばれる船を贈り，ウィリアムの旗艦として使用されたという。このリストとは別に，ほかの臣下や支持者からも相当数の船の提供を受けたであろう。

リストではフェカン修道院長は施し係の修道士レミギウスに1隻の船と20人の騎士を任せている。フェカン修道院長は，ノルマンディ海岸の海民を取り仕切る立場にあり，船乗りの確保の点で重要な役割を果たした(→236頁)。しかし，征服におけるフェカン修道院の重要性はこれだけに留まらないが，この点は後述するとしよう。さて，ウィリアムは1066年の復活祭の洗足木曜日(4月13日)に修道院に隣接する宮廷で会議を開いた[Fauroux, no. 230]。ここで，最終的な船団構成についての話合いがおこなわれたであろう。

「綴織」では，遠征を決定した会議の場面は省略されている。第35場は，会議が終わって，左側の貴族を代表する人物と司教オドを代表とする高位の教会人たちが提供する騎士と船の数を決定したあとに，船団の構築に向かう場面と考えることもできる。船団建設開始の時期は3月から4月ということになろうか。

第35場では，続いて船が建造されていく様子が描かれている。まず斧を持った樵(きこり)が木を伐採している。ここでは造船の場所までの運搬は省かれている。次いで，公の宮廷で職人が手にしていた幅広の刃の斧で樹皮が剝かれ木材がつくられる。それを乾燥させる。木材をつくっている男の頭上と足元には乾燥のための木材が置かれている。そして最後に船大工たちが，さまざまな工具を用いて，龍骨と鎧張(あぶみ)の工法で船を建造している。[38] そのためにも木材は十分に乾燥していなくてはならない。生乾きの製材を外板に用いると，内部の水分によって亀裂やしなりが生じそれを鎧状に貼り合わせてもすぐに剝がれて，船の強度が保てないからである。「綴織」は，造船の過程を詳細にかつ正確に描いている。

第35場は，当時の職人を描いた貴重な画像資料でもある。造船の過程のみならず斧や鉋風(かんな)の斧など，使用されている工具がきわめて正確に描かれている。樵は若々しい男性が描かれている。製材と乾燥を経て，造船の場面では

上段で若衆の徒弟が板を貼り合わせ，下段で年をとった親方が木槌でコーキングなど細部を調整している。船大工が親方と徒弟からなる集団であったことがわかる。なぜこのシーンでここまでデザイナは細部にこだわったのか。確実なことは，こうした情報を得ていたことである。船の作り方を知っている人物からの情報提供がなければ，こうは描けないであろう。

　アレン・ブラウンは，作戦の効率上，渡航に使用されたすべての船は一定の基準に従って新しくつくられたものであるという。しかし，3月あるいは4月に造船を開始して，9月初旬にはディヴ川に船団が集結していることを考えると，建造に要する，伐採，運搬，製材，乾燥，造船の期間は半年もない。そもそも，渡航にはどのような型の船が何隻使用されたのであろうか。船の数はウェイスによると約700隻，「リスト」で776隻とある。700隻と換算してよいだろうか。これでも当時の史料から知る限り，最大級の船団である。実際にはもっと数は少なかったかもしれない。新しい造船がなかったとはいわない。しかし，大半は既存の船が使用されたであろう。オルデリック・ヴィターリスは，「多くの船がすべて完全に整備されていた。というのも聖職者も，俗人も，時間と金を使って船を建造したからである」という。それでも諸侯たちの船だけでは，大量の人，馬，物資を運ぶのには不十分であったろう。ノルマンディにあった使用可能な船が総動員されたと考えるべきである。

　誰が，この大船団を操舵したかという問いは今まで議論されてこなかった。まず新造船では操舵と水になじむまでに時間がかかる。使い慣れた船を自由にしかも大船団を組んで自由に操れる，海を生業とする海民[39]がここに関与しなければ，潮と風を読み，夜間にほぼ一糸乱れることなく，ピンポイントで目的地に着くことはできなかったであろう。

　従って軍事用，貨物用，漁業用といったさまざまな型の船が使用されたと考えるほうが合理的である。渡航におもに使用されたあるいは新造されたと思われるのは，ヴァイキングが軍事に使用したロングシップよりも，クノール船のような輸送や漁に使用された貨物輸送型の船であろう。馬も載せているので，櫂（オール）が主要な推進力では，中央部に荷物は積めず，何よりも馬を乗せることができない。

　さらに，当時の船で考えられるのは，まずはサンデフィヨルドで発掘されたゴクスタッド型。外洋を走る櫂と帆を動力とする船として設計され，床張りがしてあり，小部屋もある。ランプを使用することができる。馬と大量の物資の輸送が可能である。発掘され，現在保存されているものは850〜900年

頃に建造されたもので，長さ23.33mで船体中央部の幅は5.25mで重量20.2t，港への出入りは櫂を使用した。これに対してロスキレフィヨルドの岸辺から発掘されたスクレレウ型も帆船で，前と後ろに櫂を備えている。幅が広く喫水線も深い輸送船である。外洋を重くかさばる物を運ぶのに適している。2型は，木材の分析からダブリンで1042年頃に建造された。3型は，長さ14m，最大幅3.3m，喫水0.9m，排水量9.6t，積載量4.6tと見積もられる。

これらの船の龍骨はオーク材，鎧板はパイン材でつくられている。ギルモアの推計では，例えばスクレレウ型で全部新造すれば2630haの森林が消失することになるという。700隻程度の新造で，セーヌ川流域の半分の地帯がある種の森林破壊を経験する数値である。さらに伐採，木の運搬，製材，乾燥，そして建造にかかる人員と日数のコストも計算に入れなくてはならない。ノルマンディの自然および人的資源では，短期間でこれだけの船団を一挙につくることは不可能であろう。500隻を造船したとなると最大1500人の船大工が集結しなくてはならない。ここからもう一つの疑問が湧いてくる。いったいノルマンディは遠征のコストをどう担保したのか。

図11　スクレレウ3型

第36場
ここで彼らは船を海に係留した
hIC TRAhVNT[UR]: NAVES: AD MARE:-

ウィリアム＝ポワティエ『ノルマン人の公ウィリアムの事績録』102-107

　略奪を禁止したあとで，ウィリアムは5万人の軍勢を自らの経費で養った。風向きが悪く，船団は1ヵ月間ディヴ川の河口に足止めされた。……十分な物資のおかげで略奪しようという者はいなかった。……教皇庁の許可を得て……公は教皇（アレクサンデル2世）に祝福された旗を受け取った。……同時に最近ローマ人の皇帝ハインリヒ4世と，公の敵に対して皇帝は援助するという和平を結んだ〔ウィリアム＝ポワティエのユニークな情報〕。デーン人の王スヴェイン（在位1043〜79，クヌートの娘エストリスの子）は，使者を通して平和を約した。しかし王は公の敵の友人であることがわかるだろう〔1069年にイングランドに侵攻する〕。ハロルドは陸と海での戦いに備え，大軍を海岸線に展開していた。そして買収したスパイたちを送り込んできた。準備を整えた船団はディヴ川の河口やその近隣の港から出航した。これらの停泊地（港）で船団は長いこと海峡横断に都合のよい南風を待っていた。西風に吹かれて〔全船団が集合できる〕係留地であるサン・ヴァレリに到着した。

『アングロ・サクソン年代記』C, 1066

　ハロルド王は，この国の王がかつてなしえなかったほどの海と陸の軍勢を集めた。ノルマンディから，エドワードの王の近親者である伯ウィリアムが渡航して，この国を制圧するという話を聞いたからである。……（ハロルド王の）艦隊はワイト島へ向かった。夏と秋のあいだそこに留まった。陸の軍勢は海岸に沿って防衛線を敷いた。……聖マリアの生誕の日である9月8日に食糧がつきてしまい，兵士たちは故郷に帰った。王は陸路を騎行して戻った。船団はロンドンに向かった。多くの船が港に着く前に難破した。

ウェイス『ロロの物語』iii. 6329-72行

　教皇が与えた旗と許可はウィリアムをいたく喜ばせた。彼は，鍛冶屋と大工を集めた。……建造資材と木がノルマンディ中の港に運び込まれた。ペグがつくられ，刃物がとがれた。船と小舟が準備され，帆が調達され，マストが付けられた。大変な努力とお金がかかったが，ひと夏と8月を費やして船団を整え，軍勢が召集された。……船が整うと，ソンム川に碇を降ろした。サン・ヴァレリで船は貴族たちに与えられた。多くの船とボート〔甲板のない船か〕がソンムに〔静かに〕停泊していた。それが川の名前の起源〔「静かさ」〕である。ソンム川はポンチューとヴィミュを分断して流れる〔全長245km，現在の石狩川が268km〕。ヴィミュはウーまで伸びている。ウーは，ヴィミュとノルマンディを分けている，異なった支配下にある土地である。川であり市壁をもつ都市で，川の上に美しい様で立っている。公のもとには各地から騎士が馳せ参じた。エイメリ，トゥアールの子〔副伯〕，……アラン・ファーガン〔ルーファスの誤りか〕はブリトン人の大軍を率いて海を渡った。〔ナントの〕パレからはフィッツ・バーナード，そしてディナンの領主，そしてラルフ゠ガエルといった多くのブリトン人が城から出てきて〔参戦した〕(→252頁)。

　ウェイスがいっているように，船は諸侯がもつノルマンディのさまざまな場所の港で建造された。そして，完成した船は，おそらくすでに準備されていた船と並んで，ボーシャムと同じように浜辺に係留された。第36場では，5人の男が，水の中に撃ち込まれた杭に船を係留している。三つのアーチをもつ建物は，次のシーンとの区切りであろう。

　一体どれくらいの戦士が海を渡ったのであろうか。それに馬，武器，食糧，ワインなどを計算に入れなくてはならない。ノルマン軍は上陸後に食糧を強奪しているが，それでもある程度の糧秣は継戦能力を維持するために必要で，積載している。軍勢の規模はどの程度のものであったのだろうか。ウィリアム゠ポワティエやオルデリック・ヴィターリスのように5万や6万という数は

誇張である。アレン・ブラウンは，ヘイスティングズで実際に戦ったノルマン軍は7000人程度と考えている。バカラックは全軍で1万4000人程度，そのうち実際に戦闘に参加したのは1万人程度と推定している。しかし，当時の輸送と兵站能力を考慮すると彼の推定はノルマンディの能力を超えている。小舟も含めて700隻程の船団は，過大評価かもしれないが，1隻に3人の水夫（舵取り1名，帆の操作やオールの操作に2名）が乗るとすれば，それだけで2100名となる。当時の海民は戦闘能力をもっていたので，後方支援の活動も可能であった。彼らを含めて全軍で最大7000人程度の軍勢であったと推定しておく。

　各港で船が準備され，分隊単位で船団が構成されていたとするとディヴでの全船団の集結は，当時の河口が現在よりもかなり広いとしても，空間的に十分ではなかったろう。ディヴ川の河口は入り江に近かった。沼沢地のような地形は海流と西風の影響で，沖積地を徐々に形成して，18世紀以降はより単純な海岸線を形成していったが，当時の河口は内陸にかなり入り組んでいた。ウェイスは，ディヴ川は，現在は河口から4.8kmも離れているバヴァン付近で海に注いでいたという。確かに，バス・ノルマンディの船団が集まるには適した場所である。しかし，東側のオト・ノルマンディの船団は，一度西にくだり，再度東のサン・ヴァレリまであがったのであろうか。それはコスト面からもありえない。そうではなく最終集結地であるサン・ヴァレリへ直接向かったとするほうが合理的であろう。

第37場
これらの者は武器を船に運び、ワインと武器を満載した荷車を曳いている
ISTI PORTANT: ARMAS: AD NAVES: ET hIC TRAhVNT:
CARRVM CVM VINO: ET ARMIS:·

アミアン司教ギー『ヘイスティングズの戦いの詩』80-90行

　〔サン・ヴァレリに〕三々五々船は集まり……ある者はマストに登り……ある者は帆を掲げた。ほとんどの場所で、騎士の馬を船に載せ、残りで騎士の武器を積み込んだ。船団が係留されている場所に歩兵の軍勢が押し寄せた。海民たちがその櫂を探し、騎士がその武器を探すように、お！ その場所から大きな騒ぎ声が沸き起こった。たくさんのトランペットがさまざまに鳴り響いた。それにパイプやリードパイプ、ハープ、シターが音色を合わせた〔この演奏のくだりは6世紀のメロヴィング期の詩人ヴェナンティウス・フォルトゥナートゥスの詩からの引用〕。……船は船団を組んで出帆し沖合に出た。沈む陽はすでに陰り水平線に近づいた。深い闇が天を覆い……マストに吊るされた船々のランタンが、海の上をまっすぐに航路へ導いた……。

▲

第37場では，男たちが，鎖帷子（かたびら），兜（かぶと），剣，槍などの武器や，樽に入ったワイン，羊の皮袋に入った水かワイン，パンなどの食糧を，荷車に乗せ，あるいは担いで，船に積み込んでいる。このシーンが，船が最初に出発した母港なのか，ディヴなのかそれともサン・ヴァレリなのかは不明である。「綴織」は，貴族会議やディヴからサン・ヴァレリまでの船団の移動の顛末（てんまつ）などについては語ってくれない。

第6幕 ウィリアム 海峡を渡る

ウィリアム麾下のノルマンディの貴族を中心とする連合軍は、紆余曲折はあったものの、準備を整え海峡に船出した。ノルマン人の公の大艦隊は夜半海峡を横断し、9月28日にペヴェンシに上陸した。

第38場 ペヴェンシへ

第41場〜第43場 ワダードと調理と宴会　　　第44場 作戦会議

第39場 上陸　　　　　　　　　　　　第40場 食糧調達

第45場 城を築く

第38場
ここで大きな船に乗ったウィリアム公は，海を渡りペヴェンシに着いた

† hIC: VVILLELM: DVX IN MAGNO: NAVIGIO:
MARE TRANSIVIT ET VENIT AD PEVENESÆ:·

ウィリアム＝ジュミエージュ『ノルマン人の諸公の事績録』 EHD, ii. 216

　公は急いで3000隻の船を建造した。そしてその船団をポンチューのサン・ヴァレリに碇泊させた。そして船団を，強い馬と屈強な男たち，鎖帷子と兜で一杯にした。順風が吹き始めて出港し，海峡を渡りペヴェンシに上陸した。そこに強力な塁壁をもつ城を築いた。そしてこの城を分隊に任せ，残りの部隊を引き連れてヘイスティングズに急いだ。そこに同じような要塞を築いた。

ウィリアム＝ポワティエ『ノルマン人の公ウィリアムの事績録』 108-112

　全艦隊がディヴ川とその近隣の港から，帆を上げて出港した。皆，海峡を渡る南風を待っていた。しかし，西風に煽られて，サン・ヴァレリの停泊地へと押し出された。ウィリアム公は溺れた者を秘密裏に埋葬することで，損害を隠そうとした。……そこでもまた，ウィリアム公に忠誠を誓ったにもかかわらず，遅れたり，向か

　い風やひどい難破に，臆病風に吹かれた者もでたが……溺れた者を秘密裏に埋葬したり，供給を増やしたりして困難な状況を和らげた。……ウィリアムはサン・ヴァレリの聖遺物を教会から持ち出して，悪しき風を諫め，良き風が吹くようにと祈りを捧げた。……とうとう風が吹き始めた。……声と手を天に掲げて感謝した。……全速で船団は出港した。……公は伝令を出して，沖合の，公の船から遠くないところで一時停止し，（全体がそろうまで待機して），出発の合図であるマストの先端のランプの点灯とトランペットを待つように指示した。……船は夜出港したが，公の船が快速で，ほかの船がついてこられなかった……。朝，マストの上から後続を見張るように命令された漕ぎ手は，海と空以外には何も見えないと報告した。ただちに錨が降ろされ……いらいらした公は香辛料の効いたワインで食事を楽しんだ。……再度見張りに聞くと，4隻がついてきた。3度目に尋ねたとき森のような大船団が近づいていた……。

アミアン司教ギー『ヘイスティングズの戦いの詩』106-128行

　日はすでに短くなり沈む夕日は傾いていた。深闇が夜を覆ったとき，月の姿は見えず，あなたの進行の邪魔をした。それでも沈んだ太陽の代わりの満天の星のように，ランタンの赤い輝きは波間を照らした。……船は海をまっすぐ進んでいった。バラ色の夜明けに陸地は輝き，太陽はこの世界に光を投げかけた。（公よ）あなたは帆を掲げて海路を進むように指示し，そして投錨を命じた。あなたが安全な上陸地点に

到着したとき第三時（9時頃）の陽がさしていた〔実際の上陸開始は潮が満ちてくる11時から12時頃か。解説参照〕。……土地は……あなたとあなたの軍勢を静かな湾に迎え入れた。

ウェイス『ロロの物語』iii. 6403-64行

　　傭兵たちも公のもとにやって来た。……私は父が言っていたことを覚えている。彼が（見習い）騎士として武器を手にしたときのことであるが。父は，サン・ヴァレリから出航した船の数は696隻という。私は，全体で3000隻が航海に供されたという資料を見出した〔上述のウィリアム＝ジュミエージュ〕。……良き風を待って……修道院に頼んで，サン・ヴァレリの聖遺物箱を野原に運び……海を渡る者たちは聖遺物に祈り，献金して銭貨で箱を覆った。……すぐに良い風は吹いてきたので，……公は船のマストの上部にランタンを配備し，後続の船が旗艦を確認できるようにした。マストの上に金箔を貼った銅の風見鶏を置いた〔「綴織」では教皇からの旗と十字架が添えられていた〕。船首に銅製の弓を持った子どもの像をしつらえた。その顔はイングランドを向くようにと。……船団のうちで失われたのは2隻のみであった。

　　　ハロルド王が強力な海軍をもっていることはウィリアムも承知していた。ウィリアムにとって，馬や物資を満載した船団が渡航の最中にハロ

ドの艦隊と遭遇することだけは避けたかった。とくに馬の制御が効かなくなると艦隊は全滅の憂き目にあう。いつ海を渡るのかは，両軍の戦略的駆引の中心であった。ハロルドのスパイの話は史料に残っているがウィリアム側のスパイも活躍していたであろう。とくに多くのノルマン人貴顕がイングランドに残っていて，情報源には事欠かなかった。ウィリアムは，ハロルドの自由人からなる民兵軍が，自前の武器と食糧を持参して来ることや，従軍義務の拘束期間が30日間であることは知っていたであろう。さらに，ハロルド海軍の一翼を担い，英仏海峡で遭遇する可能性の高いニシン漁に従事するペヴェンシ，ヘイスティングズ，ドーヴァ，ロムニそしてサンドウィッチの海民による海軍奉仕についても熟知していた。ハロルドがポンチューで捕縛されたときに，情報を提供したラ・メイの漁師は，ニシン漁の漁期に，ドーヴァあたりに出稼ぎに行く渡りの漁師たちの長(おさ)であったろう(→30頁)。海峡の人々は，お互いの内情をよく知っていたのである。

ハロルドの軍勢は郷土防衛を主たる任務とする民兵からのみなっていたのではない。主従関係によって動員された地域有力者であるセインの軍勢やより緊密なパトロネージによって結ばれた親衛隊であるフスカールが，その中

核であった。民兵軍も，ハロルドの支配圏にあるものは，緊急の事態に対してはいつでも動員はできた(→228頁)。それでも，一度民兵軍を疲弊させれば，ウィリアム側の勝利の可能性は高くなる。最初にディヴ川に一部の船団を集結させたのは，ハロルドに民兵軍を動員させ，持久戦に持ち込んで時間切れを狙った陽動作戦だったのではないだろうか。ハロルドは，対岸のワイト島に艦隊を配置し，サセックスからウィルトシャの海岸線に軍勢を動員した。ハロルドの艦隊はワイト島に集結した。島のもっとも高い地点(238m)から，見晴らしの良い日だと32海里彼方の見通しがきく。そこからディヴ川まで90海里であることや，ハロルド側の偵察活動(ウィリアム側も同様であろうが)を考えると，ハロルド軍の哨戒能力は，相当高かったであろう。しかし，ハロルドの陸と海の軍勢を一度解散させたことで，ウィリアム軍は優位に立った。ウィリアムがディヴで1カ月間待機したのは，たんなる風待ちではなく，戦略的な観点からの行動であった。しかし，南風に乗るということはリーショア(難破するような強い追い風)で海岸に激突する可能性が高かった。風向きをみて暫時，何度かに分けて，バス・ノルマンディの艦船はソンム川河口域に移動したと考えるほうが自然である。

　ハロルド軍が9月8日に解散したという報告を受けて，ウィリアムは9月12日に最適な集結地であるサン・ヴァレリに移動し，全艦隊を集結させた。ボーシャムを出港したハロルドが春，西風に煽られてこの海域に漂着したのを思い出してほしい。またゴドウィンやトスティクが，サン・ヴァレリに近いフランドルのサン・トメールを大陸での根拠地としていたのは，政治的な友好関係だけではなく地理的な好条件もあったからである(→79頁)。サン・ヴァレリから出帆するほうが，安全で最短の航路となる(→図12)。海峡地域では，風は反時計周りに吹き，低気圧は東へと進む。風向きを考えると，ディヴ川から就航すると，セーヌ川河口東岸と，ルアーヴル岬からアンティフェル岬までの断崖は，風下の海岸線となり危険である。一方，アンティフェル岬からソンム川河口までは，北西の風以外は比較的安全である。この移動中に，おそらくは北西風を受けたであろう難破船がでている。これによって相当の被害を出したようである。この年の8月と9月の前半は，継続的に低気圧が通過し，雨がちで西風が吹きやすい状況にあった。潮は東から西に強い流れがあり，そこに小枝のような小さな流れが絡まって，複雑な様相を呈している。それでも一般的にいえば，東から北西に向かうほうが潮の流れに乗りやすいのである。

ウィリアムが考えていた上陸地点はペヴェンシであった。ケント南岸からワイト島のあいだで，大船団が安全に停泊でき，かつ橋頭堡を築くことができる最適の地はペヴェンシしかなかった。また，ペヴェンシは，ゴドウィン家の本領にあり，ここに上陸して橋頭堡を築くことは，ハロルドにとってのど元に匕首を突きつけられるようなものであった。ハロルドは，自分の本領を無視して持久戦に持ち込むことはできなかったであろう。それは国王の適格性を傷つけるからである。そして，イングランドでの持久戦こそウィリアムが，もっとも恐れる事態であった。

　「綴織」での船団の描写がどの程度正確かは議論の分かれるところであろう。全体で12隻の船が描かれている。そのうち5隻で馬と人が，1隻は馬のみが運ばれている。すべての船が帆を掲げている。舵をとる船長と，綱や端を持って帆を操る船員が描かれている。公の船は，貨物船ではなくロングシップの軍船であろう。そのスピードにほかの船はついてこられなかった。ハロルドの船と違って，ウィリアムの船団は2隻を除くと舷側に盾を装備していない。唯一フル装備なのが，マストに教皇から下賜された十字の旗をひらめかせ，ランタンを装備したウィリアムの旗艦である（114～115頁の中央）。海からの災厄を防ぐための神のご加護を求めた厄払いとして，十字架あるいはその旗を掲げることはさほど珍しいことではなかった。ウィリアム＝ポワティエや『ヘイスティングズの戦いの詩』といった同時代の史料でもウィリアムの旗艦がランタンを装備していたとあり，「綴織」の描写と符合する。艫の飾りには，左手に旗を持ち，右手で角笛を吹く少年が描かれている。ウェイスには，「船首に銅製の弓を持った子どもの像をしつらえた」とある［6450-60行］。船首と艫の違いとはいえ，ほぼ同じ像である。「ウィリアム」の船を見た人物の情報が織り込まれているのだろう。そしてそれは人口に膾炙して，後世に伝わった。オルデリック・ヴィターリスは，公妃マティルダがウィリアムに贈った軍船モラの船長をスティーヴン，エラードの子，としている[43]。

　『アングロ・サクソン年代記』によるとウィリアムは9月27日（D版）か28日（E版）に出港して翌日の朝にペヴェンシに到着した。第38場のペヴェンシの綴りPEVENESÆには古英語のÆが使用されている。デザイナあるいは銘文作者の1人にイングランド人がいたことの証拠の一つである。

　1066年9月27日から28日には天候が回復した。27日，サン・ヴァレリでの午後の満潮は3時20分，日没が午後5時34分である。船団が洋上で艦隊を組んだのは午後6時30分頃であろう。一方，ペヴェンシの満潮が午前3時37分

で，日の出が6時4分であった。船団からイングランドの陸地が視野に入ってきたのが午前8時30分と推定される。2013年の同じ地点と時点で調べると，サン・ヴァレリで9月28日の満潮が午後3時14分（GTM）で，日の出が午前6時1分となっている。月齢6日で入りが午後10時（GTM）であった。従って船団は夜半，月のない星だけの暗い海を横断したことになる。700隻の大船団が風と潮を読みながら，船隊を組んで，誤ってロムニに到着して殺害された部隊があったにしても，最小限の損害で目的地に正確に到着したことは，熟練のパイロットなしにはありえないことである。ペヴェンシの上陸地点は，ボーシャムと同じく遠浅の干潟が広がる湾であった。満潮への上げ潮にならないと上陸できない。上げ潮に入ったのが午前10時30分であるから，それまで船団は海上で待機したであろう。サン・ヴァレリからペヴェンシまで127kmとすると，平均時速は10kmという計算になる。こうして『アングロ・サクソン年代記』E版によると9月29日午前，ウィリアム軍はペヴェンシに上陸した。9月29日ミクルマス（聖ミカエルの祝日）に上陸したのは，偶然ではない。

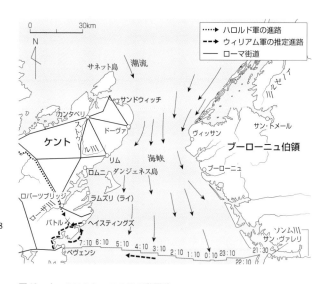

図12　ウィリアムとハロルドの進軍路

第39場・第40場
ここで馬が船を離れる
hIC EXEVNT: CABALLI DE NAVIBVS:·
そしてここで騎士たちはヘイスティングズに急ぎ，食糧を確保しようとした
ET hIC: MILITES: FESTINA VERVNT: hESTINGA: VT CIBVM RAPERENTVR:

ウィリアム＝ポワティエ『ノルマン人の公ウィリアムの事績録』112-114
　心地よい追い風は船団をペヴェンシに連れて行った。そこで容易に，戦闘もなく上陸することができた。ハロルドはヨーク地域にいて，弟のトスティクとノルウェー王と戦っていた。……ノルマン人たちは……ペヴェンシを占領し最初の要塞を建て，2番目の要塞をヘイスティングズに建設した。これらは彼らの避難所になると同時に彼らの船を守るためのものである。ウィリアムは，すぐに，25人程の騎士とともに，〔上陸した〕地域と住民を調べに出かけた。……彼は〔沼沢地帯で〕道が悪く歩いて戻ってきた。

『アングロ・サクソン年代記』 D, 1006

　彗星があらわれてからすぐに，トスティクが海を越えてワイト島に来た。彼はそこで金と食糧を供給した。彼の兄，ハロルド王は，かつてこの国のどの王もなしえなかったほどの海と陸の軍勢を集めた。というのもあの私生児ウィリアムがこの国に来てそれを勝ち取らんとしているという報告を得たからである。……伯トスティクは60隻の船とともにハンバ川に到着した。それで伯エドウィンが土地の軍勢を率いて彼を追い払った。〔サンドウィッチから連れて来た〕海民衆もトスティクを見捨てたので，彼はスコットランドへ小舟で逃亡した。そこで300隻の船団をともなったノルウェー王のハロルド（・ハルドラーダ）と会った。トスティクは臣従して彼の家来となった。両者はヨークに向かいハンバに着いた。聖マタイの宵祭りの日〔9月20日〕に伯エドウィンと伯モーカと戦いこれを撃破した。ハロルド王はこれを知ると〔実際にはすでに行動を開始していると思われる（→C版）〕，……9月25日にヨークを越えて（東の）スタンフォード・ブリッジで北の人々の軍勢を急襲した。戦いは激しく1日続いた。美髪王ハラルド〔これはハロルド・ハルドラーダの誤り〕とトスティクは殺害された。……ハロルド王は（ハロルド・ハルドラーダ王に従って来た）北の人の王の息子オラーフ，司教，オークニの伯〔ポール〔『ジョン＝ウースタ』〕〕，そして船に残っていたすべての者に，（撤退の）安全を保障した。彼らはハロルド王の前に進み出て，以後この国での平和と友情を守ることを宣誓した。王は24隻の船で彼らが出

帆することを認めた。これら二つの民の戦いは5日間で終わった。それから伯ウィリアムがノルマンディからペヴェンシに，聖ミカエルの祝日の前日（9月28日）に来た。そして，軍勢を急いで整えるや，市場町であるヘイスティングズに城を建てた。

『アングロ・サクソン年代記』E, 1066

　　伯ウィリアムが聖ミカエルの祝日（9月29日）にヘイスティングズに来た。

『アングロ・サクソン年代記』C, 1066

　　南にいたハロルド王は，船を降りたときに彼ら（ハロルド・ハルドラーダとトスティク）がヨーク近辺に上陸したと聞くと，昼夜を分かたず北に進み，可能な限り速やかに軍勢を集めた。……イングランド人の王ハロルドは，〔ヨークの南西13kmにある〕タドカスタに日曜日〔9月24日〕，全軍とともに到着した。そしてそこで船を並べた。

アミアン司教ギー『ヘイスティングズの戦いの詩』140-156行

　　船を失うことを恐れて，その周囲に土塁を築いて囲み，海岸線を防御した。あなたは昔からそこにあった今は廃墟となった砦〔ペヴェンシのローマの城塞跡〕を修復して，守備隊を配置した。あなたの兵たちはこの地域を攻撃し，荒らし，火を放った。……土地の人間の1人が，海辺の岩陰に隠れて，数え切れないほどの軍勢がそこら中に展開しているのを見ていた。大地はきらきらする武器で輝いていた。彼は，人々やその家が背信行為ゆえに炎で焼かれ，怒りの剣で殺され，子どもたちが父親を殺されて泣き叫ぶ様を見た。彼は急ぎ馬を走らせ王に知らせた。

ウェイス『ロロの物語』iii. 6465-6534, 6613-94行

　……公は数多くの騎士，船団を組む船，弓兵と戦士……船大工と職人，鍛冶屋と蹄鉄工を引き連れていた。船団は一つの港をめざしていた。隊列を組んで整然と進んだ。……ヘイスティングズのそばに到着した。……熟達した船乗り，戦士と従者たちが前に進み出て荷下ろしを始めた。碇を投げ，ロープを引き，盾と鞍を前に運び，軍馬と小型の駄馬を降ろした。弓兵が最初に上陸し……次いで騎士が上陸した。貴族は軍旗を持ち騎士は槍旗を持っていた。……大工が次に降りた。彼らは大きな斧を持ち，体の両側に斧と木槌を下げていた。彼らは弓兵さらには騎士と一緒になって強固な要塞をつくることを決めた。それでウー伯が運んできた木材を運び出し……夕刻までには城をつくり周囲に溝を掘った。……台所がしつらえられ，火がつけられて食事が運ばれた。公は食糧をたくさん持ってきたので，皆，存分に食べ飲み，土の上にいることを幸せに思った。

　そのときイングランド人たちは逃げまどい，家畜を追い立て，家々を放棄し，墓場に身をひそめた。……その土地の騎士のある者が盛り土の背後に身をひそめ大船団がどのように到着するかを見ていた。弓兵が船からあらわれ，次いで騎士が下船した。大工，彼らの斧，大勢の人々，騎士そして建築資材が船から投げ出された。……城の建造と要塞化がおこなわれ，周囲に堀がつくられた。盾や武器が船から運び出された。騎士はハロルド王のもとに行き，このニュースを知らせようと剣と槍を身にまとい……昼夜を分かつことなく王を探した。……そしてハンバ川の北で主君であるハロルド王に会うことができた。王は都市（ヨーク）で宴会の最中であった。……「ノルマン人が来ました」と騎士は言った。そして続けて「ヘイスティングズに地歩を固めています。……すでに張出しと堀からなる城を建築しました」と。

　へ。ヴェンシとヘイスティングズはウィリアムの目的地であった[44]。現在では浅瀬の干拓で見る影もないが，当時このあたり一帯は，干満差のある大きな潟が湾となって大船団に停泊地を与えた。船を引き揚げるのに十分な砂地が広がっていたのである。また魚の保存に必要な塩田が広がり，海民（漁民）の基地でもあった[GDB. fos. 18, 18v, 20v, 21, 22, 22v]。船団はペヴェンシからヘイスティングズの港にかけて陸揚げされ，ノルマン軍も幅広く展開した。ウィリアム＝ポワティエにある偵察に出たウィリアムが馬では行けず，徒歩で戻ってきたというくだりは，海岸線の足場の悪さを明瞭に語っている。とくに1066年当時，ペヴェンシ湾は，干満差のある大きな潟湖で，砂州と，小さな島々で外海と隔てられていた。干潮のときは泥の浅瀬と水路が広がっていた。西の端に5km程の半島が潟に突き出て，船溜まりがあった。この場所にはロー

マ時代にアンデリダと呼ばれたローマの駐屯地があった。現在もその姿を留めているその石造りの要塞は一部が壊れてはいたものの利用可能であった。『ドゥームズデイ・ブック』では港の税を王に収める海民衆の小さな都市的集落（バラ）が記録されている。ボーシャムでは，進入路が長くここを封鎖されると文字通り袋のネズミとなる。ドーヴァにも城塞はあるが，港は大船団を引き揚げるには十分でない。したがって，ペヴェンシはイングランド南東海岸では橋頭堡を築くのに最適の地であった。ウェイスによると砦は1日でできたというからもともとあったローマの城塞を利用した簡便なものであろう。

　ウィリアムは，ペヴェンシ，ヘイスティングズ，ロムニ，ドーヴァ，そしてサンドウィッチといったハロルドに従う海民衆が，この時期留守になることを承知していた。彼らの最良のニシン漁場であるグレート・ヤーマス沖合での漁の解禁日は9月29日であった。9月28日であれば彼らはそこに向かっていたはずである。事実，海峡の警備は手薄であった。

　11世紀は組織的な漁業が発展した時期である。海民たちは，沖合での船団による漁に長けていた。イングランド王の海軍力は彼らの組織力に依存していたところが大きい。これはノルマンディ側も同じであった。フェカンの修道院は海民の統制に力をもっていた。ただ，ここでは漁期が12月後半以降とイングランド南部の州よりも遅く，従ってノルマンディの海民たちは9月末の艦隊行動においても，漁に心を奪われなかった。北から回遊してくるニシンの生物学的時間によって，ニシンの暦は決められていたのである。その時差が，海民による大船団の操舵を可能とした。彼らなしには，真夜中に目的地に向けて，大きな損害もなく，ピンポイントで到達することはできない。風と潮を読むことに長けていた海民なくしては，さすがの大船団も動かなかったのである（→238頁）。

　馬を船から降ろす際に，マストを下げて船を片側に傾ける様は，実験によっても確認されている確実な方法である。上陸後船は砂浜に引き揚げられ，マスト，帆，櫂，盾，船飾りは外された。「綴織」には6隻が描かれている。海峡を渡る船の描き方，操舵だけではなく馬の降ろし方や船の並べ方などデザイナあるいはデザイナに情報を提供した人物は，海事と船に詳しい人であった。それが誰かはじきに明らかになるであろう。

　上陸後，偵察隊が派遣された。騎士たちが兜を装着していない姿は，抵抗はなかったことを示している。ペヴェンシの人々が無抵抗であったのは，海民衆が漁に出かけて，もぬけの殻だったからであろう。実際，一部のノルマ

ン船団は風に流されたかロムニに漂着し，なんらかの理由で残っていた海民衆から攻撃を受け損害を出している（→257頁）。

　王位に就いてからハロルドは二つのことに心を煩わされていた。一つは，私生児ウィリアムの侵攻のこと。『アングロ・サクソン年代記』D版は，フランス語から借りてきた私生児という言葉を使用している。この時代は，まだ中世後期のように軽蔑的な意味はない。教会が結婚の秘跡と不解消性を原理とする前のことである。そしてもう一つは，仲の良くない弟トスティクの動向である。彼らが子どもの頃の喧嘩は，『エドワード王伝』に詳しい（→第Ⅲ部扉絵）。彗星があらわれてからすぐにサン・トメールにいたトスティクはワイト島へ出港する。そこからサンドウィッチで海民衆を，望む者も望まぬ者も取り混ぜて集め，60隻の船団を構成してハンバ川に到着し，南岸リンゼを荒らし多くの「良き人々」（つまりセインたち）を殺した。しかし，伯エドウィンと伯モーカが率いる郷土防衛の民兵軍がトスティクたちを撃破した。海民衆も彼を見捨てた。ガイマはトスティクの軍勢に関して別の情報を与えてくれる。彼に付き従った者の大半はフランドル人で，サンドウィッチではなくその対岸のサネット島に向かい，そこでオークニ諸島から来た17隻の船団が合流したというのである。[47] 敗れたトスティクは12隻の小舟でスコットランドに逃れ，マルコム王の庇護を受け，夏のあいだそこで過ごした。次いで彼は300隻の大船団を率いて来たノルウェー王ハロルド・ハルドラーダに会い王に臣従をした。両者は船団を率いてウーズ川をのぼってヨーク近辺に上陸した。『アングロ・サクソン年代記』C版は興味深い情報を提供してくれる。そのときハロルドは，南にいて船を降りたときに彼らがヨーク近辺に上陸したと聞いた。それで，昼夜を分かたずに北に進み，可能な限り速やかに軍勢を集めたというのである。船から降りて陸路で行ったのだろうか。それともそのまま船で北上したのであろうか。

　国王が到着する前に，伯エドウィンと伯モーカは軍勢を召集して9月20日にフルフォードで戦闘を開始したが敗北した。ノルウェー王とトスティクは，ヨークに入り，南への侵攻を準備した。まさにそのときである，「イングランド人の王ハロルドが，タドカスタに日曜日〔9月24日〕，全軍とともに到着し，そこで船を並べた」のは。そして翌月曜日，国王は進軍を始めた。

　ハロルドは陸を進軍したというのが定説というか常識になっている。しかし，船を降りたときにノルウェー王やトスティクのヨークへの進軍を知った彼が，そのまま船に戻らず陸路を北上するだろうか。陸路で昼夜を分かたずに進む

にはヨークは遠すぎないだろうか。タドカスタはウーズ川に面し，ローマの駐屯地があった場所である。C版は，lið fylcade と書いている。lið は本来船団を意味する言葉で，編者のスウォントンは，lið が fyrde（軍勢）と同意語的に使用されたときは，その軍勢は船で運ばれたと考えるべきとしている。しかし定番となったホワイトロックの訳では，この箇所は「軍勢を並べた」とある。同時代の史料は，このC版を除くと，いずれも「ハロルドは来た」としか書かれていない。実際，ハロルドの軍事行動は海上を移動することが多い。定説では，ヨークでウィリアムの上陸を知ったハロルドが急遽陸上を走破してロンドンに戻ったために，弓兵やかなりの部隊がついてくることができずに，ヘイスティングズでの敗北の遠因となったという。国王が軍勢を運んできた船団を残して，わざわざ陸路のみを行くことはないであろう。鉄道以来の「陸の論理」が神話をつくったのである。そしてどの研究者もその呪縛から逃れられていないのである。さて，9月25日，ハロルドはノルウェー王ハロルドとトスティグを，ヨークの郊外スタンフォード・ブリッジに急襲し，終日までの激戦のすえに打ち破り，両名を殺害した。

図13　当時のペヴェンシ湾とウィリアムとハロルドの進軍路

第41場
ここにワダードがいる
HIC: EST: VVADARD:

ウェイス『ロロの物語』iii. 6593-6612行

　公は海民に，船を壊して穴をあけて陸に引き揚げよと命じた。そうすれば臆病者は引き返すことも逃亡のために船を使うこともできない。……（上陸の）第1日目，彼らは浜辺に陣を張った。次の日はペヴェンシと呼ばれる城に移動した。船に積んである食糧がつきる前に，従者や調達者あるいは何かを略奪しようという者を調達に行かせた。彼らは糧秣を獲得した。

　ウェイスによると，ウィリアム軍は上陸すると，あらかじめ用意してきた木材を利用してローマ時代の要塞跡を利用しながら，その一角に掘割をつくり柵を立て橋頭堡をつくりあげた。現在，同じ場所にのちに建設された城が建っている。そして偵察隊を派遣し，同時に食糧の調達に乗り出した。おそらくはいくつもの分隊が派遣されたであろう。第41場は，ワダードとい

う名前の騎士が食糧を調達している現場を描いている。子どもを連れた男が斧を振りかざして羊と牛を守ろうと抵抗している。その横で，ワダード配下の2人の男が子豚とおそらくは薪の束を担いで持ち去ろうとしている。ワダードは，第10場のトゥラルドや後述の第49場のヴィタールと同じく「綴織」で描かれた，貴族ではない平の3人の騎士の1人である(→243頁)。この3人に共通していえることは，次の点である。第1に，司教オドの封臣であったこと。第2に，いずれもケントに土地を保有していたこと。第3に，ワダードとヴィタールは，セント・オーガスティン修道院長の封臣でもあり，修道院と密接な関係があったということである。第41場は，司教オドを中心とする部隊の食糧調達を描いたものである。ウィリアム＝ポワティエにも描かれてはいないこの活動を「綴織」が詳細かつ具体的に描くことができたのは，なぜか。その情報源はどこか，という問いが浮かんでくる。これもじきに明らかになるであろう。

第42場・第43場
ここで肉が料理され召使たちが料理を運んでいる
hIC: COQVITVR: CARO ET hIC: MINISTRAVERVNT MINISTRI
ここで宴会が開かれそしてここで司教が食べ物と飲み物を祝福している
hIC FECERVNT: PRANDIVM: ET hIC EPISCOPVS: CIBV[M]: ET: POTV[M]: BENEDICIT·

7本の串刺しの肉が準備され，2人の料理人がシチューをつくっている。シチューをつくっている男たちの横で，トングを使って料理人が食材を焼いている。その横で2人の召使らしき人物が焼かれたばかりの串刺し肉を手渡している。この2人のあいだで，4番目の布と5番目の布が縫い合わされている。2人のうち右側の男は，鳥の丸焼きを刺した2本の串をテーブルで食

　事をする男に手渡している。テーブルでは，4人が食事を楽しんでいる。左から3番目の男は牛の角でできた盃で酒を飲んでいる。

　第43場の次のテーブルは円卓で，6人の男たちが食事を楽しんでいる。左から4人目の中央にいる剃髪している人物が司教オドで，食事に祝福を与えている。ここは，司教家中の宴会を描いたものである。このシーンは聖書の「ヨハネによる福音書」［6章9節〜10節］の「5000人に食べ物を与える」（2匹の魚と1本のナイフ）がモティーフになっている。聖書によると，「ここに大麦のパン5つと魚2匹を持っている少年がいます。……男たちはそこに座ったが，その数は5000であった」とある。円卓の上には2匹の魚が確認できる。1匹は司教の前，もう1匹は6番目の男の前。パンは判別できないが，黄土色だとすると，一番左の男の前に二つ，彼の左手が三つ目のパンを指さしている。3番目の男は左手でパンを押さえている。五つ目のパンは，司教が左手に持っている。ナイフは一番左の男の前にある。5番目の男は左手を指さして，司教が多くの家中の者たちに食事を振る舞った様を暗示しているかのようである。テーブルの下のほうにはシチューをサーブしている召使が描かれている。司教オドの家来にオズバーン・ペイスフォーレルという人物がいた。胡椒役という渾

名だが，当時貴重な胡椒を扱ったオド家中の宴会を仕切った人物とも考えられる。彼は征服後，ケントにオドから土地をもらい［GDB, fos. 6, 10v］，定住し，その子孫は，13世紀には農民騎士として在地化した。同家は，騎士封（土）とガヴェルカインドという二つの異なった保有権による土地をもっていた。ガヴェルカインドとは，ケントに特有な均等分割相続の自由農民保有地である。彼がこのシーンの情報を提供したというのもあながち的外れな空想ではないだろう。

　9月29日は金曜日で魚を食べる祝日であった。この慣習は中世初期にはすでに知られていた。しかし，このシーンの絵画的なモティーフは，11世紀の中頃には確実に存在していたセント・オーガスティン修道院収蔵の福音書の「最後の晩餐」の挿絵を利用したという説が有力である。上陸したばかりのノルマン軍は豪華な宴を張ることはなかったであろう。戦時体制で，基本的にはパン中心の食事をしていたはずである。

図14　最後の晩餐（「セント・オーガスティン福音書」，6世紀，イタリアの写本）
［Cambridge, Corpus, Christi Collage, MS. 286, fo.125 より］

第44場
司教オド，ウィリアム，ロバート
ODO: EP[ISCOPV]S: WILLELM: ROTBERT:·

ペヴェンシの要塞内の三角形の屋根をもった小屋のなかで，長椅子に座りながらウィリアムを真ん中にして，彼の異父兄弟の司教オドとモータン伯ロバートたちが話し合っている。戦略を練っているところであろう。ペヴェンシは大船団を陸揚げし，橋頭堡をつくるには最適の場所であった。何よりも船着き場があり，集落もあった。しかし，周囲には沼沢地が広がり，騎馬隊が全体で戦闘隊形を組むには適した場所ではなかった。ハロルドが艦隊を派遣すると閉じ込められてしまう可能性もあった。おそらくは予定通り軍事行動のとりやすい東に位置する高台の半島があるヘイスティングズに本隊を移動させることにしたのであろう。

ヘイスティングズ一帯は，砂浜ですぐに白亜層の断崖が連なっている。この断崖を押さえることができれば，現在は消失してしまったが，断崖の西側に広がっていたバルヴァーヒース湾を船団の停泊地として使用することがで

きるという利点があった。図13を参照していただきたい。ヘイスティングズに移動したもう一つの理由は，もしハロルドの軍勢が進行して来るとしたら，ロチェスタからの旧ローマ街道を南下して来ると予測したからである。そうすると，現在のバトルあたりがペヴェンシと現在のヘイスティングズに至る道の分岐点になる。ヘイスティングズを押さえることは，湾と拠点の2カ所を獲得できることと，戦陣を展開しやすいという戦略的な理由があったのである。

第45場
この男がヘステンガケアストラで 城塞が掘られるのを監督した
ISTE· IVSSIT: VT FODERETVR: CASTELLVM: AT· HESTENGACEASTRA[M]

『ドゥームズデイ・ブック』 GDB, fo. 14

　フェカンの修道院長がラムズリ〔ライを中心とする広域所領〕をウィリアム王から保有し、1066年以前はエドワード王から保有していた。かつては20ハイドで査定されていたが現在〔1086年時点〕は17ハイドである。……直営地に1犂隊があり、99人の村民が43犂隊を構成していた。5つの教会があり64シリングを上納している。100の製塩場があり、8ポンド15シリングを上納する。……7エーカーの放牧地と2頭の豚のための森林がある。この荘園に新しいバラがあり、64人の市民が7ポンド18シリングを上納している。ヘイスティングズでは、4人の市民と14人の零細者が63シリングを上納している。

ウィリアムは，陸路と海路でヘイスティングズに移動してから，すぐに次の築城を開始した。第45場の城は，ウィリアム＝ポワティエが記載した2番目の城であろう。「綴織」の銘文は，城塞(castellum)が掘られるとある。実際「綴織」で，男たちは溝を掘りその土を掻き出している。男たちの持っている道具は掘削作業のものである。後景に盛り土(モット)がつくられている。場所は，「ヘステンガケアストラ」(AT HESTENGACEASTRAM)で，デザイナはラテン語のadではなく英語のatを使用している。この箇所を描いたデザイナあるいは銘文作者はイングランド人であろう。

　さてここで大きな問題が発生する。1066年頃のヘイスティングズとはどこなのか，それはヘステンガケアストラと同じなのか，という厄介な問題である。一般には，集落は現在ある城の西側の谷間に位置し，港はその城が建つ断崖の南側に，「綴織」の城も現在残る城と同じ丘の上の位置にあったとされている。しかし，これにはまったく史料的根拠はない。これは一つには，ヘイスティングズに関する当時の史料がほとんどないということに起因している。『ドゥームズデイ・ブック』には，フェカン修道院長が保有していたサセックスの巨大荘園ラムズリとの関係であらわれるのみである。フェカンとの関係は第Ⅲ部に譲るとして，多少結論を先取りした形で説明しておこう。

　『ドゥームズデイ・ブック』に記載されたヘイスティングズの新しいバラは，現在の城の東側のボーン谷に位置するヘイスティングズの現オールド・タウンである。オールド・タウンは，ウィリアム軍が旧集落を破壊したあとに建設された新しいバラであった。ではヘイスティングズの古いバラはどこにあったのか。エセルスタン王の928年の法典に，ヘイスティングズのバラは1人の銭貨製造人をもつという規定がある。『アングロ・サクソン年代記』の1052年の項には，海民として活躍するヘイスティングズの人々が描かれているし，『ドゥームズデイ・ブック』で征服前リンカンシャのソルトフリートでヘイスティングズから来た24隻の船が流通税を払っている [GDB, fo. 375v]。

　こうした史料からすると，古いヘイスティングズはかなり大きな港をもっていたことがわかる。可能な場所は，ウィリアムの艦隊が侵入したであろうバルヴァーヒース湾周辺であろう。かつてここには，ペヴェンシと同じ浅瀬の潟が広がり，海民集落が展開していた。ウィリアムが建設した掘割と盛り土からなる城塞は，この湾に面した丘のどこかにあったと推定してよいであろう。場所の確定は，考古学的成果が報告されていない以上想像の域をでない。

　戦略的な位置は，この難を解く一つの鍵である。当時においてもローマ時

代からの道は幹線として使用されていた。ロンドンからペヴェンシには，ルイスを経由して行くか，ロチェスタから南下して現在のボーディアンを経由して行くかの二つの選択肢があった。ハロルド軍は後者を選択した。これを予測してか，ウィリアムは，後背地の広がるヘイスティングズの丘陵地に主力を移動させた。その際，ハロルド王が攻撃してきた場合の守りと，バルヴァーヒース湾を眺望できる場所を選択するとなると，クローハーストあたりはその候補地の一つであろう (→図13)。

ウィリアム＝ポワティエは,「公は，〔(ヘイスティングズの) 戦いに勝利したのちに〕ロムニに進軍する前に，ヘイスティングズの防衛を，有能な指揮官に任せた」という。オルデリック・ヴィターリスは，その有能な指揮官をハンフリ＝ティレイユとしている。ハンフリ＝ティレイユは，ウィリアムの北部遠征が始まる1069年にノルマンディに帰った。オルデリック・ヴィターリスは次のように伝えている。

> もし妻たちが不倫に走り，そのベッドを汚し，子孫に消すことのできない恥辱を残したら名誉ある人々はどうするだろう。そのため，ウィンチェスタ地域であるヨーイッスアイ〔ウェセックスの起源といわれるブリトン人の古称〕[48]を任されていたヒュー＝グランムニール[49]と，〔その姉妹アディリサと結婚した〕義理の兄弟であるハンフリ＝ティレイユやそのほかの者たちは，重々しい気持ちでノルマンディに帰っていった。ハンフリにはヘイスティングズの城が建設された時点で守備を任されていたのであるが。[OV. ii. 220]

ヘイスティングズはのちに，ヘイスティングズの城塞区の中心としてウー伯ロバートに与えられた。そのときに，現在の場所に城と新しいバラが再建されたのである。古いバラは，最初の城の建築の際に，徹底的に破壊された。一方，ノルマンディでは，貴族たちがイングランドにいるあいだ，別の戦いが展開していたようである。噂なのか事実なのかは定かではないが。

ではヘステンガケアストラとはどこなのか。英語でチェスタと表記されるケアストラは，ロチェスタのように壁で囲まれた定住地を意味する。この地域で唯一壁で囲まれた集落はペヴェンシである。とすればヘステンガケアストラとは，ペヴェンシとヘイスティングズも含む広い領域，おそらくはローマ時代のキヴィタースを示していたことになる。従って第45場の城は，具体的な城というよりは，上陸地に「城をつくった」ことを示している可能性もある。

第7幕 決戦前夜

ペヴェンシに橋頭堡を築いたウィリアムは翌日，主力の船団と兵をヘイスティングズに移動し，湾沿いに城を築き陣営を構築した。ハロルド軍との使者を通しての交渉が始まった。また相互に偵察部隊を出しての情報収集活動も苛烈を極めた。ぎりぎりまで和平を模索した交渉が続いたのである。

第46場 情報戦　　第47場 焦土戦

第46場
ここでハロルドに関する情報が
ウィリアムにもたらされる
HIC: NVNTIATVM EST: WILLELM[O] DE hAROLD:

ウィリアム＝ポワティエ『ノルマン人の公ウィリアムの事績録』116-123

　貴族の婦人グイマラの子ロバートが，1人の使者を，彼の主君であり近親者でもあるヘイスティングズにいるウィリアムのもとに送った。ロバートは，生まれはノルマン人（natione Normanus）で，このあたり〔イングランド東部〕に住んでいた裕福な人物であった。使者の口上は以下のようなものであった。「ハロルド王は弟とノルウェー王と戦い……一つの戦闘で彼らを殺害し大軍勢を粉砕した。……今こちらに急いで引き返している。……当分のあいだは城のなかにいて戦いに臨まないのが上策かと存ずる」と。これに対して公は，「……余は，堀や壁に守られて籠もっているつもりはない。可及的かつ速やかにハロルドと一戦を交えん」と……。

　ある日ウィリアムは船団の安全を確認していた。たまたま係留地を歩いていたとき，ハロルドの使者として1人の修道士が到着したとの報告を受けた。彼はただちに修道士と面会した。そして狡猾にこう話しかけた。「私はノルマン人の伯ウィリアムの

執事だが，伯に一番近い人物である（'ego sum Guillelmi comitis Normannorum ac dapifer'）。私を通して以外伯への面会はまかりならない。（だから）おまえが持ってきたメッセージを私に話しなさい」。……メッセージを聞いたあと……ウィリアムは熟考し，家来たちとどう返答すべきかを検討した。……（次の日の）朝に，貴族たちのあいだに座って，ウィリアムは，頭巾を被った（修道士の）仲介者にこう言った。「われはウィリアム，神の恩寵によって，ノルマン人の支配者（princeps）である[52]。昨日おまえが私に言ったことをこれらの者の面前で再度述べよ」。使者はこう述べた。「ハロルド王はあなたにメッセージを送る[53]。……エドワード王は，以前あなたがイングランド人の王国の相続人であると宣言したし，ハロルド王自身も今回の継承に関してノルマンディで保証したことは心にとめている。しかし，……王国は，彼の主君であったエドワード王が死の床でなした贈与によって，ハロルド王のものである。聖オーガスティンがこの地に来て以来ずっと，死の床でなした贈与は有効であるべきだというのがこの地の民の共有する慣習である。それゆえ，ハロルド王は，あなたが即刻兵たちとともにこの地を立ち去ることを正当に要求する。さもなければ，ハロルド王は友情を終わらせ，彼があなたにしたすべての契約を破棄する。その責任はすべてあなたにある」と。

　ハロルドのメッセージを聞いたあと，公（Dux）は修道士に彼自身の使者をハロルドのもとに無事送り届けてくれるかどうか尋ねた。修道士は使者の安全を保証した。それですぐに，公はあるフェカンの修道士にハロルドに伝えるべき言葉を託した。それは以下のようなものである。「……エドワード王は，ハロルドも述べたように，私を相続人にした。……そして大司教スティガンド，伯ゴドウィン，伯レオフリック，そして伯シワードの助言でそうしたのである。貴族たちは手による宣誓でこのことを確認した〔証書に十字を描いて証人となる行為〕。……ハロルド自身，手を私に与えて臣下となったのである。そして彼自身の手によってイングランドの王国に関する保証を私に与えたのである。私は，それがイングランド人の法であれ，ノルマン人の法であれ，ハロルドの望む法で，彼に対するこの訴えに対する判断を仰ぎたいと思う。……」。手短にいえば，ウィリアムは自分の争い事でイングランド人が敵として死ぬことを望まなかった。むしろ決闘で自らの首をかけて雌雄を決したかったのである。

アミアン司教ギー『ヘイスティングズの戦いの詩』159-296行

　（ハロルド）王は戦場（スタンフォード・ブリッジ）からあふれんばかりの戦利品とともに帰ってきた。そこで（ペヴェンシからの）使者が駆けつけてきて（何が起こったかを）話した。……王は貴族たちを呼び寄せ，彼らに次のように言ったという。「わが軍勢のリーダたちよ。……おまえたちはノルマン人が王国に侵入したのを聞き及んだであろう。……ウィリアムが求めるものを得たのであれば，王国にとって何たる禍……。皆，生きんとする者は，これを避けんことを！」。ハロルドは彼らの返事

を待った。……(彼らが言うには)別の王の軛(くびき)に繋がれる，あるいは死すよりも，速やかな戦いを(われらは望む)。……愚かな王は，彼らに礼を言うと，次のような提案をした。「まず使者を送ろう。そしてウィリアムに撤退を求める。……もし彼がわれわれとの平和を求めるのであれば，それを拒否はしない。もし……彼が私の海岸から立ち去らないのであれば，……彼が始めたことを終わらせよう」。身分の高い者，低い者，皆の合意で，1人の賢なる修道士が公の防御された陣営(あるいは城；castra〔複数〕ducis)を偵察し，託された言葉を注意深く伝える役に選ばれた。修道士は国王の言葉を権威のある形で認めて，その黒のチュニックの下に(Sub tunica nigra)〔monk という言葉の使用といい，ベネディクト会士であろう〕文書を入れて，馬を飛ばした。……公は陣営にいた(Dux erat in castris)。……修道士は言った。……〔ハロルドの伝言とウィリアムの反論はウィリアム＝ポワティエを参照〕……修道士は急ぎ王のもとに帰っていった。

　公は言った。明日使者をハロルドのもとに送ろう。修道士が召喚された。そしてすぐ出立した。……荒涼たる土地を通って，王が戦いの準備をしている場所に来た。(公の伝言を伝えた)「エドワード王は人々の承諾と貴族の同意を得てウィリアムを彼の相続人に指名したではないか。貴殿もそれを支持したはずであろう。その証拠に指輪と剣がウィリアムに送られた。送ったのは貴殿では(と約束を守るように迫った)」。

ウェイス『ロロの物語』iii. 6711-6886行
　私(ウェイス)は名前を知らないが，この土地に1人の貴族がいた。彼は公をひどく愛し，彼の緊密な助言者となった。彼は事がウィリアムにとって悪いほうへと進むのを恐れ……ひそかに使者を通して，……十分な軍勢で来ていないのですぐに引き返したほうがいいと助言した。ウィリアムは言葉を返して，……「ハロルドに復讐するまでここを去らない」と言った。急ぎロンドンに帰ったハロルドは，ただちにイングランド中から軍勢を召集した。……公はすぐにハロルドが大軍を召集しているのを聞いた。……剃髪(トンスラ)したフェカンの修道士であるヒュー・マーゴットをハロルドのもとに送った。マーゴットはロンドンでハロルドに会い，次のような公のメッセージを伝えた。「ハロルドはノルマンディで公になした宣誓に不誠実である。……公に王冠と支配権をただちに返すように。……ハロルドにはこれらに関して何の世襲の権利もないのだから……」。ハロルドはこれらの言葉を聞いて逆上した。しかし弟のギリスがあいだに入って事なきを得た。いかにハロルドが彼をひどく扱ったかがわかるだろう。ハロルドはフランス語を理解する使者を立て，自分のメッセージをウィリアム公に伝えるように託した。それは以下のような内容である。「私がウィリアムに誓ったのは，……解放されるためであり，彼が私に欲したものは何でも与えた。そのことで私は非難される筋合いはない。自由意思でおこなったことではないのである。(あのとき)ウィリアムは強者の立場にあり，彼の命令に従わ

なければ国に帰れず，ノルマンディに永久に留めおかれたであろう。もし私が彼に対して何か悪しきことをしたのであれば謝罪しよう。もし金銭が望みであれば，あらん限りのものを与えよう。彼の船すべてを補修し通行の安全を保証しよう。もしこの申し出を拒否するのであれば，土曜日に雌雄を決しよう」。……ウィリアムが答えて言う。「私は彼のスターリング（esterling）〔イングランドの高品質な銀貨〕ではなく，誓約したように，エドワードが私に与えたこの国を取りに来たのだ」。……公は決戦の日に同意して，使者に馬と衣服を与えて帰した。

第46場ではたんに情報がもたらされるだけとある。しかし，激しい情報戦が展開されていたのである。ウィリアム＝ポワティエにでてくるロバートは，エドワード王の臨終の席にいたロバート・フィッツ・ワイマークである(→83頁第27場『エドワード王伝』)。彼は，1052年までにはエセックスに根を張った貴族で，エドワードの親族ともいわれる。この進言が功を奏したのか，「征服」後ウィリアムは彼をエセックスのシェリフに任じ，さらに所領を与えている[LDB, fos. 43v, 44-45v, 46v, 47, 48, 101, 106v]。この話が作り話ではないと仮定すると，彼がハロルドの南下を知ったのは，ハロルドが軍勢を引き返した10月1日以降のことになる。ロンドンに彼が到着した10月6日あたりであろう。情報の収集をどうしたのかは，証明はできないものの興味深い。その伝達の時間や正確度を考えると使者は船と馬で移動していたであろう。船であれば24時間移動可能だが，馬だけでは間に合わない。

　最後の最後までぎりぎりの折衝が両陣営間でおこなわれた。両者の野心のぶつかり合いはいうまでもなく，そこには継承や約束に関するイングランドとノルマンディでの慣行の違いが横たわっていたことも否定できない。ウィリアム＝ポワティエはイングランド人の死の床の契約に関しての知見をもっていた。あるいは，礼拝堂司祭として使者が口上を述べるその場に居合わせたのかもしれない。『ヘイスティングズの戦いの詩』によると，ハロルドはヨークで，フランス語のできる修道士を使者として立てた。いずれの使者も相手方の言語の達人であった。ヒュー・マーゴットはハロルドと喧嘩ができた。彼は馬でウィリアムの陣営に向かった。修道士の騎乗は一般に禁じられていたので異常事態と考えるべきである。おそらく，船を使って南下してそこから騎乗したものであろう。司教ギーがどこまで事態を掌握していたかは不明である。ヨークからロンドンまで直線でも280kmあり（ロンドンとバトルのあいだは約80km），決して道路状況のよくないときに短期間の移動は驚異的である。

フェカン修道院は，ヘイスティングズ近隣のラムズリ（あるいはその一部が重なり合うライ）に，クヌート王とエドワード王から所領を譲渡されていた。そこは同修道院の交易とニシン漁におけるイングランドでの拠点であった。港では通行税を課し，捕獲した魚の防腐のための製塩場を相当数有していた。従って，ペヴェンシからドーヴァに至るまでの情報はつねに修道院を通してウィリアムのもとにもたらされていたのである。修道士たちはヘイスティングズ近辺の地理を熟知していた。だからこそ，ウィリアム軍は安全にペヴェンシに上陸できたともいえる。修道院長と修道士レミギウスそして彼らの管理下にある海民は，ノルマン軍の先鋒であった。レミギウスは「船舶リスト」（→240頁）では，1隻の船と20人の騎士が任せられていた。のちに彼は「征服」における輸送と情報収集と使者の役割を高く評価されて，ドーチェスタの司教職を与えられた。

　では，ハロルドが派遣した修道士はどこの修道院の者だったのか。ハロルドに近い教会はウォルサムだが，ここは1066年の時点では修道院ではない。この頭巾を被ったベネディクト会士が所属するハロルドに関係の深い修道院は，まずセント・オーガスティン修道院が候補にあがる。『アングロ・サクソン年代記』E版は少なくとも11世紀中葉までは同修道院で書かれ，かつきわめてゴドウィン寄りの記述をしているのだから。そして，征服後も，12世紀末に至るまでゴドウィン伯を記憶し，ハロルドを国王と呼んでいたのも，この修道院であった（→265頁）。ウェイスによると，ハロルドにウィリアムのメッセージを伝えた修道士の名前はヒュー・マーゴットである。ハロルドは怒り狂い，彼を追い返したに等しい。もはや，交渉の余地はなかった。もっともマーゴットの名前は1世紀近くフェカン修道院で記憶されていた。

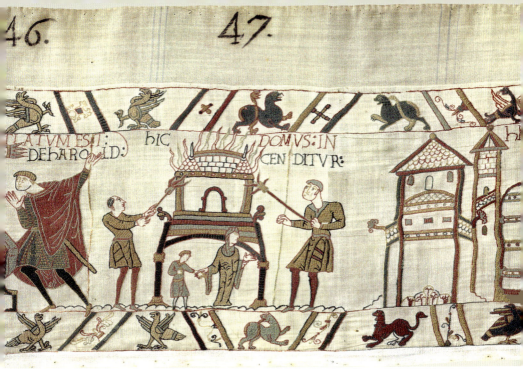

第47場
ここで家が燃やされる
hIC DOMVS: INCENDITVR:

ウィリアム゠ポワティエ『ノルマン人の公ウィリアムの事績録』122-123

　ウィリアムの陣営の近隣の土地は焦土と化したというのを聞いてなおさら激怒した国王は急ぎ軍勢を押してきた。

ウェイス『ロロの物語』iii. 6897-6948行

　ハロルドとウィリアムが聖職者や使者や騎士を通して話し合っている一方で，ロンドンにイングランド人が集まってきた。まさにロンドンを出発しようというときに，弟のギリスが話し始めた。「兄上，ここに留まってください。私が兄上の軍勢を引き連れて行きます。〔宣誓を破った負い目で戦いに迷いが生じるのを恐れてか〕ウィリアム……には何の負い目もありません。……その間にこの地のすべてに火を放ち，ノルマン人が食糧も何もかも得られないようにすべきです。……公は撤退せざるをえないでしょう。……ハロルドは〔これに対して〕……「私が保護すべき人々を害するなどできるはずがない」．そこにいたすべての者が，ギリスの進言を支持し，そのように戦うことを望んだ。しかしハロルドは，勇敢さを示すためにこう宣誓した。「ハ

ロルドなしに戦場に行くことも戦うこともない。人は臆病者と罵るだろう。多くが非難するだろう。もしハロルドが，彼のよき支持者たちを，来もしないところに送り込んだら」。こうしてハロルドはロンドンを離れた。

　第47場では，家が焼かれ追い出された母と子がさまよっている。焼かれた家はヘイスティングズのもともとのバラ集落のものであろう。交渉が決裂し，決戦を覚悟したウィリアムは，戦闘態勢をとり始める。邪魔な集落は徹底的に破壊されたのである。読者はブルターニュでノルマン軍がとろうとした焦土作戦を思い出してほしい。これはイングランド人側も考えた作戦であった。しかしハロルド王は，自分の本領に火を放つことはできなかった。
　ここで，ヘイスティングズについてまとめておこう。ヘイスティングズは，史料上は三つの形で表記される。「ヘステンガケアストラ」「ヘイスティングズの港」「ヘイスティングズ」である。三つは，いずれも同じ場所を意味したと考える必要はない。「ヘステンガケアストラ」は銭貨製造人がいたエセルスタン王のバラ「ヘイスティングズ」ではなく，そのバラ領域も含むペヴェンシから，ヘイスティングズへ海岸線に沿って展開した集落群で，その起源はローマのキヴィタースにある。考古学的に，また史料上もペヴェンシではローマ時代からの城壁のなかで住民が生活していたことがわかっている。それはまたニシン漁を中心とする海民の居住地でもあった。「ヘイスティングズの港」はかつてのバルヴァーヒース湾に展開していた海民の集落であったと考えられる。「ヘイスティングズ」というとき，ペヴェンシから東側の内陸も含んだ幅広い地域を示していた。現在のヘイスティングズに繋がる新しいバラは，征服後に，古いヘイスティングズの港が破壊されたあとに建設された集落で，現在の城もこの再建の過程で建設されたのである。
　ノルマンディのフェカン修道院がクヌート王によって与えられたラムズリ（ライ）の所領についても整理しておこう。所領は，海民の集落であってみれば，海岸線に沿って東から西に広範囲に分散して展開していたであろう。『ドゥームズデイ・ブック』にもみたように，その一部は，ヘイスティングズ一帯にも点在していた可能性が高い。情報の確かさゆえに，ウィリアムの船団はペヴェンシそしてヘイスティングズをめざしたのである。ラムズリはゴドウィン家の本領であるサセックスの所領群の喉元に刺さった棘であった。
　ウェイスは，その豊かな情報にもかかわらず，史料としての信憑性が疑わ

れてきた。そこには，ウェイスを多用したフリーマンを断罪したラウンドの影がちらついている。ノルマン征服，ひいては「綴織」の解釈も19世紀の自由党と保守党のあいだのイデオロギの影響が垣間見られる。1990年代になってのフリーマンとウェイスの再評価の動きは，ノルマン征服の研究が古い呪縛から徐々に逃れつつあることを示しているのである。

　ウィリアムの使者，ヒュー・マーゴットに啖呵を切ったハロルドは，急襲の準備を開始するが，弟のギリスをはじめとするハロルド軍の貴族たちは，持久戦を主張していたようである。しかし，出陣を決意したハロルドは，ハロルド・ハルドラーダとトスティクを撃破したことで自信をもっていたのか，それとも，ウィリアムに仕かけられた神経戦の罠にはまったのか，ヘイスティングズへ急いだ。国王としての立場，所領を荒らされた領主としての屈辱，何よりも性格からくるプライドが持久線を望まなかった理由なのかもしれない。

　両者のあいだの使者を挟んでの交渉では，王位継承について，ウィリアムが宣誓による約束の確認あるいは私闘を主張したのに対して，ハロルドは，死の床での遺言と指名に重点をおいた。両者のあいだの慣習の違いが溝を大きくしていた。両方ともお互いの王としての適格性は認めているようである。しかし血統についてはあまり語られることはなかった。血統という点からいえば，エセルレッド王の子で孤軍奮闘して亡くなったエドマンド・アイアンサイドの子，エドガ・エセリングがいた。1069年以降の北部の争乱はこのエドガを軸にして展開するのである。しかし，それを物語るのは，この本の範囲を越えている。ただ，血統が問題となるのは，教会の定める結婚と嫡出と家系の観念が一般のものとなる次の世紀以降の話である，とだけ添えておこう。

第8幕 戦闘

お互い使者を立てての和平交渉は，失敗に終わった。もはや戦闘によって雌雄を決するしかなかった。こうして両軍は，戦いの地に軍を進めた。それでもウィリアム側も，最後の最後まで使者を送り，戦闘の回避を試みている。同時に，両軍は偵察を送り情報収集に努めた。万策つきたとき，1066年10月14日午前9時，戦端は開かれた。

第49場 ヴィタール　　　　　　　　　　第50場 ウィリアムの軍勢を知る

第52場 レオフウィンとギリスの戦死

第55場 戦況の転換　　　　　　　　　　第56場 ハロルド軍の戦線崩壊

第48場 出陣

第51場 檄を飛ばす

第53場 激戦　　　　　第54場 司教オドの鼓舞

第57場 ハロルドの戦死　　第58場 イングランド人の逃亡

第48場
ここで兵士たちはヘイスティングズを出て ハロルド王に対する戦いの場に来た

hIC: MILITES: EXIERVNT: DE hESTENGA: ET: VENERVNT AD PRELIVM: CONTRA: hAROLDVM: REGE:

アミアン司教ギー『ヘイスティングズの戦いの詩』303-304行
　ハロルドが進軍してきたときに，使者がハロルドに（公の）メッセージを伝えた。彼は驚きで蒼白になり，しばらく口をきくことができないほどであった。使者は繰り返し返答を求めた。ハロルドは最初に，「われわれは突き進む」と答え，2度目に，「勝利する」と答えた。使者はノルマン人の公は……決闘を望んでいると繰り返し，その返答を求めた。……ハロルドは顔を天に向けて，「主よ！　今日，私とウィリアムのあいだで，何が正義かをお決めください」と言った。

『アングロ・サクソン年代記』C, 1066
　伯エドウィンと伯モーカは自分の伯領から可能な限りの軍勢を集めて（ノルウェー王ハロルド・ハルドラーダたちと）戦い多くを殺害したが，イングランド人も多数が殺され，溺れ，逃亡した。ノルウェー人たちは戦場を占拠した〔フルフォードの戦い〕

[ガイマ『イングランド人の歴史』5211-22行］。これは使徒聖マタイの祝日の前日の徹夜の祈りの日（9月20日）で水曜日であった。その後，イングランド人の王，ハロルドは全軍を率いて日曜日にタドカスタに来た。そしてそこに船団を並べた。それから月曜日にヨークを通った（東へ向かった）。ノルウェー人の王ハロルド，伯トスティクとその軍勢は船からヨークを越えてスタンフォード・ブリッジに来た。というのはそこで全州からの人質が彼らのもとに連れて来られるという約束があったからである。イングランド人の王，ハロルドは彼らを橋の向こうから急襲した。戦いは1日中続き，ノルウェー人の王ハロルドとトスティクをはじめ，北の人も，イングランド人の多くも，戦死した。

『アングロ・サクソン年代記』D, 1066

　ウィリアム伯は，聖ミカエルの祝日の前日にノルマンディからペヴェンシに来て，市場町であるヘイスティングズに城を建てた。これはハロルド王の知るところとなり，国王は大軍を率いてウィリアムに対峙した。

『アングロ・サクソン年代記』E, 1066

　ハロルドは王位に就いた。彼はウィリアムに軍船をもって戦いに出向いた。……ハロルド王は何が起こり，何がなされたかを聞いてイングランド人の大軍を率いて，スタンフォード・ブリッジで戦い，ノルウェー人の王とトスティクを殺害した。……一方ウィリアム公が，聖ミカエルの日にヘイスティングズに来た。そしてウィリア

▲

ムは北から南下し,全軍が集まる前に戦いをおこなった。

ウィリアム゠マームズベリ『イングランド人の国王たちの事績録』iii. 239.2

　ハロルドは,敵の数や力を調べるためにスパイを送った。彼らが陣営内で捕まったが,……無事に帰ってきて……「ウィリアム軍のほとんどの男は聖職者のようです。皆,顔の髭を剃っています」と言った。というのもイングランド人は口髭をはやし,髪は伸び放題にしていたからである。ジュリアス・シーザ（カエサル）は,これをいにしえのブリトン人の慣習だと『ガリア戦記』のなかで記しているではないか。

ウェイス『ロロの物語』iii. 7095-7210行

　（釈放されて帰ってきた）イングランド人のスパイの1人は,ノルマン人がすべて髭を剃り剃髪しているので,皆聖職者かと思った。それで,ハロルドにノルマン軍には騎士やその他の者よりも,聖職者が多いと語った。ハロルドは,彼らが百戦錬磨の騎士で,「われわれのように髭をはやさない」と答えた。公は,賢く教育を受けた〔弁舌と言葉に巧みな〕修道士を選んでハロルド王のもとに送って,三つの選択肢（一つ目は,イングランドを手放して公の娘を娶る,二つ目は,教皇の裁定に従う,三つ目は,ウィリアムと決闘する）を提示した。（しかし,ハロルドはこれを拒否した）。……戦いの前に……公は近しい臣下に思うことを語った。ハロルドと話をしたいこと。そして……もしハロルドが彼との平和を望み助言を受け入れるのであれば,ハンバ川の北,スコットランドまでを彼に与えるつもりだ,と。……公はハロルドに伝言

して，(身の安全は保証するから)牧草地で会談しようともちかけた。……ギリスはハロルドが話をする前に立ち上がり，(使者に)「おまえの主人は何が望みで，われわれに何を残し，どのような和解をするつもりか，再度聞いてこい」と凄んだ。……公は(使者を通して)，「ハロルドが約束を守るのであれば，ノーサンバーランドと王国に属するハンバ以北を与えること。そしてギリスには彼らの父ゴドウィンの土地を与えるが，もしこれを受け入れないのであれば，娘との婚約と王国の継承に関する宣誓違反で断罪する」と，伝えた。

　十字の旗を水平に突き出している騎士の馬の後部あたりで5番目と6番目の布地が縫合されている。この騎士が持っている十字の旗が教皇から下賜された聖戦の軍旗であれば，この騎士は白きロロの子トゥルスティンであろう(→162頁第51場)。

　それぞれのテキストは，ウィリアムが上陸してから彼とハロルドのあいだで，使者を通して，交渉がおこなわれたことを伝えている。それらすべてを額面通りに受け入れることはできないとしても，やりとりの時系列をつくることはさほど難しくはない。

　ペヴェンシにいたハロルド配下の騎士がウィリアムの上陸を伝えにヨークに駆け上がったのは9月28日。『アングロ・サクソン年代記』のD版とE版を比較すると，ペヴェンシに上陸したのが9月28日で，ヘイスティングズには9月29日に移動したと考えられる。グレート・ヤーマス沖のニシン漁の解禁日が9月29日であるから，船団は28日の朝，引き潮に乗って出航したであろう。まさに入替りに，その後の満潮に乗ってウィリアム軍は上陸したことになる。定説では，ペヴェンシからの使者は10月1日には着いたといわれる。サセックスの海岸からヨークまで約400km，陸路だけでは2日そこそこで到着するものではない。そこからハロルド軍はヨークから陸路を南下し，10月6日，つまり5日間程度で，ヘイスティングズへの出陣の1週間前にはロンドンに帰還した，という。オルデリック・ヴィターリスは，ハロルドが民兵召集に6日を要した，という(→162頁)。これも陸路だけでは不可能であろう。

　『アングロ・サクソン年代記』C版に従うと，ハロルドは船団を率いて北に向かったと考えられる。しかしタドカスタに船団を配置したことは，無視されてきた。それは軍勢が陸上のみを移動したと考えられてきたからである。しかし，ハロルドの軍事行動はつねに陸と海(川)の両面からおこなわれているし，彼に限らず当時のかなりの遠征がこの両面作戦をとっていた。ヨーク

までの長駆の行軍に軍船がともなっていないほうが不思議である。主力は可能なところまでは船で移動したであろう。使者も，ウィールドの森を越えて北上するよりは海岸部から船で北上したほうが機動性を発揮できるであろう。「馬に乗って」とあっても，船着き場までということも考えられる。今でもロンドンのチャリング・クロス駅からヘイスティングズへは鉄道で2時間程かかる。この地域は，白亜層のノースダウンの丘陵地が重なり，起伏が激しい悪路が続いている。

　使者は伝言の指示書を携えていたであろう。口上が令状や証書の始まりに似てくるのは，指示書が令状あるいは証書の形式に準拠していたからであろう（→227頁）。使者はそれをもとに彼の主人の意向を翻訳して伝えた。ハロルドの最初の使者が，セント・オーガスティン修道院の修道士であれば，彼は船で出向いて，ヘイスティングズの港に着いたのであろう。同修道院が船をもっていたことは知られていたし，のちにはカンタベリ大司教アンセルムは，修道士が船を操舵することを禁じている。この禁止は，修道士が船で頻繁に移動していたことを示している。

　さて，ハロルドが10月6日にロンドンに着いたとして，使者がヘイスティングズに到着したのが7日の夕刻。次の日の8日の朝面会して，公側の使者としてフェカン修道士ヒュー・マーゴットを連れて国王のもとに出向き，その日の遅くか，翌9日の月曜日にはハロルドとの会談がもたれた。決裂して，ハロルドが土曜日に決着しようと言ったのは，〔10月14日がウェイスの後知恵だとしても〕会談がその週の初めにあったことを示唆している。ハロルドはウィリアムの陣営に戻るマーゴットに「フランス語を理解する使者」を同行させた。この使者がウィリアムの陣営に着いたのが10日から11日。『ヘイスティングズの戦いの詩』にあるようにこの使者は，とって返す途中で進軍してくるハロルドに遭った。10月12日頃であろう。ハロルド軍が戦場に到着するのが翌13日であった。その間にも，使者とスパイがたびたび往復している。

　ロンドンを出たハロルド軍の進路を推測してみよう。ロンドンにイングランド各地からの軍勢を集めた本隊は，船で移動した。テムズ川のエセックスとの渡河点に近いケントのスワンスコムで北からの軍勢と合流した。東進してロチェスタで，ローマ街道をカンタベリ方面から西進してきたケントの東部の民兵部隊と合流した。そこからメドウェ川に入り，可能なところまで南下して上陸した。メドウェ川は，満潮時にはアルディングトンまでは逆流する。メイドストーンあたりで，のちに「巡礼の道」と呼ばれる街道を移動してき

た南東部からの部隊と合流し，ローマの古道を南下して現在のバトルへと向かった。ノースダウンとサウスダウンの谷間を走る古道「巡礼の道」はカンタベリに通じており，ケント東南部との交通路でもあった。バトルで勝利したあと，カンタベリを制圧したウィリアム軍はこの道を西進したのである。ハロルドの海軍は別動隊としてヘイスティングズの封鎖へ向かった。ただし，その数はウィリアム＝ポワティエの叙述よりははるかに小さなものであったろう(→154頁)。ハロルド軍は，陸と海からウィリアム軍を挟み，ウィリアム軍の退路を断つ作戦であった(→161, 167頁)。ウィリアムは，勝利のあと軍勢をケントの海岸線に沿って進め，ロムニやドーヴァといった海民の拠点を攻略したのはノルマンディとの交通路を確保するためであった。

　ウェイスのいうイングランド人のスパイの目には，髪を短くして髭のないノルマン人は聖職者にみえたという。この箇所は，ウィリアム＝マームスベリからとったものであろう。ウェイスの筆は，このあとハロルドが教皇によって破門された話[7217行]，次いでギリスの熱弁が続いて，戦闘へと向かう様を描いている[7225-94行]。ここで，ウィリアムが王国を二分する案を提案している。可能な限りの方策が試されたのであろう。信憑性はともかくとして，ウィリアムは決闘裁判も提案している。決闘裁判はノルマンディの慣習に認められる。しかし，当時のイングランドの習慣にはなく，受け入れられない提案であった。万策はつきた。

　第48場の銘文が示しているように，「綴織」は一貫してハロルドに王という称号を用いている。1086年の審問の報告書である『ドゥームズデイ・ブック』では，ハロルドの王位は否定されている。1070年代に入ると，ハロルドの王位を否定する動きがでてきた。令状でハロルド王が確認される最後のものは1068年である。1069年から70年の北部の反乱や1070年にカンタベリ大司教となったランフランクによるスティガンドの断罪と大司教職の否定が大きく影響している。欠格の大司教による戴冠式は無効というわけである。

　しかし，ウィリアム＝ポワティエや『ヘイスティングズの戦いの詩』は，ハロルドをいかに愚弄しようとも彼には国王という称号は与えている。その意味では「綴織」も1060年代の歴史的文脈で作成されたといえる。その制作開始時期は比較的早いものだったかもしれない。あるいは，ハロルド王に敬意を払った人物が作成の中心にいたとも考えられる(→第Ⅱ部)。

第49場
ここでウィリアム公は，ヴィタールに ハロルドの軍勢を見たかどうかを尋ねた
HIC: VVILLELM: DVX INTERROGAT: VITAL: SIVI DISSET EXERCITV[M] HAROLDI

ウィリアム＝ジュミエージュ『ノルマン人の諸公の事績録』 EHD, ii. 216
　ハロルドは……一晩移動して早朝に戦場にあらわれた。しかし公は敵の夜襲に備えて，夜明けまで見張りを立てていた。

ウィリアム＝ポワティエ『ノルマン人の公ウィリアムの事績録』 122-123
　一方偵察に出されていた経験豊かな騎士たちが，敵がすぐそこに迫ってくるであろうと報告した。というのも，ウィリアムの陣営の近隣の土地は焦土と化したというのを聞いてなおさら激怒した王は急ぎ軍勢を押してきたからである。ハロルドは，夜襲か急襲で勝利を得ると考えていて，ノルマン軍が脱出を試みた際の備えとして，700隻にも及ぶ武装した船団を配置した。かなりの数の兵士が食糧調達に出ていたので，ウィリアムは非常呼集をかけ……自らはミサに出席し，聖体を拝領することで心身を強めた。ウィリアムは首の周りに，ハロルドがその上で誓った聖遺物をぶ

ら下げた。バイユーのオドとクータンスのジェフリという2人の司教が，数多くの聖職者と少なからずの修道士とともに従軍していた。
ウィリアム=マームズベリ「イングランド人の国王たちの事績録」iii. 241
　両陣営の指導者たちは，気分を高揚させて，互いに伝統的な方法で戦陣を構築した。イングランド人は，そう私は聞いたのだが，夜中一睡もしないで歌い大酒をくらって，朝には遅れることなく敵軍へと移動した，という。

　ヴェンシ湾とバルヴァーヒース湾に展開していた軍勢は，常時偵察部隊を派遣してハロルド軍の行動を監視していた。「綴織」では，オドの配下にいたヴィタールの部隊が，ハロルド軍の動きを突き止めたという。ヴィタールは，「綴織」で描かれた，決して身分が高くない3人の騎士の1人である(→246頁)。司教オドの貢献を言わずもがなに語っている。
　ウィリアム軍は，展開していた軍勢を，ヘイスティングズの城が建てられたあたりで集結して北上し，現在のバトルで陣を張った(→図15)。戦闘の前まで，両軍は，スパイや偵察隊を派遣してさかんに情報収集をおこなうとともに，修道士を使者に立てて最後の交渉をおこなった。ノルマン軍には，バイユー

司教オドやクータンス司教ジェフリをはじめとする司教や聖職者団や，フェカンの修道士などが同行していた。『ノルマン人の公ウィリアムの事績録』の著者，公の礼拝堂司祭ウィリアム＝ポワティエもその1人であった。

　ウェイスは戦闘に関してきわめて情報が多いが，ユニークで孤立したものも多い。これは，彼がノルマンディで口頭伝承を集めたという，情報源の性格にも依るところが大きいであろう。とくに戦闘前のハロルドとギリスの争いや，ウィリアムが北部を割譲する妥協案を考えていたことや，ハロルドが教皇によって破門されていたなど，ほかの史料からは証明はできない。しかし，戦闘を避けようというぎりぎりの折衝が緊張感のなかで描かれている。最後の交渉がおこなわれたとしたら，ハロルド軍は，10月12日の夜には戦場近くに到着していたであろう。ウィリアム＝ジュミエージュは，ハロルドは一晩中進軍して戦いの日の朝に戦場にあらわれたという。しかし，戦闘は午前9時に始まり，日没まで続いた。この強行軍でそうしたことは不可能であろう。体力的にいっても，軍勢を休ませるために，遅くとも13日の夕刻には戦場近くに到着していなければならない。ウィリアム＝マームスベリはノルマン軍が悔悛と祈りを捧げているあいだ，ハロルド軍は，大酒を飲み歌を歌っていたという。この話は，ウィリアム＝マームスベリに始まりウェイスによってさらに物語風に仕立てられていったのである[54]（→第50場）。

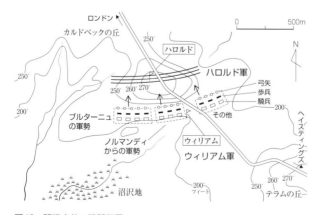

図15　開戦直前の戦闘配置

第50場
この使者(偵察)はハロルド王に
ウィリアム公の軍勢について知らせている
ISTE NVNTIAT: HAROLDVM REGE[M] DE EXERCITV VVILELMI DVCIS

ウィリアム＝ポワティエ『ノルマン人の公ウィリアムの事績録』126

　イングランド人の大軍勢はすべての州から集まっていた。……デーン人の土地からも大軍が送られてきた。……イングランド軍は彼らが突き抜けてきた森のそばの丘の，(ノルマン軍よりも)高い場所に陣取った。馬から降りると，密集形態の戦列を敷いた。公の軍勢は，足場の悪さをものともせず，急な坂をゆっくりと登っていった。

ウェイス『ロロの物語』iii. 6961-7092, 7707-48行

　ハロルドは自分の槍旗(→183頁第57場，ハロルド戦死のシーンの親衛隊の真ん中)を現在バトル修道院が建っている場所に据えた。……溝で囲い，三面で３カ所の突入口を開けておきそこを防衛するように命じた。……その夜，両軍は敵の夜襲に備えて完全装備のまま，まんじりともしないで夜を過ごした。夜明けとともにハロルドはギリスとと

もに騎乗し（敵の陣地を丘の上から偵察した。沈黙のあと）ハロルドが口を開いた。「弟よ。大軍だな。ノルマン人は優秀な騎士で武器の扱いに長けている。……ロンドンに戻り，兵を集めたほうがいいと思うが」。ギリスは答えた。「ハロルドよ！　臆病風に吹かれたか。今更遅いわ。……後退すれば……ここまで従ってきた者たちをまとめられるか。そうなれば彼らは二度と戻ってはこないわ」（口論は殴り合いの喧嘩に発展するが，事なきを得た）。（その後）何事もなかったかのように，2人はテントに戻った。兵士たちには喧嘩のそぶりはまったくみせなかった。……レオフウィンは早起きして兄たちのテントを訪れたが2人とも偵察に出ていた。……ハロルドは2人のスパイを送り込んで公が引き連れてきた軍勢の構成を探らせた。具体的に誰が付き従い，どの貴族とどのような武装集団なのか。しかし彼は発見されウィリアムのもとに連れてこられた。（ウィリアムは彼らにすべてを見せ釈放した。）

ハロルドはそこに，友人たち，彼が召集した国々から来たバロンたちといた〔バロンはセインのノルマン側のラテン語訳〕。バロンたちはただちにやって来た。ロンドン，ケント，ハーフォード，エセックス，サリそしてサセックス。ベリ・セント・エドマンズとサフォークから，ノリジッジとノフォークから，カンタベリとスタンフォードから，そしてベドフォードから人々がやって来た。そしてウォリック，バッキンガム，ダービー，ノッティンガム，リンゼ，リンカンからは，指示を受け取った者がやって来た。日が沈むまでには戦士が集結してきたのを見ることができただろう。彼らは，ソールズベリ，ドーセット，バースとサマセットからもやって来た。多くの者がグロスタの方向から，ウースタ，ウィンチェスタ，ハンプシャ，そしてバークシャから来た。……ハンバの向こう側（北）からはほとんど来なかった。デーン人たちが彼らに打撃を与え，トスティクが状況を悪化させていたからである。……ハロルドは次の朝ノルマン人が攻めてくるのを知っていた。

『ウィリアム・ソーンの年代記』（→註4）49

　1067年，カンタベリのセント・オーガスティン修道院長エゲルシンは，ケントの自由のために国王の強い憎しみを引き起こしたことを考え，恐怖にかられて，修道士たちの意思に反して，ノルマン人に修道院の地代や所有地を渡してしまった。……（ウィリアム）王の修道院長に対する怒りは静めようもなく，彼は守るべき修道士たちの安全よりも自らの保身のために……ダキアへ逃亡した。

　　ハロルドがウィリアム軍を視察し，その数に驚いたというウェイスの記述が正しければ，ハロルド軍は10月13日の午後には戦場に到着していたであろうし，ウィリアム軍も同じ頃にやはり戦場に到着していたことになる。ハロルドは，カルドベックの丘の稜線に，ウィリアム側は南側のテラムの丘に陣取った。ハロルドの陣営は戦略的にノルマン軍よりは足場の良い位置に

つけていた。イングランド側の軍勢に関してはウィリアム＝ポワティエは，「全イングランド」から集まったという。一方，『アングロ・サクソン年代記』E版の叙述は控えめに「ハロルドはすべての軍勢がそろう前に戦いを開始した」といい，D版は，「ハロルドは大軍を集めた」という。ウェイスにあるハロルドが語った「ロンドンに戻り，兵を集めたほうがいいと思うが」という言葉は，彼が予定していた軍勢を集めていないことを示している。ウェイスはハロルド軍がどこから馳せ参じたかを述べ，軍勢が命令に応じて参集してくる様子が記されている。『ドゥームズデイ・ブック』ではヘイスティングズで死んだ者という記述は比較的少なく，ハンプシャ，ウースタシャ，ハンティンドンシャ，ノフォーク，サフォークで確認できるだけである。ケントやサセックスそしてロンドンの周辺地域のセインや自由人が主力だとしても，西のウースタシャや北のリンゼ，そして東のイースト・アングリアからも参戦している。しかも，戦闘は朝から日没まで継続されたのだから，ハロルド軍の数はノルマン軍と大差はなかったとも推定できる。かりに，ウィリアム軍を5000から7000人とするとほぼ同数の軍勢が集まったであろう（→171頁第53場の解説）。それでも，当時のイングランドの人口を200万程度とすると，この戦いがいかに大規模なものであったかが想定できる。重要なことは，ハンバより北からの援軍はなかったということである。

　ウィリアム＝マームズベリによって語られ，ウェイスによって物語化された，飲んで騒ぐ野卑なイングランド人と敬虔なるフランス人の対比は，額面通り受け取る必要はない。しかし，ウェイスのこの箇所の叙述に英語の語彙が使われているのは興味深い（→註54）。この話はイングランド人に伝承されていたのであろう。それがどのようにウェイスの叙述のなかに入り込んだのか。バラード化されたこの話を記憶していた，イングランドに住んだことのあるバイユー近隣の騎士たちから聞き及んだ話なのかもしれない。同時にウェイスは聖職者たちが，随意にミサをおこなったことを記している。ハロルド側にも修道院長や聖職者が従軍していた可能性を考えると，同じようなミサがおこなわれていたかもしれない。1067年に逃亡したセント・オーガスティン修道院長エゲルシンは，ハロルド軍に従軍していたのではないだろうか。ゴドウィン家と同修道院との密接な関係を考えると可能な話である（→265頁）。それだけに同修道院の修道士がハロルドの使者として活動していた可能性は高い。

第51場
ここでウィリアム公は兵士たちに向かって，雄々しく賢く，イングランド人の軍勢との戦いを心するようにと，檄を飛ばした

HIC WILLELM: DVX ALLOQVITVR: SVIS: MILITIBVS: VT: PREPARARENSE: VIRILITER ET SAPIENTER: AD PRELIVM: CONTRA: ANGLORVM EXERCITV[M]:

ウィリアム＝ポワティエ『ノルマン人の公ウィリアムの事績録』124-126
　ウィリアムは教皇が彼に送った旗を背後にして進軍した。最前列には弓矢とクロスボ（石弓）で武装した歩兵が，第2列には，より屈強で鎧をまとった歩兵が，そして最後列に騎士の一団を配置し，その真ん中にウィリアムが親衛隊とともに陣取った〔この叙述については，ガイウス・サッルスティウス・クリスプ『ユグルタ戦記』の影響が指摘されている〕。トランペットの音が戦いの合図であった。ノルマン人は迅速にかつ果敢に先陣を切った。それはあたかも，窃盗に関する訴訟で罪を起訴した者が最初の弁論をおこなうようであった。（そして戦闘が始まった）。まず，ノルマンの歩兵が押し寄せて，イングランド人に攻撃を加えた。投げ槍で多くを殺害し，

多くに重傷を負わせた。イングランド人は勇敢にこれに抵抗した。……槍を投げ，あらゆる種類の飛び道具を使用した。それは，斧や棒に結びつけた石など。歩兵たちが多大の損害を受けたことは想像に難くない。歩兵の救援に後方にいた騎士たちが敵に進軍を開始した。距離をとって戦うことを潔しとせず，剣を持って勇敢に攻撃した。……両者は死力をつくして戦った。イングランド人は，高所という地の利を最大限に生かしていた。前に突出せず，隙間のないくらいに密集した隊列を維持した。彼らの武器も盾や鎧などを貫通するほど強力であった。接近を仕かける者を剣で追い返し，戦線を維持した。遠くから槍を投げる者にも負傷者が続出した。……左翼の歩兵やブリトン人の騎士たちそしてほかの補助隊は，尻尾をまいて逃走した。公のほとんどすべての戦線は崩壊に瀕していた。……ノルマン人たちは主君である公が倒れたと信じていた。だから逃亡することを恥じてはいなかった。

アミアン司教ギー『ヘイスティングズの戦いの詩』313-320行

　公は（戻ってきた使者に），「王はどこだ」と言った。「そんなに遠くはありません」と修道士は答えた。「軍旗を見ることができるでしょう。王は，殿を急襲したいと望んでいます。海と陸で，戦うことを考えています。……われわれの退路を断つために500隻の船を送った」と。

オルデリック・ヴィターリス『教会史』ii. 172

　（戦闘に行くべきではないというギリスの）進言を聞いてハロルドは怒りに震えた。

助言を拒否した。……6日間かけて幅広く民兵を召集し，数多くのイングランド人を集めて戦闘の場へ急いだ。……ロロの息子トゥルスティンがノルマン人の軍旗を運んだ（上の図の左から3番目の騎士）。

ウェイス『ロロの物語』iii. 7381-7450, 7531-47, 7575-7800, 7819-30, 7949-8029行

　（ミサが早朝には終わって，公は大声でバロンたちに話しかけた）。「皆に敬意を払わなくてはならない。そして諸君たちを信じている。私のために海を渡ってくれたことに感謝を述べるのは私の義務であり，望みでもある。……私が勝利を得るとしたら，それは諸君の勝利でもある。……私は求めたものを，あるいは約束されたものを得るためだけに来たのではない。この国の住民がわが民に犯してきた罪と裏切りと不誠実な行いに報復するために来たのである。……〔ハロルドの父ゴドウィンが首謀者と噂されるエドワード王の兄アルフレッドが謀殺された事例をあげる。これについては『エドワード王伝』20-21が詳しい〕。……世界中でここに集まった諸君ほどに勇敢で有能な戦士はいない。

　それから公は十字を切り，鎖帷子（かたびら）を身にまとい，兜（かぶと）を被り，剣を身に着けた。……ある王がスペインからウィリアムに友情の証として良き馬を贈った。それをサンティアゴ・（デ・）コンポステラに行って，ウォルタ・ギファードが連れて来た〔ガイマ『イングランド人の歴史』6080-90行にも同様の記述がある〕。公はその馬に乗り手綱をとった。

　公は従者を呼んで，教皇から贈られた戦旗を持ってこさせた。……ラルフ＝コン

シェ（トスニ）を呼んで旗手を命じた。（彼は固辞し，その後ウォルタ・ギファードも固辞し，その後白きロロの子トゥルスティンがこれを受けた）。……その日の朝ハロルドは，親衛隊に向かって以下のような指示をおこなった。互いに密集してともに防御し合うこと。持ち場を離れたら再度密集するのは難しくなる，と。……彼ら（ノルマン人）は長い槍と剣を使う。……諸君は戦斧と槍を使う。……公は多数の良き弓兵を引き連れている。……イングランド人の歩兵は非常に鋭い斧と槍を持ち……盾を障害物のように前に立て密集して戦列の前にバリアを構築した。そしてノルマン軍が侵入する隙間をつくらなかった。

　ハロルドはケントから来た人々にノルマン人と戦うところにはどこにでも行くようにと指示した。というのも人々が，ケントの人々こそ最初に攻撃を仕かけるべきだと言ったからである。国王が行くところはどこでも，彼らこそが最初の攻撃を仕かけるべきだからである。ロンドンから来た人々は，国王の護衛と旗を守るようにと，王と旗の周りに配置された。

　ハロルドはウィリアムが向かってくるのを見た。野原は戦士で埋めつくされていた。ノルマン人は，三方から攻め上がるために，全軍を三つの部隊に分けていた。ハロルドはどの部隊が最強かは知らなかった。……「フランドル伯は私（ハロルド）をたばかった。信じた私がおろかであった。伯からの手紙や使者の言葉には，ウィリアムはさほど多くの騎士を従軍させていないとあったのに」。だから，より良き人々を

　召集するのが遅れた。ハロルドはギリスを引き寄せた。彼らは軍旗のそばに位置取りをした。そして神のご加護を祈った。周囲には親しき者となじみの親衛隊がいた。……彼らは鎖帷子をまとい，剣を差し，首回りを盾で守った。大きな斧を持って，それで敵に一撃を与える準備をした。立って密な陣形を構築した。……彼らは〔英語で〕「聖十字架！」(Aliert)とか「全能の神よ！」(Godmite)と叫んでいた。
　ノルマン軍は部隊を三つに分けていたが……三つ目の部隊がもっとも兵士が多く，そこに公がいた。……優れた吟遊詩人テイルファが，早馬で，「シャルルマーニュとランスヴァルに死んだロランとオリヴァと従者たちの詩」を歌いながら公の前にあらわれた。……〔騎士でもある〕詩人は言った「……先陣を私めにお許しあれ」。「許す」と公は答えた。

　4人の弓兵から右の4番目の騎士の前あたりで第6番目の布と第7番目の布が縫合されている。10月14日午前9時に戦闘が始まった。ウェイスによると「3時課(午前9時)に戦いが始まり」(→174頁)とある。二つの軍旗が向かい合った丘の上にはためいていた。一つは，ウィリアム＝ポワティエにあるように，教皇アレクサンデル2世から与えられた聖戦を意味するウィリアムの十

字の御旗である。そのモティーフは第38場の旗艦のマストの上(→115頁)にある。軍旗としては，第45場で城の建築を指示している人物が持っている旗。第46場でウィリアムが左手で持っている旗，第48場で馬を引く人物と話をしている騎士が持つ旗，第49場で騎士が馬上で掲げた旗と主要な場面で描かれている。そして第51場では，まさに進軍するウィリアム軍の騎士が威風堂々と掲げている。もう一つはハロルド軍の旗である。ハロルド側は国王に近しい者や彼の親衛隊を旗の周りに集め防衛陣形を敷いた。第51場でウィリアム軍の騎兵の攻撃を左右から受けつつ，盾と槍と戦斧で立って戦う戦士たちのなかで二つの軍旗がはためいている。イングランド側では珍しい弓兵も描かれている。この戦士団は兜と鎖帷子で武装しており，装備はウィリアム軍とは変わらない。彼らこそが親衛隊，フスカールである(→228頁)。第53場の一般の民兵の装備と比較すれば差は歴然である。ただ，一般にいわれるハロルドの「龍(と戦士)の旗」は，ここにある二つの軍旗ではなく，第57場のハロルドの最期で戦士が持っている赤く細い旗といわれている。

　戦闘の前に，王と公が両軍の戦士たちに檄を飛ばした(もっともハロルドの檄文は残っていないが)。「諸君に感謝する。神の名において……奴らをすぐさま

粉砕しよう。……われらは栄光を得るために来た。勝利は手中にある。諸君らすべてがそれを確信できよう」というウィリアムの檄文は，「綴織」の銘文を証明してくれる。

　ウィリアムの馬がスペインからのものというのは，ガイマ『イングランド人の歴史』からも確認できる。ウォルタ・ギファードはロングヴィルの領主で公の従兄弟であるが，教皇アレクサンデル2世によって支援された1064年のアラゴン，サラゴサ近隣の都市バーバステロの戦いに参加したといわれる。彼の渾名であるバーバステロは，異説もあるがここからきているという。彼はその後サンティアゴ・デ・コンポステラに巡礼に出かけ，記録に残る最初の巡礼者の1人となった。戦争であれ，巡礼であれノルマンディの騎士らによって，スペインから優駿がもたらされたことは十分にありうることであった。しかし，輸送やノルマンディの財力，丘陵地での戦闘などの条件を考慮すると，ウィリアム軍の大半の馬は決して高価な大形の馬ではなく小形の馬がかなり含まれていたのではないだろうか[サリ・ハーヴィからの私信]。

　イングランド軍の構成についても，ウェイスが情報を提供してくれる。第50場の史料(→158頁)をみていただきたい。主力は友人たちと呼ばれる親衛隊と，州や都市や修道院をベースに参戦した「地域の良き人々」からなっていた。フランス語のバロンあるいはラテン語のバロネスは，英語のセインの相当語句として使用された。都市は，ロンドン，カンタベリ，スタンフォード，ベドフォード，州はケント，エセックス，ノフォーク，サフォークなどイースト・アングリアやサセックス，ハーフォード，サリ，修道院ではベリ・セント・エドマンズの名前があがっている。ロンドンは親衛隊フスカールを提供したハロルド海軍の基地の一つであった。これらの地域は，ハロルドの力の核であった(→図16)。彼に付き従ったギリスがイースト・アングリアを中心とする伯，レオフウィンがケントを中心にテムズ川流域を支配圏とする伯であったことと符合する。この中核地域からは，組織的に自由人が動員された。その外側からは，国王からの命令を受け取った者だけが参戦した。そしてハンバの北からは参戦していない。エドウィンとモーカの兄弟は静観を決め込んだのである。ハロルドの中核地域でもロンドンは親衛隊を構成して国王と軍旗の周りを固め，「ケントの人々」は，第一陣を任されていた。それは，サセックスがウィリアムのペヴェンシ上陸で分断されたこと，国王の行軍路と情報伝達の経路からして，ロンドンとケントからもっとも容易に徴募できたためであろう。

ハロルド軍の盾を用いた密集防衛隊列，ウィリアム軍の弓兵の圧倒的な優位，両軍の使用したおもな武器については，「綴織」やウィリアム＝ポワティエやウェイスの説明はほぼ一致している。ウェイスは100年という時間の流れでついた尾鰭はあるものの，かなり正確な記述をしている信頼に足る史料と考えてよいであろう。このことは逆に「綴織」の史料としての信頼性を相互保証しているといえるのである。

　『ヘイスティングズの戦いの詩』がとくに強調している，ハロルドは急襲を狙ったというのはどのように考えたらよいであろうか。スタンフォード・ブリッジではハロルド・ハルドラーダたちを急襲して勝利を得た。しかし，両陣営とも使者を立てて交渉し，また偵察隊を派遣して情報収集をしている状況では，理のある作戦とはいえないであろう。むしろ，陸と海からヘイスティングズ地帯に封じ込める作戦をとったと考えたほうが合理的である。700隻，500隻の船団というのは大げさであるが，ハロルドが海上部隊を派遣したことは確かであろう。『ドゥームズデイ・ブック』は伝える。「エセルリック〔という名のセイン〕は，ウィリアム王との海戦に出陣した。帰ってきて病に倒れた。それで彼はケルヴェドンの荘園を聖ペテロ（ウェストミンスタ修道院）に寄進した。しかし州の人は1人を除いて誰もそれを知らない。修道士たちは，国王役人による令状も譲渡書ももっていない」[LDB. fo. 14v]と。前哨戦的な海の上での小競り合いがあった。

　両者の布陣からすると，急な丘を駆け上がる騎士が馬上から槍を投げるのは，どの程度効果的であったか，とくに馬に与える影響を考えると，疑問は残る。足場のよくない，さほど広くない戦場を駆け上がると，騎馬隊は丘に向かって自然渋滞状況になるからである。それでもウィリアム側は，ほとんどの騎士が槍を投げている。ウィリアム＝ポワティエは，ハロルド軍は，斧や棒に結びつけた石なども投げたと記述している。「綴織」をつぶさに見ると，イングランド人の側から斧や，実際に棒に結びつけた石らしきものが投げられている（→164頁）。この一致は興味深い。「綴織」とウィリアム＝ポワティエが情報を共有していたことを示しているからである。

第52場
ここでハロルド王の兄弟である
レオフウィンとギリスが戦死した
hIC CECIDERVNT LEVVINE ET: GÝRÐ: FRATRES:
hAROLDI REGIS:

『アングロ・サクソン年代記』 D, E, 1066

　ハロルド王の兄弟の伯レオフウィンと伯ギリスそして多くの良き人々が亡くなった：ハロルドの2人の兄弟のレオフウィンとギリスが倒れた。

オルデリック・ヴィターリス 『教会史』 ii. 170-173

　兄弟（トスティク）と敵の血を流して……イングランド人の暴君は……勝利のうちにロンドンに帰還した。……1人の使者がノルマン人が上陸したというニュースをもたらした。……母ギーサは，トスティクや彼の友人たちの死で喪に服していたので，ハロルドに戦闘を避けるように説得した。弟の伯ギリスも次のように言った。「親愛なる兄弟にして主人よ。分別をもって勇気を押さえてください。ノルウェー人との戦いから疲れ切って帰ってきたばかりではないですか。また性急にもノルマン人と戦うつもりですか。休んでください。ノルマンディの公になした宣誓について深く

考えるべきでしょう。偽証にならないためにも。その罪によってわが民の華を枯らし、子孫に汚辱を残さないためにも。私は、伯ウィリアムには宣誓をしていないのだから、わが故郷の土のために堂々と彼と戦います。しかし、兄上は好きなだけお休みください。あなたが戦死してイングランド人の自由が汚されることのないためにも」。
ウィリアム＝マームズベリ『イングランド人の国王たちの事績録』iii. 239. 3

　(ギリスは次のように言った)。「(ウィリアム公と)戦うのは賢明ではないでしょう。あなた(ハロルド)は、弱い軍勢と弱い根拠をもっているのだから。望むと望まないとにかかわらず、強制であれ何であれ、宣誓したのだから。この難局は避けるべきです。そして私たちを犠牲に供すべきでしょう。宣誓に縛られないわれわれこそが、完全なる正義をもって、この国を守るために剣を抜きましょう」。

　レオフウィン(1035頃～66)は、ハロルドの弟で1051年の騒乱のときには兄ハロルドに従ってアイルランドに逃亡した。1057年までにはケントを中心にテムズ川流域を支配圏におく伯に任じられた。ギリス(1032頃～66)はゴドウィンの4番目の息子で1051年には兄トスティクとフランドルに逃亡したが、57年までにはイースト・アングリアを中心とした伯に任じられた。オルデリック・ヴィターリスやウィリアム＝マームズベリは、ハロルドに戦

闘を避けウィリアムへの宣誓を守るよう進言し，国を守るために自分が戦うと主張した人物として描いている。宣誓を強調した点では，ウィリアムの主張に添った叙述である。宣誓がいかに当時の人々の行動を律していたかを知るよい事例である。

オルデリック・ヴィターリスでは，上陸を報告した使者は国王がロンドンへ帰還してから報告したことになっている。しかし，これではハロルドが急遽帰還する理由が説明できないし，その後の使者とのやりとりの時間がなくなってしまう。

ウィリアム＝ポワティエは，ハロルド王とギリスとレオフウィンの戦死の時点を明確には書いていない。『ヘイスティングズの戦いの詩』やウェイスは戦いの最後の時点でギリスが戦死したという。前者は，ウィリアム公がハロルド王と見誤って殺害したという（→176頁）。レオフウィンのことは触れていない。銘文のギリスのÐは古英語である。このことの意味はもう説明はいらないであろう（→117頁）。

図16　ハロルドの軍に結集した軍勢の出身地

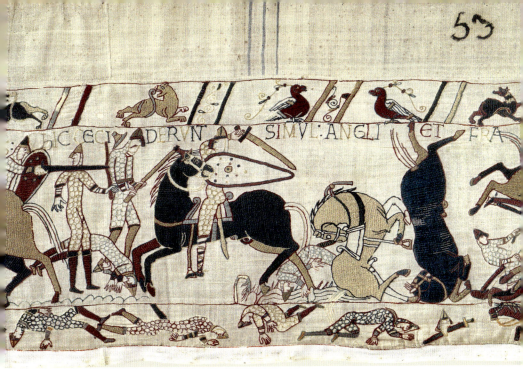

第53場
ここでイングランド人とフランス人が
ともに戦いで倒れた
hIC CECIDERVNT SIMVL: ANGLI ET
FRANCI: IN PRELIO:·

激戦を描いている。丘の上には，軽装備のイングランド人の自由人が槍を投げ，フランス人の騎士がこれに応戦している。崩れゆく馬の姿などは鬼気迫るものがある。戦闘の最初の段階ではウィリアム軍は戦いを優勢に展開できなかった。問題は地形にあった。図15を見てほしい。ロンドンから押してきたハロルド軍はカルドベックの丘に陣取った。このあたりは丘の周辺に沼沢地が広がり，傾斜もきつくノルマン軍の大規模な騎馬軍が展開するには足場が悪い。ヘイスティングズ方面から北上してきたウィリアム軍は，その南側のテラムの丘に陣取った。地形を上から見ると砂時計のような形をしていた。くびれの一番細いところが，二つの丘のあいだの一番低い場所で標高65.4mである。ウィリアム軍はその狭いところを通ってそのすぐ先で陣

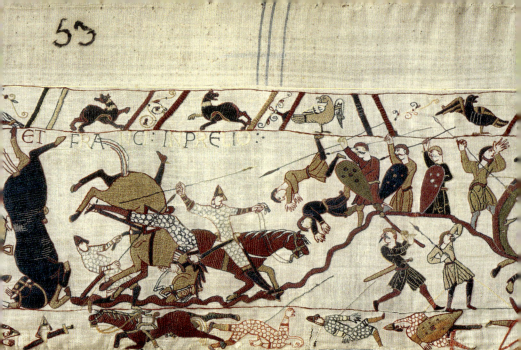

形を組み立てなくてはならなかった。しかしここからは高低差18m程加速なしで駆け上がらなくてはならない。ハロルド軍は丘の稜線に沿って400～500m程の密集戦列で5列に組み，1列に800～1000人を配置したとすれば，4000～5000人程でウィリアム軍をブロックすることができたであろう。初戦の陣取りは，地の利に詳しいハロルド側が優位に立ったのである。しかし，おそらく数では優位に立てず，専守防衛に徹して，ウィリアム軍を封じ込める作戦をとらざるをえなかった。

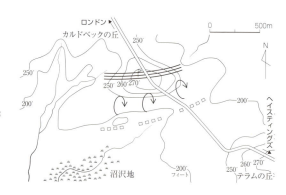

図17　午前中の戦闘状態

第54場
ここで司教オドは司教杖を振りかざして，若衆を鼓舞している
HIC ODO EP[ISCOPV]S: BACVLV[M]. TENENS: CONFORTAT PVEROS:-

ウェイス『ロロの物語』iii. 8090-8134行

　終日の戦闘で，イングランド人が直接戦ったよりも溝で自滅したノルマン人のほうが多かった(→註61)。……若衆〔騎士〕たちは，フランス人が溝に落ちて二度と立ち上がれないのを見て，装備を捨てて逃げたかった。彼らは恐れ，逃げ出さんばかりであった。……しかしどうしてよいかわからなかった。そこに〔バイユー司教〕オド……が馬を走らせながら，彼らに言った。「止まれ，止まれ。落ち着け。動いてはならぬ！　何も恐れてはならぬ。神の思し召しがあれば，われらは今日勝利するのだから」。こうして，若衆たちは元気づけられ迷うことはなくなった。オドは騎士たちを，戦闘がまさにもっとも激しいところに戻した。その日，司教はその価値を存分に示したのである。彼は短い鎖帷子を，だっぷりとした袖広の白いシャツの上にまとっていた。そして白い馬に乗っていたので，誰でもが彼と認識できた。彼は杖を

手にして，騎士たちが向かうべき方向を示し，彼らをそこに集結させ，しばしば攻撃あるいは一撃を加えさせたのである。……3時課（午前9時）に戦いは始まり，9時課（午後3時）を過ぎても，状況は一進一退で，誰が勝利し，征服者となるかわからなかった。

戦線が膠着し，ウィリアム側が不利になるなか，司教オドが「子どもたち」と呼ぶ騎士たち〔この表現では自らの配下の騎士たち〕を鼓舞している姿が描かれている。下の縁取りには，負傷したり戦死した兵士や，傷ついた馬が描かれている。当初から激戦であった。オドが鼓舞する姿は，バイユー司教座と関連の深いウェイスが詳細に語っている。その描写は，「綴織」のデザイナがあたかもウェイスを読みながらこの場面を描いたかのような錯覚を与える。ウェイスは「綴織」を見て描いたのかもしれない。司教オドが活躍したエピソードは，ウェイスの時代にバイユー地域に「伝説」として伝わっていたのであろう。この場面は，司教オドがいかに勝利に貢献したかをいやがうえにも印象づける。

　ウィリアム軍はかなり狭い低地に展開してハロルド軍を下から見上げる陣形を敷かざるをえなかった。ウィリアム麾下のノルマン人部隊が中央に，ブルターニュからの部隊が左翼に，そしてフランス各地から来た人々や，フランドル人からなる混成部隊がロジャ＝ボーモンの息子ロバート[59]の指揮下に右翼に展開していた。一帯は，地面にたくさんの溝や亀裂が走り，騎行自体危険をともなうものであった。実際，かなりの数の騎士が落馬して命を落としたのであろう。とくに左翼のブリトン人部隊の位置は，丘の傾斜もきつく，撤退するにも沼沢地がすぐに迫るという条件の悪い場所であった。それだけ，彼らの損害も大きかったようである。

第55場
ここに公ウィリアムがいる。
ユースタス
hIC EST⁝ DVX VVILEL[MUS] E[VSTA]TIVS

ウィリアム＝ポワティエ『ノルマン人の公ウィリアムの事績録』130-135
　〔戦況が思わしくなく，ウィリアムが戦死したとの噂が流れ，全軍の動揺をみて〕公は兜をとって顔を出して叫んだ。「見よ！　私は生きている。神のご加護でわれらは勝利に向かっている。何を血迷って逃亡しようとするのか。逃げ道でもあると思うてか。追って殺そうとする者は，おまえたちを牛のように屠殺できるであろう。おまえたちは，勝利と不滅の名声を捨てようとしている。そして破滅と消えることのない恥辱に落ちようとしている。逃げれば死が待っているだけだ」。公の言葉で兵たちは勇気を取り戻した。公は剣を振りかざして，全軍を突進させて，王〔戴冠以前のウィリアムを王と呼んだ稀な事例（→261頁）に反旗を翻した敵を殺戮した。……公の言葉に励まされて軍勢は攻撃を再開した。……しかし大きな損害をこうむっていた。……イングランド人は，全力で，自信たっぷりに戦っていた。彼らは，打たれた者が倒れることがないほどに密集して隊列を組んでいたのである。それでも，その隊

列のあいだに，いくつかのところで，勇敢な騎士たちによって「道」が開かれていた。彼らは，メーヌからの勇者たち〔ジェフリ＝シャモンのような〕，フランス人，ブリトン人，アキテーヌ人，そしてノルマン人の勇者たちであった。若きノルマン人騎士，ロジャ＝ボーモンの息子ロバートは……初陣を見事に飾った。彼は大部隊を率いて，右翼を指揮していた。……戦闘をその目で見たもっとも雄弁な著述家ですらすべてを詳細に追うことはできないのだから，これ以上個々人を描くことはしない……。
　ノルマン人の軍勢は，向きを変え，逃亡を装った。……逃げたと誤解した敵は追跡した。ノルマン人は突然馬の向きを変え，敵を包囲して殲滅（せんめつ）した。……彼らはこの作戦を２度おこない，同じ戦果を得た。それから残りの敵に攻撃を仕かけた。……イングランド人は徐々に力を失っていった。……ノルマン人は矢を放ち，一撃を与え，刺した。……運命はウィリアムに微笑みかけていた。……戦いに参加した者たちは，ブーローニュ伯ユースタス，エヴルー伯リチャードの息子ウィリアム，モータン伯ロバートの息子ジェフリ，ウィリアム・フィッツ・オズバーン，トゥアの「子」（副伯）エイメリ，ウォルタ・ギファード，ヒュー＝モンフォール，ラルフ＝トスニ，ヒュー＝グランムニール，ウィリアム＝ワレンヌ，などなど。……公は気高く自らの軍勢を率いた。……彼の３頭の馬が倒された。

アミアン司教ギー『ヘイスティングズの戦いの詩』444-448，471-480行

　ノルマン人は逃げ出した。……公は，兜から頭を出した。……「どこに逃げるのか。死んで花実が咲くとでもいうのか。……生きたいと思うなら粉砕せよ」と叫んだ。
　ハロルドの兄弟のギリスは，王統に生まれ，ライオンと面と向かっても臆することがなかった。槍を持ち上げ，その屈強な腕で遠くに放る。飛び道具は，馬を傷つけ，公はやむをえず歩いて戦った。しかし歩兵に堕しても，彼は前にもまして奮戦した。公はライオンのようなうなり声をあげている若武者目がけて行った。その者の手足を叩き切り彼に向かって叫んだ。「われわれから取った王冠を脱げ」。「もしわが馬が死んだのであれば，ただの兵士としておまえに仕返しをする」。

　丘の上の盾の壁を突破するのは難しかったようである。おりしも公が殺害されたという噂が陣営に広がり，ウィリアムは戦闘中に兜を脱いで顔を見せざるをえなかった。「綴織」の上段の銘であるE—TIVSはおそらくブーローニュ伯ユースタスを描いている。ここでの彼の役割はウィリアムを補佐しているようにもみえる。E—TIVSのすぐ後ろあたりで第７番目の布と第８番目の布が縫合されている。ウィリアム＝ポワティエは，ユースタスを臆病者に描いている（→186頁）のに対して，『ヘイスティングズの戦いの詩』は，彼がハロルドを殺害した４騎士の１人として英雄扱いしている（→183頁）。著者

のアミアン司教ギーがユースタスと近親関係にあったことを考えると，その扱いは当然であろう。「綴織」の彼に対する扱いは抑制がとれている。ウィリアムが檄を飛ばして体勢を立て直し，たまたま逃亡してきたノルマンの騎士を追ってきたイングランド人を粉砕したことにヒントを得て，陽動作戦を展開した。ここから戦いの流れが変わった。

　この陽動作戦は大きな効果を生んだようである。このあたりを分岐点に，イングランド人の陣営は，櫛の歯がこぼれるように隙間ができてきた。盾の壁は崩れつつあった。この時点で弓兵が威力を発揮しだした。「綴織」の下の縁取りに多数のノルマン側の弓兵が描かれている。ウィリアム＝ポワティエの陽動作戦についてのくだりは，見ていたかのように詳細である。彼は，公の礼拝堂司祭として戦場にいたであろう。しかし，「戦闘をその目で見たもっとも雄弁な著述家ですら」というくだりは，戦闘を目撃してはいないことを暗に示しているようである。

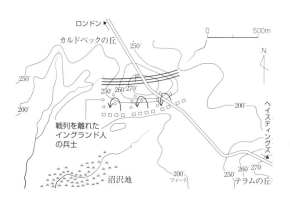

図18　陽動作戦

第56場
ここでフランス人は戦い，
ハロルドとともにいた者たちは倒れていった
hIC: FRANCI PVGNANT ET
CECIDERVNT QVI ERANT CVM hAROLDO:-

ウィリアム゠ポワティエ『ノルマン人の公ウィリアムの事績録』136-137
　日が沈む頃イングランド人の軍勢は，ノルマン人たちにこれ以上は抵抗できないことを悟った。

ウェイス『ロロの物語』iii. 8139-72, 8339-54, 8585-8602, 8605-76, 8747-82行
　弓兵は，（イングランド人が盾を使って防ぐので効力のないことを知って），高く上に矢を放つことにした。……矢は高くイングランド人の上に放たれた。矢は落ちてきて，イングランド人の頭と顔を射抜き多くの者の目に刺さった。……矢は雨あられと飛んできて，イングランド人は「蚊」と呼んだ。このようにして飛んできた矢がたまたまハロルドの右目に突き刺さった。ハロルドは矢を乱暴に引き抜くと投げ捨てたが，……頭の痛さで盾に身を預けてしまった。……このため，イングランド人は，今でもフランス人に，「ハロルドに放たれた矢は巧みだった」と言うのが常

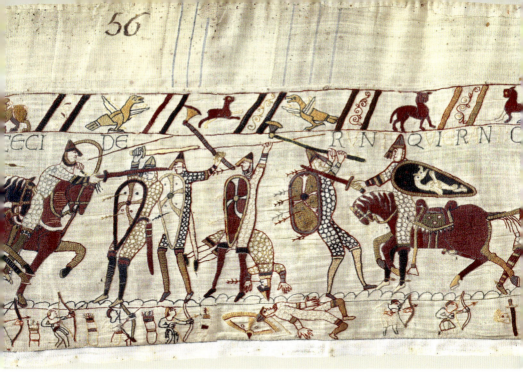

となっている。

　マレットと呼ばれるウィリアムはイングランド人のなかに勇敢にも突っ込んでいった。……イングランド人は彼の盾を突き刺し，ウィリアムの馬を殺した。もし，モンフォールの領主とヴューポンのウィリアムが駆けつけなければ彼は死んでいたであろう。……ブサンから来た者たちは，コタンタンから来た貴族たちと同じくよく戦った。

　ウィリアム・パトリック＝ラ・ランドは，激しくハロルド王の名を叫んだ。そして言った。もし彼を見つけたら，偽証の罪で断罪すると。彼はラ・ランドでハロルドを見たことがある。公のもとに連れて行かれるとき，ハロルドはそこに滞在した。そのとき公はアヴランシュにいて，ブルターニュに行くはずであった。そこで公はハロルドに騎士叙任をおこない彼と同行した者に武器と装備を与えた。それからブリトン人との戦いに連れて行った。パトリックは公のそばにいた。……ブルターニュ戦役にはコー地域からは多くの騎士たちが参戦していた。

　イングランド人は馬で槍を扱うことや武装することには長けていなかった。彼らは斧と槍を持って戦った。……公の軍旗を持っていた白きロロの息子トゥルスティンは，フェカンのそばのベック生まれの勇敢で名の知られた騎士で，公につねに付き従った。

　戦いがもっとも苛烈な場所で，ケントの人々とエセックスの人々は果敢に戦い，

　ノルマン人を押し戻し，退却させた。ノルマン人の軍勢は彼らに大きな損害を与えることはできなかった。……公は彼の兵士たちが後退しイングランド人が自信を取り戻しているのを見た。……公のそばには軍旗はためく周囲に1000人以上の戦士たちが集まっていた。……密集隊列をとって戦士たちはイングランド人（別の写本には「ケントの人々」〈kentois〉とある）に攻撃を仕かけた。騎士たちは良き馬と一撃によってイングランド人のなかに入り込み，彼らを切り裂いた。……この攻撃で（イングランド人の）多くが戦死した。そこには裕福で高貴な者たちが含まれていた。……イングランド人もしかるべき場所に集まり，彼らを攻撃してきた者を殺害した。彼らは奮闘し，兵士や馬を倒した。

　両軍が入り乱れて死闘を繰り返すなかで，戦局がウィリアム側に有利に傾いていく様を，ウェイスが見事に活写している。この時点で，弓兵隊が前に出て，上に向かって臼砲のように高角に打ち出した。「綴織」では，下の縁取りにたくさんの弓兵が描かれている。その点で「綴織」とウェイスの描写は符合している。正面からの槍の攻撃に対して，頭上から降り落ちてくる弓矢への防御はハロルドの戦列に混乱を招いたようである。「綴織」では死闘ののちに，ハロルドの目に矢が当たり，剣の攻撃を受け死に至ったと描

かれているのに対して，ウェイスでは，頭上攻撃の早い時点でハロルドの目に矢が当たり，その痛みを押しての奮戦もむなしく，最終的に騎士の攻撃によって死に至ったと書かれている。両者のあいだのシークエンスに違いがみられる。「綴織」が，目に刺さった矢によって深手を負い，そのためやがて剣に倒れたという流れをひとこまで表現するために連続的に描いたと，考えることもできる(→第57場)。

ウェイスは，こうした詳細な情報を，1066年に参戦したバイユー近隣の騎士家族から得ていた。ブサンは彼が1066年の戦いで情報を集めた地域である。彼がよく使う「よく戦った」という表現は，実際に当事者の子孫に面接して得た情報であることを暗示してはいないだろうか。モンフォールの領主は，ヒュー＝モンフォールである。彼は，国王の直属封臣であったが，征服後，バイユー司教オドやカンタベリ大司教の封臣となってケントに(のみ)所領を獲得した。ドーヴァとヘイスティングズのあいだにあるサルトウッドに城を築き，ドーヴァの城塞守備を司教オドとともに任された。征服直後の海峡防衛に重要な役割を果たした人物である。

ウィリアム・パトリックは，ラ・ランドに滞在したハロルドに会ったことがあるという。ウェイスによると，ウィリアム公はブルターニュ戦役に行く前に，ハロルドに騎士叙任をおこない，彼と同行者に武器を与えたという。「綴織」では戦役からの帰路に叙任したとされていて，事が前後している。ウェイスは，ウィリアム・パトリックを公のそばにいて，ハロルドが戦役に参加したこととウィリアムの臣下になったことの貴重な生き証人として描いている。彼はノルマンディにおいてもケントにおいても，バイユー司教の封臣であった。ウィリアム・パトリックは，1066年から83年まで，ノルマンディでの証書にあらわれる。彼のケントでの所領はパトリックスボーンで，1086年の審問の報告書である『ドゥームズデイ・ブック』によるとウィリアムの子リチャードがバイユー司教オドから保有していた[GDB, fo. 9]。ウィリアム・パトリックのノルマンディの所領はラウルが継承した。その息子であろう相続人ウィリアム・パトリック2世は，1156年までにはケントのパトリックスボーンも継承した。彼はウェイスと会って祖父の武勇伝を語ったであろう。ウィリアム・パトリック2世は1174年に亡くなったが，パトリックスボーンには，「ノルマン征服」の富によって建立されたバイユー近隣のトンの小教区教会とよく似た美しいロマネスク様式の教会が残っている。

ウェイスは，ノルマン人とイングランド人の武器の違いにも言及している。

イングランド人が馬上で槍を扱うことに慣れていないことや，斧をもっぱら使用したことなど，彼が生きた時代と違う1世紀前のイメージを語っている。しかし，それは決して誤りではない。ウィリアムの旗手トゥルスティンは，「綴織」にも登場する。もっともトゥルスティンとは明記されいないが。つねに公と行動をともにしていて，軍旗を持っていた。

　ウェイスはケントとエセックスからの軍勢，とくに前者の果敢な活躍に「よく戦った」という賛美を送っている。この二つの州が，ハロルドの勢力圏からも，地理的・時間的状況からも，もっとも組織的に軍勢を供出しやすい州であったことは間違いないであろう。では，ウェイスはこの情報をどこから得たのか。結論的には次のようにまとめてよいだろう。ケントは，司教オドが伯と呼ばれ，イングランドにおける彼の所領群の中核をなし，ウィリアム・パトリックのような臣下の多くが授封された場所である。1088年に司教が最終的に失脚してノルマンディに撤収した際，そのうちのかなりの者が行動をともにし，バイユー地域に戻った。その家々に伝わった伝承をウェイスが書き留めたものであろう。とくにある騎士の家が注目に値するが，これは後述する。

　ハロルド軍は最後まで，戦線を維持していた。しかし，ウィリアム軍の執拗な攻撃，とくに弓兵の大量投入によって，隊列陣形は崩壊していった。それでも彼らは最後まで戦ったことをウェイスは伝えたのである。

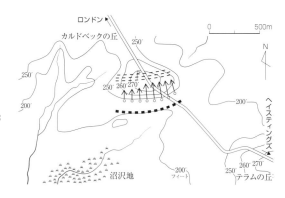

図19　弓兵による攻撃

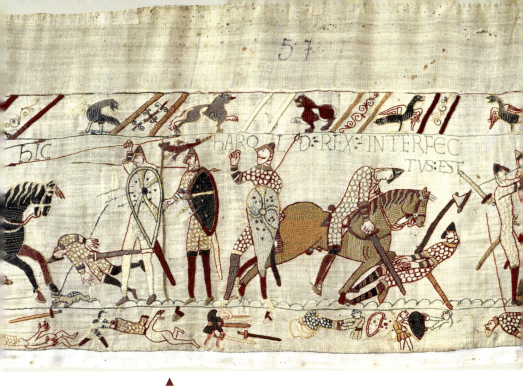

第57場
ここでハロルド王は殺害された
hIC hAROLD∻ REX∻ INTERFECTVS: EST

ウィリアム＝ポワティエ『ノルマン人の公ウィリアムの事績録』136-137
　イングランド人たちは，多大な損害を出して弱体化していることを知った。王も彼の兄弟たちも，多くの王国の貴顕たちも命を落としたことを知った。

アミアン司教ギー『ヘイスティングズの戦いの詩』532-557行
　いまや勝者であるフランス人はほとんど戦場を支配していた。勝者は戦利品を探し始めた。そのとき公は王を遠くの急な丘の上に見つけた。王はノルマン人たちを斧で叩き切っていた。公はユースタス（ブーローニュ伯）を呼び……ポンチューの高貴な相続人ヒュー，……ギファードを従えて，王に最期の一撃を与えるために武器をとった。……最初の攻撃が盾を貫いてハロルドの胸を刺し，大地は流れ落ちる血で濡れた。第二の攻撃が頭を打ち，兜の防御もむなしかった。第三は槍で腹を深く突き刺し，第四が太腿を切り裂いた。寸断された彼の体は，大地に沈んだ。「ハロルドが死んだ」という噂はすぐに広まった。……イングランド人は戦いを放棄した。……夕闇が迫るなか，神は公に勝利を与えた。

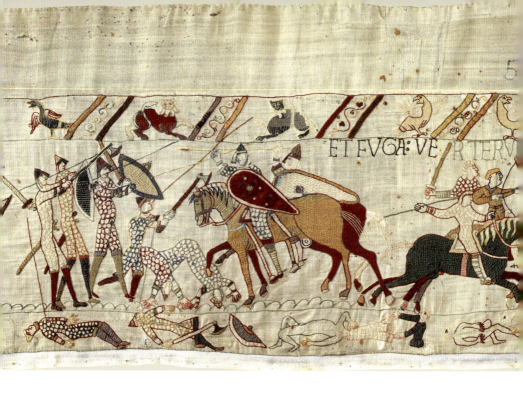

ウェイス『ロロの物語』iii. 8175-8228, 8805-34行

　イングランド人は巧みに防御を敷いたので，ノルマン軍は多少前に進むことができた程度であった。それで彼らはひそかに作戦を練った。それで，（小部隊ごとに）あたかも逃亡するかのふりをして，イングランド人（の一部）を誘い出し，彼らを各個撃破することにした。そうすれば，彼らの力は徐々に弱まり，容易に打ち破ることができるであろう（ノルマン軍はこの作戦を実施した）（→176頁）。

　ハロルドは軍旗のそばでよく戦った。しかし，目の痛みはいかんともしがたかった。……ある騎士が面頬を切りつけた。ハロルドは地面に倒れた。彼が立ち上がろうとしたとき，1人の騎士が腿を切り裂いたので彼は再び倒れた。傷は骨にまで達した。ギリスはイングランド勢の数が減っていくことを感じていた。逃げ道はなかった。ハロルドが倒れるのを見ていた。しかし彼を助けるすべもなかった。逃げたかったが，敵の数はますます増えていった。そこに公が馬を走らせてきた。そして荒々しく一突きした。これが致命傷になったかどうかはわからない。しかしそこにずっと倒れていたという。ノルマン人は，軍旗を押し倒し，ハロルド王と最上の者たちを殺害し，金の槍旗を奪った。

第57場はハロルド戦死の場面である。最初に弓矢で目を射抜かれ，次いで戦斧を持ったまま剣で馬上から叩き切られている。彼の体は，静かに倒れていった。戦死の場面は連続のスローモーションのように描かれている。目に矢を射抜かれたハロルドの前で親衛隊の1人が国王の旗，龍の旗を掲げている。その旗竿のところで第8番目の布と第9番目の布が縫合されている。ウィリアム＝ジュミエージュもウィリアム＝ポワティエもハロルドの戦死の場面については具体的には語っていない。『ヘイスティングズの戦いの詩』によると，ハロルドを殺害したのは，公，ブーローニュ伯ユースタス，ポンチュー伯ヒュー，そしてギファードの4人ということになる。しかし著者とされるアミアン司教のギーは，ポンチュー伯ギーの叔父で，ブーローニュ伯ユースタスとも親密な関係にあった。また，ウィリアム王の恩顧を得るために執筆された叙事詩という性格からも，叙述は身内びいきでお追従にあふれており，割引して考えなくてはならないかもしれない。ジョン＝ウースタ（→註9）もウェイスも，ハロルドは，何人かの攻撃によって殺害されたとしている。「綴織」も複数の攻撃を示唆している。一般的には弓矢によって片目を射抜かれ死亡したといわれるが，それは片目が庶子を暗示するという後代の俗説であろう。ハロルドが斧を持って戦っていた様は，イングランド人を象徴するように描かれている。いずれにしても，もしポンチュー伯ギーの子ヒューやブーローニュ伯ユースタスが，ハロルド王殺害にかかわっていたとしたら運命めいたものを感じる。『ヘイスティングズの戦いの詩』は，1068年の5月11日以前に書かれたといわれる。そこではハロルドが一貫して王と呼ばれていることは記憶しておいてよい。戦いは夕闇迫る前に終わった。1066年10月14日（ユリウス暦）の日没は午後4時54分，完全に暗闇になるのが6時24分，月の出が11時12分である（グレゴリウス暦で10月20日の時間の感覚をもつとよい）。ハロルドは日没頃に戦死したのであろう。8時間余りの激戦の果てについに力つきた。地面は鮮血に染まった。その場所に，ウィリアム王が建てたバトル修道院の高位祭壇があったという。

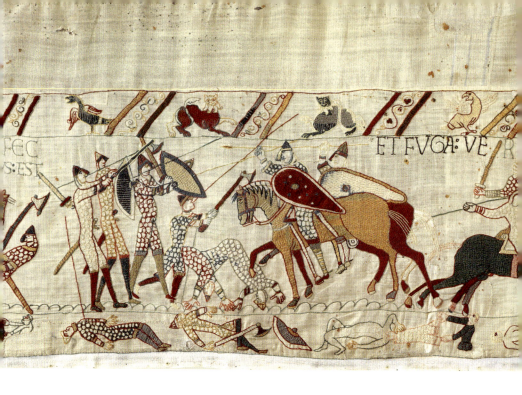

第58場
そしてイングランド人は逃亡した
ET FVGA: VERTERVNT ANGLI

ウィリアム＝ポワティエ『ノルマン人の公ウィリアムの事績録』136-141

　　イングランド人は急いで逃げ出した。ある者は奪った馬で，ある者は荒野を歩いて。……ノルマン人たちは，この地域に不案内であるにもかかわらず，逃亡者を執拗に追い詰めた。逃亡しているときに，壊れている防塁と入り組んだ溝を見つけ，逃げている者たちに，新たな戦いをおこなう自信が湧いてきた。この，獰猛なサクソン人の末裔は，生来つねに剣を持つのに慣れ切っていた。……公は征服の旗印の先頭にいた。彼はかなりの軍勢が集結しているのを見た。予想外のことであったが，新たに到着した援軍か何かと思い，進路も変えずとまることもなかった。……公は大きくはっきりとした声で，50人程の騎士とともに尻尾を巻いて逃げようとして退却の合図を出したがった伯ユースタスに退却しないように命じた。しかしユースタスのほうは……退却を主張した。さもないと死ぬことになるというのである。そういう矢先に，ユースタスは両肩のあいだに一撃を受けた。彼の鼻と口から血が滴った。瀕死の状態で仲間に助けられた。公は敵を攻撃した。……この思いがけない反撃で

　何人かのノルマンの貴族たちが命を落とした。彼らの武勇も悪い足場では役立たなかったのである。……勝利を確固たるものとしたあとで，ウィリアムは戦場に戻った。……大地はそこかしこでイングランド人の貴族や若者の血塗られた花で覆われていた。王の2人の兄弟は王の遺体のすぐそばで見つかった。ハロルドは彼の身分をあらわすものはすべて奪われていて，顔ではなくある特徴で見分けられた。彼の遺体は，公の陣営に運ばれた。ハロルドの母はその遺体を体の重さ分の金との交換で引き取ると申し出たが，ウィリアムはその申し出を断り埋葬をウィリアム・マレットに託した。……冗談半分にハロルドの遺体は海と海岸の守護としておくべきといわれた。

アミアン司教ギー『ヘイスティングズの戦いの詩』565-592行

　まばゆいばかりの太陽が輝き，血塗られた闇を清めてから，公は戦場を調べ彼に従って倒れた者たちの遺体を地中深く埋葬した。イングランド人の屍はそのままにして，蛆や狼や鳥や犬に任せた。ハロルドの切り刻まれた遺体は，慣習的な葬儀を執りおこなうために，拾い集められて，公がもっていた上質の紫のリネンの布（シンドン）で包み，海の傍らの陣営へ運ばれた。ハロルドの母（ギーサ）は，使いを送って，ハロルドの遺体を，その重さ以上の金で引き取ると申し出たが，公はこれを拒否した。……公は，遺体を崖の上に埋めるように命じた。半分ノルマン人，半分イングランド人でハロルドに近しい人物が喜んでこの役目を引き受けた。そして速やかに王の

遺体を運び，埋めた。その上に石を置いて，墓碑銘を刻んだ。「公の命により，ハロルド殿，王ここに眠る。海岸と海の守り手となりたまえ」。

ウェイス『ロロの物語』iii. 8839-66行

　イングランド人たちは長いあいだ戦い，ほぼ日の暮れるまで守り通した。彼らにはもはや軍旗は見えなかった。ハロルドが本当に死んだというニュースが広がり……イングランド人は逃亡を開始した。……誰がどのような武器でハロルドを倒したか私は知らない。……ある者はロンドンまで逃げ帰った。ノルマン人が（逃げる彼らを追って）背後まで迫っていたという恐怖を語った〔者もいる〕。多くの者が橋を渡ろうとしたので，橋は壊れ，大勢が水に落ちた。

　当日の日没が午後4時54分，ほぼ暗くなるのが5時54分で，真っ暗になるのが6時24分頃といわれている。ハロルドや兄弟の遺体が目視されていることからハロルドの軍旗の立っていた戦線の中心部は日没頃には制圧されたものであろうか。それでも局所的な抵抗は続いていた。しかし，イングランド人の戦士たちは，軍旗が見えない状況を理解し逃亡を開始した。ウェイスの叙述の通り，最終的な戦闘は日没頃に終結したのである。8時間にわたる激戦であった。ウィリアムも馬2頭を失い3頭目で戦い満身創痍であった。ウェイスの血沸き肉躍る叙述にもかかわらず，ノルマン側を最終的には優位に導いたとはいえ，騎馬戦術や弓兵の絶対的優位があったとは思えない。弓兵が効果を発揮したのは，イングランド側の戦線が弛緩し始めたからである。ハンバ川の北の軍勢が参戦していたら状況は変わっていたであろう。

　勝敗の帰趨(きすう)が決するとハロルド軍は逃亡を開始した。「綴織」にはイングランド人がある者は馬で，ある者は徒歩で逃げていく様が描かれている。ウィリアム＝ポワティエの叙述を再現したかのようである。それでも，イングランド人の一部が地の利を生かした最後の抵抗を試みた。のちに「悪しき溝」としてバトル修道院で伝えられた伝承のもととなった事件である。

　同じ災禍は逃げるイングランド人側にも起こった。木造の橋が逃げ惑うイングランド人の重みに耐えかねて落ちた。その場所は，バトルの北側を流れるローザ川の渡河地点である現在のロバーツブリッジであろうか。ここはロンドンあるいはケントに向かう道であった。彼らはハロルド王が進軍して来た道を逃げ帰ったのである。ロンドンの衆も含まれていた。この話はウェイスにのみある記述である。これも彼が集めた口頭伝承の一つであろう。

　ハロルド軍の敗戦が決定的になるに従い，目ざとい者が戦死者から武具な

どを奪い取っている様が「綴織」では第57場(→183頁)の下の縁取りで描かれている。「ハロルドは彼の身分をあらわすものはすべて奪われていて」とウィリアム＝ポワティエは書いている。ハロルドの遺体がかなり破損していたことは、彼が再建した『ウォルサム修道院年代記』も伝えている。ウィリアムは、翌15日に死体の処理をおこなった。イングランド人を放置したが、ハロルドは王としての取扱いをされたようである。遺体を包んだシンドンは祭壇にもまた埋葬布にも使用された高級のリネンである(→83頁第28場)。

　ハロルドの母はその遺体を体の重さ分以上の金との交換で引き取ると申し出たという。かりに体重を200ポンド、金銀比価を1：15とすると銀換算で3000ポンド。当時のカンタベリ大司教座教会が保有する土地の価値(地代取得推定額)が772〜1246ポンド程であるから、高額ではあるが、それと比較すると支払えない額ではない。しかしこの額は1066年当時のノルマンディの人間にとっては夢想だにできない額であったのかもしれない。もっともこのくだりは、イリアスにあるトロイの王プリアモスが、息子ヘクタの遺体と引き換えにアキレスに送った贈り物の10ターレントの金を思い出させる。実際、『ウォルサム修道院年代記』では、律修士たちが、ハロルドの遺体と引き換えに金10ポンドの提供を申し出ている。古典からのインスピレーションで書いたものかもしれない。

　ハロルドの埋葬場所はわかっていない。ウィリアム＝ポワティエや『ヘイスティングズの戦いの詩』によれば、海岸に埋められたという。また『ウォルサム修道院年代記』によれば、修道院に埋葬されたという。ウィリアム＝ポワティエによると、ウィリアム公は、ウィリアム・マレットなる人物にハロルドの埋葬を託したという。この人物は誰か。『ヘイスティングズの戦いの詩』は、ウィリアムがハロルドの埋葬を託した人物の名前こそあげていないが、「半分ノルマン人、半分イングランド人でハロルドに近しい人物」に託したという。彼は、父親がノルマン人で母親がイングランド人、それもハロルド(王)の妻を通してマーシア伯レオフリックに繋がるという説もある。さらに、第56場で、ウェイスは、ウィリアム・マレットという騎士がイングランド人の陣営に突進し、馬を失い、とっさのところでモンフォールの領主に助けられた、という(→179頁)。このウィリアム・マレットと遺体を埋めたウィリアムとは同一人物なのか、それともただの同姓同名なのか。ハロルドの母の願いを拒否したウィリアム公がその埋葬を敵方に依頼することはないであろう。つまりイングランド人の血を引く人物は、ウィリアム公に従軍していたと考えてよい。

そしてこの2人のウィリアム・マレットは同一人物と考えられる。ウィリアムの軍勢には，海峡の両側に血縁をもつだけではなく，ハロルドと近しい人物も参加していたのかもしれない。同じことはハロルド側にもいえたかもしれない。いずれにせよ近代的な意味でのネイション間の戦いではなかったのである。

　激しい戦闘ののち，公はキリストの貧者への施しをした。そして9日間滞在したあと（10月23日），ヘイスティングズの港の軍営から国王の称号を確固たるものにするためにドーヴァへ出発したのである［『ヘイスティングズの戦いの詩』593-598行］。

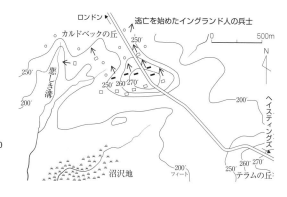

図20　ハロルドの戦死と軍勢の逃亡

第 II 部
「綴織」の制作とその歴史

バイユー司教座教会に残るオドの壁画(13世紀)

第1章　「綴織」の構成と制作の過程

概要

　現在「綴織」は，バイユー市の綴織博物館で保管展示されている。「綴織」は，リネンの下地に毛糸で施された刺繡であるが，ここまで人口に膾炙した「綴織」をあえて刺繡と言い換える必要はないであろう。最近の計測では，長さ68.58m，幅は45.7cmから53.6cmである。1枚の布地ではなく9枚の長さの異なる布地を縫い合わせたものである。1枚目13.7m，2枚目13.9m，3枚目8.19m，4枚目7.725m，5枚目5.52m，6枚目7.125m，7枚目7.19m，8枚目2.8m，9枚目2.43mである。繋ぎ目は非常に精巧で一見するとわからない。本書では関係の場面の図像の下部に▲の記号を入れて繋ぎ目を指示した。

　デザイナ（この言葉の説明は後述する）が最初に1枚の布地に下絵を描き，それを9枚に切断して，お針子たちがそれぞれの場所で刺繡したものであろう。その逆ではない。繋ぎ目はかなり恣意的で画像の連続性を無視したものとなっている。それにもかかわらず，切断された両端の毛糸の色は同じものが使用され，裏処理もきれいにおこなわれている。刺繡の工程は，同じ施設内か比較的近くの別の場所でそれぞれなされたものであろう。各部分の極端な長さの違いは，作業がおこなわれた場所あるいは部屋の空間によって制限を受けたためではないだろうか。「綴織」の最後の部分は欠落している。これについてはエピローグで話をしたい。

　刺繡は白いリネン生地にステムステッチ，チェーンステッチ，スピリトステッチ，コーティング（あるいはバイユー）ステッチでかがられている。使用された毛糸は桃色がかった赤，茶系のすみれ色，辛子色，ベージュ，藍色，青，暗緑色，緑，ライトグリーン，白の10色程が用いられている。

　出来事は，2カ所の例外を除いて［→第9場～第12場と第26場～第28場］，ほぼ時間軸に添って進行している。物語が進行する中央部分の上下に飾りの部分がついていて，そこには寓話や，歳時記や，架空の植物や動物，擬人化された象徴などが縫い込まれている。本体部分の話と，これら上下の飾りとの関係を解明することは，若干の例を除いては不可能であるにもかかわらず，これまでさまざまな研究が，ときには著者の推測でおこなわれてきた。本書は，合理

的な説明がつく場合にのみ，多少の解説を加えた。

パトロンとバイユー司教オド

　「綴織」について，多くのことが論争中である。しかし，作成の目的が，ノルマンディ公ウィリアムとゴドウィンの子ハロルドのイングランド人の王位継承をめぐる争いを歌い上げたものであることは間違いがない。では誰が，どこで，いつ作成したのか。なぜバイユーの司教座聖堂に保管されていたのか。
　まず，誰が作成を依頼したか，あるいは作成したかである。それは，資財があり依頼の目的が明確な人物である。この人物をパトロンと呼ぼう。ただし，ルネサンス的な，かなり主体的なパトロンを考える必要はない。依頼というよりも，献呈される形をとり，制作工程にはまったく口出ししないパトロンもありうる。かつて，「綴織」は，ウィリアム公の妃マティルダが侍女たちとともに縫ったといわれてきた。エドワード王妃エディスも有力な候補者でいまだに支持する研究者もいる。ブーローニュ伯ユースタスやヘンリ1世の娘マティルダの可能性すら示唆された。最近では，カンタベリ大司教スティガンドの名前もあがっている。それでも，ウィリアムの異父弟であったバイユー司教オドがパトロンであったというのが，ほぼ定説になっている。本書でも彼がパトロンであったという前提で話を進めた。彼の資力や作成の目的は後論で明らかになるであろう。ただ，便宜のためにも，重複を恐れずオドについて簡単な説明をしておこう。
　オドは，1030年頃，父コントヴィルのヘルウィンと母ヘレリヴァのあいだに生まれた。母ヘレリヴァはノルマンディ公ロバート1世の愛人で，ウィリアム公の母でもある。モータン伯ロバートは実の弟になる。1049～50年にウィリアム公はオドをバイユー司教に任命した。同じ頃，ロバートをブルターニュとの境にあるモータン伯に任じている。この頃ウィリアムは，公領の統治の要職に親族や取巻きを積極的に就け，公領支配の安定化を図っていたのである。征服後，オドはケント伯と称され，ドーヴァの城の守備を任され，さらにケント，オクスフォード，リンカンを中心に，ハンバの南のイングランド東部に巨大な所領群を獲得し，王に次ぐイングランド最大の領主となった。ちなみに弟のロバートは，コンウォールを中心とした領地とノルマン軍の上陸地点であるペヴェンシの城を中心とした城塞管区（レイプ）[1]を領有した。その所領からの地代収入は2100ポンドにものぼる。ウィリアムは，征服直後，

ノルマンディでおこなったのと同じく、海峡に面するイングランドの東と西、そしてノルマンディとの交通の要衝に自分の異父兄弟を配置したのである。

1082年にオドは、ウィリアムの恩顧を失いルーアンに幽閉された。彼が教皇の座を狙ったからだという説もあるが、その理由はよくわかっていない。しかし、ウィリアムの没後解放され、1088年にウィリアムの長男であるノルマンディ公ロバート2世を支持し、ウィリアム2世に反旗を翻して敗れ、ノルマンディに撤退した。イングランドにあった彼の所領は最終的に没収され、家臣団は分裂した。1097年に十字軍に行く途中、パレルモで客死している。

制作の時期と場所

いつ頃「綴織」は作成されたのであろうか。オドがパトロンとすれば、彼のイングランドでのキャリアと関連づけて考えなくてはならない。ウィリアムがイングランドに不在の際には摂政とも目された彼が1082年突然失脚し、それ以降、ルーアンに幽閉されたことを考えると、1066～81年のあいだがまず想定できる。一般には、1077年のバイユーの新司教座教会の聖別式のために制作された、といわれてきた。これに対して、ハロルド王に対する名誉ある扱いは、「綴織」が征服直後のかなり早い時期につくられたという説を裏づけると主張する研究者もいる。キーツ・ローハンは、「綴織」はカンタベリ大司教スティガンドがパトロンであったという、コペルニクス的転回の解釈を提出している。いずれにせよ、1070年代中頃までに作成されたと考えておこう。

作成場所に関しても諸説ある。定説としてはイングランドのカンタベリが考えられているが、それ以外に、ウィンチェスタ、ノルマンディ、フランス中西部のロワール渓谷、ブーローニュとさまざまである。本書では、カンタベリ、それもセント・オーガスティン修道院において、修道院長スコランド（スコットランド）の指導のもとに作成された、という仮説のもとに筆を進めていく。パトロンの意向を受けて、制作の全体的な統括をおこなった人物をグランド・デザイナと呼んでおく。グランド・デザイナのもとで、実際に全体の絵柄を描いた人をデザイナと呼ぼう。

これだけ巨大な絵巻物をつくる場所は、当時空間的にいっても、教会か貴顕の館しかない。裁断した各部を工房に持ち込んで作業をおこなった可能性もある。「綴織」の布地のシークエンスをみると、1番目と2番目の14mにも達する極端に長い布地、3番目から7番目までの7m前後の布地、8番目と9番

目(最後の部分がはぎ取られているようだが)の2.5m程度の布地は，3カ所のあるいは職人の工房も含めた3種類の違った制作場所を想像させる。

　デザイナは，正確なデッサンができてラテン語の銘文を挿入できる人物である。まず考えられるのは，写本作成の細密画家，すなわち修道士である。さらに，これだけ多数のイメージを作成するためには，参考となる細密画を多数保存している文書庫が必要であろう。数ある修道院のなかでセント・オーガスティンの蔵書は有名で，収蔵していた写本の細密画が「綴織」の画像に大きな影響を与えたと推測されてきた。同修道院が制作の一つの場所で，修道士たちがデザイナであったという仮説は，さまざまな状況証拠が支持している。「綴織」の銘文のラテン語は基本的にはフランス語を話す人物のものといわれる。とくに1番目と2番目の布地にその傾向が強い。しかし，全体としては英語表記が混じっているなど，フランス語と英語両方の影響がみられることから，銘文作者は1人ではなく，フランス人とイングランド人がかかわっていたと推測される。「綴織」に登場する平の騎士は，ケントとくに修道院との関係が深い。そして「綴織」はケントに絶大な力をもっていたハロルド・ゴドウィンソン(ハロルド2世)に敬意を表しているのである。制作の場は，ゴドウィン家と密接な関係があった修道院ということになる。場所を特定するには，これらすべての条件をクリアしなくてはならない。

　セント・オーガスティン修道院は，ゴドウィン家と良好な関係にあった。『アングロ・サクソン年代記』のE版の1116年までの記事は，この修道院で書かれたが(→12頁)，ゴドウィン一族に対してきわめて好意的である。プロ・ゴドウィンと呼ばれるゆえんであろう。ゴドウィン自身，1045年頃にサネットのミンスタ教会の土地と聖遺物をめぐる争い[3]で修道院を支持した。ヘイスティングズの戦いのときには，修道院は，戦士たちを戦場に派遣した(→266頁)。さらに時の修道院長エゲルシンは，大司教スティガンドの後押しでその職に就いたともいわれる。大司教が1070年の復活祭(4月4日)に廃任されて，修道院長は後見を失いデンマークに逃亡した。

　しばらく修道院長の不在という状態が続いたが，1072年に，モン・サン・ミシェル修道院から修道士スコランドが，次の修道院長として就任した。モン・サン・ミシェル修道院は，イングランドと関係が深く，ノルマンディに亡命していた若き日のエドワード王は，コンウォールにある所領とおそらくケントのロムニの港の権利を与えたといわれる。[4]大陸の修道院が，対岸のイングランドの海に面する領地を獲得しようという動きは，11世紀に活発になって

いた。前述した，あるいは後述するノルマンディのフェカン修道院は，サセックスからケントに至る海岸地帯にライを中心としたラムズリの所領を保有していた (→134, 215頁)。

モン・サン・ミシェル修道院は，写本作成の中心地として有名であり，写本装飾のスタイルにイングランド・モデルとの関係を見て取ることもできる。スコランド自身も有能な著述家であった。オルデリック・ヴィターリスは，スコランドをカンタベリの慣習を復活させた学識と徳を備えた人物と評している [OV, ii. 248]。彼はセント・オーガスティン修道院の伝統に寛容で，オドとの関係も良好であった。スコランドがオドによる「綴織」作成の「依頼」を受けた，というのはかなり蓋然性の高い推定と思われる。とすれば，「綴織」の作成時期は彼が最終的に赴任した，1072年から76年のあいだと考えられる。「綴織」は，もっとも早い時点でのイングランドとノルマンディの人的・文化的融合の所産といえるかもしれない。

グランド・デザイナとデザイナ

依頼を受けてスコランドは，グランド・デザイナ（制作責任者）として，その仕事をデザイナである文書庫の細密画家修道士たちに依頼した。デザイナは複数いたであろう。彼らは，文字史料や，伝聞や噂，関係者からの聞取りなどで情報を収集し，ストーリをつくり，修道院にある手書き本の細密画なども参考にして，全体の図案の下絵を描き，それを布地の上に描いていったであろう。全体の配色にそれなりの統一性がみられることから，下絵はカラーであったかもしれない。ケントには「ノルマン征服」直後から，大勢のフランス人騎士や商人が移り住んでいた。従って，カンタベリには，イングランド人であれフランス人であれ，1066年に至る事件の顚末(てんまつ)を知っている人物がたくさんいた。そこに蓄積された「征服」にまつわる情報量は圧倒的であった。

デザイナの少なくとも1人はカンタベリかその近隣出身のイングランド人であったろう。「征服」後，多数のフランス人が修道院長や幹部修道士になったが，中堅以下の修道士は近隣のイングランド人家系から集められていた。銘文で使用されたアルファベットに英語の文字が使用されたり，名前の綴りにも英語式のものがある。伯(dux)などの用語もイングランドの影響を受けている。一方で，フランス語的ラテン語が「綴織」の銘文の基本にあり，中心となったデザイナはフランス系の修道士であろう。修道院長スコランドにつ

いてきたモン・サン・ミシェルからの修道士と考えられる。デザイナたちによって下絵から図案が描かれた布地は，作業の必要に応じて裁断され，パートごとに分けられて，お針子たちによって刺繡が施されていった。

お針子

　刺繡に関しては，中世イングランドの貴顕やセイン(→225頁)の婦人たちの力量は有名で，それゆえ，彼女たちがお針子だったと考えられてきたし，事実そうであったろう。例えば，バッキンガムシャではメイド(女性執事)のエルフギッドは，シェリフ(→第I部註23)のゴドリックの娘に金糸の刺繡を教えることで，ゴドリックが生きている限りという条件で1/2ハイドの土地を貸与された。ここはエドワード王へ貢租を収める土地であった。彼女は，自由に処分できる(「彼女が望む者に贈与することも売ることもできる」)2ハイドの土地を所有するセイン層に属していた [GDB, fo. 149]。ウィルトシャでは，レヴィエトは，征服前からそしてそれ以後も王や王妃のための金糸の縁取りの刺繡を仕事にしていた。彼女の夫はエドワード王時代に王の3と1/2ハイドの土地についてゲルド(税)を支払うセインであった [GDB, fo. 74]。同じ名前のレヴィエトが，征服前やはりウィルトシャのスウィンドンの5ハイドの土地についてゲルドを支払っていた。この土地は征服後，バイユー司教オドが保有し，彼の騎士で「綴織」に登場したワダード(→245頁)に授封されていた。ワダードを通して，彼女は「綴織」制作に動員されたのであろうか [GDB, fo. 66]。ウィリアム王妃マティルダは，ウィンチェスタに住むアルデレットの妻が刺繡した式服をカンのサント・トリニテ修道院に遺贈している。

>　私，王妃マティルダは，カンのサント・トリニテ修道院に以下のものを遺贈する。カズラの式服。これはウィンチェスタでアルデレットの妻が，今，刺繡している。マント。これは金糸で念入りに仕上げたもので，外套用に私の寝室に置かれている。二つの金の帯。一つは十字がいくつか縫い付けられている。もう一つは，エンブレムが縫い付けられていて，高位祭壇の前のランプを吊るすのに使うためのものである。大きなキャンドルスティックは，現在，サン・ローで製作中である。また私の冠，笏，チャリス，ローブ。別のローブは，現在イングランドで刺繡中である。

　刺繡の心得は，地方の有力者の妻たちだけではなく貴顕，あるいは王族の婦人たちにも共通した習慣であった。クヌート王の最初の妻であったエルフ

ギーフ゠ノーサンプトン(→206頁)は，クローランドとロムジの修道院の教会祭壇の布を縫っている。2番目の妻エマの裁縫技術も秀逸だったといわれている。時代はくだるがマーガレット゠スコットランドは宮廷に裁縫工房をもち，婦人たちを監督して聖職者の衣服を刺繍したという。エドワード王の妃エディスも王の儀式用のローブを刺繍する見事な技術をもっていたという［ウィリアム゠マームスベリ『イングランド人の国王たちの事績録』ii. 220］。第1場のエドワード王の襟元にある刺繍は，彼女の作という研究者もいる。

　ゴシュリン゠サン・ベルタンはフランドルから来た奇跡譚作家の修道士で，イングランドを転々として最終的にはセント・オーガスティン修道院に落ち着き，そこで『セント・オーガスティンの奇跡譚』を著した。そのなかで彼は「イングランド人の女性たちは，金細工や宝石や黄金や，星のようにきらめくイングランドの真珠などで，聖俗の君侯のガーメントを飾り立てる」と述べている。またウィリアム゠ポワティエは「イングランド人の女性は針仕事と金糸を織ることに長けている」という。エドワード王妃エディスをパトロンとする説は，彼女がウィルトン修道院でラテン語教育を受け，また国王の死後隠棲したその修道院の女子修道士たちを動員して刺繍したというものである。

　セント・オーガスティン修道院で制作された場合，女性が敷地内で活動することは可能であったろうか。1100年頃のことであるが，ロチェスタ司教座聖堂附属修道院は，ロバート・ラティマ〔通訳者の意味〕の妻と彼女の召使に，その身分にふさわしい食事と衣服を提供し寡婦となった彼女の老後を支えた。その契約の儀式は聖堂内でものものしくおこなわれた［Toxtus Roffensis, fos. 200v-201］。12世紀のカンタベリ大司教聖堂附属修道院は，2人の姉妹に修道院の部屋と食事を提供していた。男女の修道士が，同じ敷地内で別々に観想生活を送った二重修道院の伝統を引くイングランドであれば，男女が同じ敷地内で活動することに違和感はなかったであろう。セント・オーガスティン修道院やカンタベリの附属修道院に残る「命日一覧」には，修道院に寄進して，その兄弟姉妹として祈禱兄弟盟約に迎え入れられた，たくさんの俗人の男女の名前が，命日のカレンダに記録されていた［BL. MS Cotton Vitéllius, C xii, fos. 114-155］。とくに女性の数の多さには圧倒される。足繁く教会に通う女性をカンタベリ大司教ランフランクがきらっていた話は，逆に11世紀当時の女性の宗教活動の活性化を語っている。都市の修道院の敷地，あるいは教会の施設などで女性が活動することは可能であった。14m近くあった「綴織」の最初の2枚は，修道院教会の外陣で織られたと考えるのは突拍子もないこととは思われない。

じつは大きな戦いを刺繍絵巻で記念したものは,「綴織」に限らない。991年にモールドンの戦いでデーン人によって殺害されたイースト・アングリアのエアルドールマン,ビュルフトノースの妻エルフレドは,イーリの修道院に,夫の英雄的な戦いを描いた刺繍の壁飾りを贈った。彼女が作業にかかわっていたのは想像に難くない。彼女の孫のエルセルシーサは,結婚を拒否しイーリ修道院の傍らの庵に召使と隠棲して金糸の刺繍に余生を過ごしたという。「綴織」のようなメッセージ性のある刺繍絵巻は,現在われわれが思っているよりもはるかにたくさん制作されたはずである。『モールドンの詩』[11]の構成を考えるとエルフラードの刺繍絵巻も決して短いものではなかったであろう。「綴織」をユニークなものにしたゆえんは,その大きさもさることながら,色鮮やかなまま現在まで残ったということなのである。保温のための壁飾りは当時の国王や貴顕の居館にとって必需品であった。こうした日常的な必需品を生産してきた技術があって,11世紀の中頃までに,家内工業的な刺繍生産が萌芽的産業の水準に達していた。こうした生産環境を前提として,「綴織」は組織的に作成されたのである。

素材

　リネンは,亜麻からつくられる。11世紀には亜麻の種は食用にも供されていた。消化を助けるためにガムのように嚙んだり,粥にしたり,粉にして平たい丸いパンにしたり,オイルにして痛風の薬にも使用された。オイルは絵を描くのにも使用され,茎の外側の繊維はバスケットやマット,蠟燭の芯に使用された。内部の繊維から生地がつくられた。亜麻は,南イングランドで栽培されていて,復活祭のあとに播種され数カ月で収穫された。乾燥させたのち,木槌で叩いて外と内の繊維を分離し,内側からリネンの繊維がとられる。ハンド紡錘器で糸が紡がれ,織機でリネン生地が織られた。「綴織」では,1cmごとに18から19の糸が紡がれていた。オリジナルが1枚の布であるとすれば膨大な量の糸を必要とした,かなり長い反物がつくられたことになる。反物に加え,大量の毛糸,染色の工程とその材料など,相当進んだ手工業環境が必要とされたであろう。こうした資材を整える環境は,カンタベリのような都市にこそふさわしい。

第2章 「綴織」の歴史

中世から16世紀

　1070年代に作成された「綴織」のその後は，15世紀まで暗闇のなかにあった。確かに，いくつかのそれらしき痕跡をみることができる。1100年頃，ドルの大司教ボウドリ（在位1107〜30）は征服王の末娘でブロワ伯妃アデラに送った詩のなかで，彼女の寝室にある絹と金の糸で織られ，宝石で飾られた織物について語っている。しかし，これを「綴織」そのものと考えるには，証拠がなく，結局「綴織」に言及した同時代の史料はないといわざるをえない。時は過ぎて，1420年，ディジョンのブルゴーニュ公の財産目録のなかに，ノルマンディ公ウィリアムがいかにイングランドを征服したかを描いたという長大な「綴織」が記録されている。これが「綴織」そのものなのか，それとも同じような絵巻物が複数存在していたのかはわからない。「ノルマン征服」のようなヨーロッパ規模での大事件には，いくつかの絵巻があってもおかしくはないのである。

　最初の確かな証拠は，1476年のバイユーの司教座教会の財産目録である。それによると，「ノルマン征服に関する人物や銘が刺繍された非常に細長いリネン地。これは，聖遺物の祭りに8日間外陣に展示された」とある。これが「綴織」の通常の展示方法だとすると，バイユーの聖遺物の宣伝という作成の一つの目的がみえてくる（→68頁第22場・71頁第23場）。

　これだけの史料が大きな損害をこうむることなく，残存したのは奇跡に近いかもしれない。1106年，ヘンリ1世と彼の兄でノルマンディ公ロバート2世との王位をめぐる戦闘のなかでバイユーの町は灰燼に帰した（「ヘンリ王は〔司教座〕教会とともにバイユーの町を焼いた」〔ウィリアム=マームスベリ『イングランド人の国王たちの事績録』V. 398. 4〕）。1159年には大聖堂は火事で大きな被害を受けた。1335年，エドワード3世の命によってバイユーの町は再び炎上した。しかし，「綴織」は無事であった。最大の危機は，1562年5月10日，カルヴァン派の人々が聖堂を攻撃し，聖職者を殺害し，ステンドグラスを割り，聖遺物を奪い，墓を破壊し，金銀の聖具を持ち去ったときである。そのなかには司教オドの贈り物も含まれていた。それでも「綴織」は難を逃れたのである。

17世紀〜20世紀

　17世紀になると，国民国家の胎動のなかで，それまで教会が支配してきた「時間」，つまり暦（時計）の管理と歴史叙述が，俗人の手に移っていく世俗化の傾向があらわになった。あまたの先駆的な歴史家である尚古家（アンティクアリアン）たちが登場した。古を愛し，国とクニを愛し，その博物や歴史を描こうとした彼らは，資料をさまざまな方法で集めた。なかには窃盗まがいの行為もあったが，集めた資料を写し，出版したのである。ウィリアム＝ポワティエの『ノルマン人の公ウィリアムの事績録』のように，彼らのおかげで残存した史料も少なくない。ウィリアム＝ポワティエの同書がドゥシェンヌによって1619年に編集されたのと同じく，ニコラ＝ジョセフ・フーコは「綴織」の一部の写しを作成した。「綴織」は史料として認識され始めたのである。

　17世紀から18世紀はこうした尚古家，あるいは「歴史家」と歴史学が誕生した時期である。王権は，その正統性を確固たるものとするために彼らの組織化を後押しし，権威づけていった。時間だけではない。空間の切取りも始まった。例えば，ヘンリ8世は，ブリテン島の正確な地図の作成を命じて，自らの「主権」（最高意志）の及ぶ範囲を確定しようとしたのである。

　フーコも，ノルマンディの地方官であると同時に，ルイ16世によって1663年に創設された人文学系の尚古学的な組織の一つである「銘文と文献学アカデミ」に属する学者であった。イングランドにも，1717年に創設されたロンドン尚古学協会がある。フーコの写しは，1721年の彼の死後，アカデミに保管された。「綴織」の存在が世に知られるようになったのは，1724年にランスロの啓発を契機に，30年にド・モンフォーコン師が『フランス王政の記念碑』を完成させ，そこに「綴織」の銅版画を掲載したことによる。この本はイングランドでも1750年に出版された。それによると，当時「綴織」は聖ヨハネの祭り（6月21日〜24日）から7月の終りまで，バイユーの大聖堂の外陣に飾られていた。

　「綴織」が史料として認識されてくると，補修も開始された。裏地としてリネン生地が重ねて張られ，上段に刺繍されたラテン語の銘文をもとに58個の縁番号が振られたのもこの時期であった。以後，「綴織」の解説はこの番号をもとにおこなわれてきた。もっともこの数字が刺繍された細長い布地は古くから縫い付けられていたと主張する研究者もいる。イングランド人ではじめてこの「綴織」に歴史家としての目を向けたのはロンドン尚古学協会のスタ

クリで,『ブリテンの古書体学』に記事を載せている。

　フランス革命のとき,「綴織」に再び大きな危機が訪れた。1789年11月,国民議会は教会財産の国有化を決定した。数多くの貴重な教会の宝物が盗まれたり破壊されたりもした。1792年の戦時体制のなかで,「綴織」はあやうく裁断されて物資輸送や祝祭のための荷馬車の覆いにされようとしたのである。1794年になると,国威発揚のシンボルとしての歴史的資料の保護の動きが始まり,「綴織」も公の財産として認められた。英国(連合王国)が対仏戦争を布告した1803年には,ナポレオンのブリテン島上陸が戦略的可能性を帯びてきた。そのとき,フランスの一地方にすぎないノルマンディの700年以上も昔の記憶が,当時の政治的文脈に乗せられて,「綴織」に新たな「国民的」輝きを与えたのである。「綴織」は,1803年11月29日から翌年の3月13日にバイユーに戻されるまで,パリのナポレオン博物館アポロンのギャラリで展示された。ナポレオンその人も12月5日に見学に訪れている。その後,多少の論議を経て,「綴織」はバイユー市庁舎に保管された。

　ナポレオン戦争の終結後,「綴織」に対する英国側の歴史家とくにロンドン尚古学協会のフェローたちの研究活動が活発となった。1816年,協会は専属のデッサン画家ストサードにバイユーで「綴織」の彩色描画を命じ,1823年までに出版が完了した。これが「綴織」の最初の一般的な刊行である。もっとも彼は,「綴織」の一部を切り取ったり,石膏で型をとったりして,「綴織」にダメージを与えていた。石膏版はサウス・ケンジントン博物館(のちのヴィクトリア・アルバート博物館)で展示された。「綴織」の最初の写真版を作成したのもサウス・ケンジントン博物館であった。当初,バイユー市側は写真撮影を拒否した。交渉の果てに,賄賂(わいろ)なども功を奏して,ストサードが持ち去った切れ端を返還する約束が取り交わされ撮影は許可された。1872年の暮れに彩色写真版が作成され,翌年サウス・ケンジントン博物館で展示された。

　1913年に「綴織」は旧司教宮廷に移された。第二次世界大戦は「綴織」にとって最後の試練であった。ナチス・ドイツにとって,「綴織」は「ゲルマン精神」の表象であった。各地を転々としながら,「綴織」はドイツに持ち去られる危機を乗り越え1945年3月にバイユーへ帰還したのである。19世紀から20世紀前半まで,フランス,英国,ドイツというヨーロッパ列強のなかで揺れ動いた「綴織」は,1983年に現在の博物館(グラン・セミネール)に移転され多くの観光客の目を楽しませている。

第III部
歴史的背景

幼少時のハロルドとトスティクの喧嘩
(『エドワード王伝』12世紀後半〜13世紀初頭)

第1章　イングランド人の国王とノルマン人の公

アルフレッドの王統

　1066年の「ノルマン征服」の始まりをどこにおくかは，分析の視点をどこにおくかで，異なってくる。しかし，最古層にあるのは，アルフレッド王に始まり，10世紀に漸次的に形成され，973年のエドガ王のカンタベリ大司教ダンスタンによるフランク的戴冠式とイングランド型銭貨(せんか)の発行に象徴されるイングランド人の統合王国の成立である。それは統合の原理が教会にある王国の誕生であった。カンタベリとヨークの大司教座に属する司教座教会が管轄とする領域が王国であった。「綴織」が描いた，問題となった王位は，アルフレッド王の家系が維持していたイングランド人の王権だった。しかし，この王権は，11世紀には，継承の条件さえ満たせば，所属する民集団に関係なく，王位を継承できるものとなっていた。

　9世紀後半のアルフレッド王を起点とする王統は，北欧ヴァイキングの勢力を食い止め，その子エドワード古王[1]のときに北へ領域を拡大した。おりしも大陸ではカロリング体制が解体に向かった時期であったが，王はそのなかで北西ヨーロッパの家門と婚姻関係のネットワークをつくりあげていったのである。その子，エセルスタン王の疑似皇帝的立ち位置は，こうした関係を抜きにしては考えられない。王国を形成していくなかで，イングランド人の統合王権は，つねに大陸の諸王や貴顕たちと婚姻を含む密接な交流関係をもっていたのである。多くの使者が行き来し，情報交換がおこなわれていた。シャルルマーニュに倣うエセルスタンに「キリストの十字架」のかけらや「茨の冠」の小枝を送ったのは異母妹エアドヒルドの夫の義弟ユーグ・ル・グランであった。ノルマン人の首領ロロにノルマンディとなる土地を割譲したシャルル3世（単純王）の王妃も異母妹エアドギーフであった。彼女の息子ルイ4世は，父が貴顕たちに廃位され，923年にイングランドの叔父の宮廷に亡命し，ユーグの導きで936年に帰国して西フランク王となった。別の異母妹のエディスは，のちの神聖ローマ皇帝オット1世の最初の妻であった。この結婚はエセルスタンの主導のもとにおこなわれた。

　エセルスタンと異母弟エドマンド王は，西カロリング王権とドイツにおけ

る権力闘争のなかに深く関与していた。同時代のフロドアード゠ランスの年代記（894〜966年）は、「イングランド人の王、エドマンドは公ユーグに使者を派遣して、ルイ王の地位の回復を尋ねた。これを受けてユーグは、彼の甥たちや貴顕たちのあいだの公の同意を取り付けた」という [EHD, i. 1979]。統合イングランド王権の成立は、大陸の権力の再編成のなかで検討しなくてはならない。カロリング王統が断絶し、エアドヒルドとユーグのあいだに子どもができず、またエディスにも子がなく、王国を継ぐことができなかったこと、そして大陸の政治的混乱のなかで、エドガ王が北に進路をとりブリテン島における統合王権を最終的に確立したことなどで、イングランド人の王権が大陸において政治的イニシアティヴをとることはなかった。それでも彼の政策の柱の一つであった「ベネディクト修道院改革」は、大陸の運動と軌を一にしたものだし、イングランド型銭貨の横向きの国王像はローマ人の皇帝をあらわしていた。王権の最終的確立の印であったフランク的戴冠式は、オット1世が亡くなった973年5月7日の直後の5月11日、バースでおこなわれた。これはたんなる偶然であろうか。それとも、継承の意思表示だったのであろうか。その後も国王とテムズ以南の貴顕たちは、「フランク」の皇帝や貴顕たちと、緩やかなアイデンティティ（同一集団に属するという帰属意識）を共有していったのである。

　11世紀になると王国を形成していった北方スカンディナヴィアからの政治的圧力が再び強くなってきた。1002年、エセルレッド2世は、ノルマン人の公リチャード2世の姉妹エマと2度目の結婚をした。王の最初の結婚相手は、ヨークに拠点をおくエアルドールマン（有力貴族＝伯）ソーレッドの娘エルフギーフであった。彼女とのあいだには、少なくともエドマンド剛腕王を含む6人の息子たちと同名の娘エルフギーフを含む4人の娘がいた。エマとの結婚は、デーン人の侵攻に対する王国と公領の海峡連合がその目的であった。しかしエセルレッド2世やその子エドマンドの奮闘もむなしかった。1016年エセルレッドを継承したエドマンドとデーン人の王クヌートのあいだで、エドマンドがウェセックスを、クヌートがマーシアとノーサンブリアを領有することで話合いがついた。ウェイスによると、50年後ウィリアムとハロルドのあいだで同じような妥協案が出された（→150〜151頁）。しかし、エドマンドの突然の死によって、クヌートが統合王国の国王となった。王位はアルフレッドの王統を離れたのである。

　王位は、血統が前提ではあったが、直系という観念はまだ薄かった。大司

教による塗油と戴冠の手続きを制度的外皮として，前王の指示あるいは貴顕たちの支持という政治的力学によって王位は継承されていった。いずれにせよ王国の歴史は，ヨーロッパという文脈のなかで語ることなしには描けない段階に入っていたのである。

2人のエルフギーフ

　王妃エマの英語名はエルフギーフである。エルフギーフは一般的な名前で，読者を悩ませるだろう。本書では王妃はエマで通すことにする。クヌートは，王位継承の正統性を主張するためにエマと再婚した。しかしクヌートは，すでに1013年頃エルフギーフ＝ノーサンプトンと結婚していた。彼女はノーサンブリア（とくにヨークを中心とした地域）のエアルドールマン（→210頁）であったエルフヘルム＝ヨークの娘であった。もっともエルフヘルムの拠点はマーシアであった。この結婚は，クヌートの父デンマーク王スヴェインのはからいで，イングランドの北部勢力を巻き込むための結婚であったろう。彼女はのちのスヴェインとハロルド1世を出産し，1030年から35年にはスヴェインとともにノルウェー統治に関与し，クヌートがエマと結婚したあともスヴェインやハロルドの後見人であった。ミニマムではあるが一種の後宮政治である。

　エマは前夫エセルレッドとのあいだに，アルフレッドとエドワードの2人の息子と，ゴドギフ（ラテン語名ゴダイヴァ）という娘を産んでいた。1013年にスヴェインの侵攻が激しくなると王は彼女と子どもたちをノルマンディのリチャード3世のもとに送った。エドワード王が30年にもわたる年月をフランスで送ったという事実は，「綴織」を「読む」際には，忘れてはならない「事実」である。10歳そこそこの子どもが，英語を話すイングランド人の侍従がいたとしても，40歳までフランスで暮らすことによって形成された意識と人間関係は，もはやイングランドに根ざしたものではなかった。ゴドギフは，ノルマン人の貴族ドロゴ＝マントと結婚し，2人のあいだにはラルフ臆病者（ティミッド）が生まれた。ラルフは，その後エドワードがイングランドに戻ってから廷臣として国王を支えていった。ドロゴが亡くなったあと，ゴドギフは，1035年にブーローニュ伯ユースタス2世と再婚した。伯がもっていたエドワードのあとの王位継承への願望の背景にはこの結婚があった。

　エマとクヌートの結婚後まもなくハルサクヌートが生まれた。彼は1035年に父を継承してデーン人の王となったが，同時にデンマークの政争に巻き込

まれることになった。同年11月12日父クヌート王が死去したときはデンマークにいた。そのため，継承者と考えられていたにもかかわらず，彼はイングランド人の王となることはできなかった。この間をぬってイングランドにいたノーサンプトンのエルフギーフの子ハロルドが王位に就いたからである。ジョン＝ウースタはこの間の政情を伝えている。

　1035年，崩御の前にイングランド人の王クヌートは，スヴェインをノルウェー人の王にした。……噂では，エルフギーフは男子が欲しかったがかなわなかった。それである聖職者の生まれたばかりの子を連れてきて自分が生んだと国王を説き伏せた〔この子がスヴェインである〕。国王は，王妃エマとの子，ハルサクヌートをデーン人の王にした。同年の11月12日水曜日，クヌート王は，シャフツベリで亡くなり，遺体はウィンチェスタのオールド・ミンスタに埋葬された。埋葬のあと，王妃エマはウィンチェスタに居を構えた。さて，ハロルドは……靴屋の息子という話であるが……国王の威厳を身にまとい〔戴冠した〕。……イングランドの多くの長老たちの証人を得て，正しい相続人ではないにもかかわらず，統治を開始した。……ほどなく王国はくじで南北に分割された。ハロルドは北をとり，ハルサクヌートは南をとった。

　ジョンの叙述がどこまで正確かはわからないが，制度的要件を満たしている限り，即位式を先にした者が王位に就いた。しかし，エルフギーフは聖職者や靴屋とみだらな関係にあって，2人の男子を産んだという噂がエマの宮廷を中心に，広められたのかもしれない。そうすると「綴織」の第15場（→50頁）の婦人と聖職者の密会らしき図案と，その下で男性性器をさらしている男性のもつ意味が説明できる。1035年の王位継承をめぐる2人のエルフギーフのつばぜりあいは，1066年の先触れともいえる。そして，北のハロルドと南のハルサクヌートの対峙は，統合王国の脆弱さを露呈していた。

　エマは王権の中心地ウィンチェスタを死守し，一種の二重政権状態となった。この間隙をついて，エセルレッド2世とエマの子，アルフレッドとエドワードがそれぞれサウサンプトンとドーヴァからイングランドへと侵攻した。しかし，アルフレッドは惨殺され，エドワードはノルマンディへの撤退を余儀なくされた。のちにノルマン側はアルフレッドの惨殺の首謀者をゴドウィン伯と断定して，その子ハロルド2世の王位継承の正当性を否定する根拠の一つとしたのである。

　1035年というのは，イングランドと北フランスのあいだの海峡世界にとっ

て一つの画期的な年であった。イングランドの王位継承において，2人のエルフギーフのあいだの緊張関係が続いたが，伯ゴドウィンを押さえたマーシア人の伯レオフリックを首謀者とするイングランドの貴族たちは，ハロルド1世の継承を認め内戦を避けようとした。結局1037年，ハロルドはイングランド人の王として臣民に受け入れられ，エマはフランドル伯領であるブルージュへと逃亡した。彼女の姪のエレノワは，フランドル伯ボルドウィン4世の妃で，その庇護を求めたのである。このほぼ15年後，エマの仇敵ゴドウィンは，息子トスティクの義兄弟であるボルドウィン5世のもとに逃亡したのは記憶しておいてよい。

　同じ1035年，ノルマンディでは，エマの甥でウィリアム公の父，ロバート1世が巡礼先で死亡し，弱冠7歳の庶子ウィリアムが公位に就いた。奇しくも1035年，海峡を挟んで2人の庶子の君子が立ったことになった。その後ノルマンディは，若き公のもとで政治的な混乱状態に陥った。それが終息の方向に向かうのは，ウィリアムが，1047年にカン近隣のヴァレ・ドゥヌの戦いで域内の不満分子を粉砕し，教会会議で神の休戦を宣言してからである。それでもノルマンディ統治が安定したわけではない。しかし少なくとも，彼が支配者として，平和を宣言する地位を得たことになる。

　1052年は海峡世界にとって次の画期的な年であった。1051年ないし52年に，ウィリアムは，フランドル伯ボルドウィン5世の娘マティルダとウーで結婚しフランドルとの同盟を強化した。一方イングランドでは，ゴドウィン伯の三男ハロルドの弟トスティクがボルドウィン4世と2番目の妻エレノワのあいだに生まれたジュディスと結婚している。

ウィリアム公とエドワード王

　ウィリアムの最大の危機は，1052年に叔父のアルク伯ウィリアムの反乱で始まった。ウィリアムは彼を撃破し，アルク伯はブーローニュ伯のもとに亡命した。しかしアンジュ伯ジェフリが西から圧力を加え，フランス王アンリ1世もマントの軍勢を集結して侵攻を開始したことで，戦いは各地で展開された。「綴織」に登場するポンチュー伯ギーが参戦したのもこのときである。戦いは，1054年までにウィリアムの勝利に帰し，ノルマンディの反ウィリアム貴族は一掃された。ポンチュー伯領はウィリアムの支配下に入り，ギーは2年間の幽閉ののち，ウィリアムに臣従し彼の家来となった。こうしてウィリアムはノル

マンディの統治を盤石のものとしていったのである。

　イングランドでは，ハルサクヌートがデンマークで事態が安定するのを待っていた。1040年3月17日ハロルド1世が死去すると，エマとハルサクヌートは60余隻の船団を率いてサンドウィッチに上陸した。貴族たちは彼らを国王として迎え入れた。新王の最初の仕事は，ハロルド1世の遺体を掘り出し，フェンランドに捨てることであった。その母エルフギーフも歴史の舞台から消えた。2人のエルフギーフの時代は終わったのである。

　1041年，エドワードは異父兄弟のハルサクヌートに招かれてイングランドに帰還した。王は死期を察して異父兄エドワードを後継者として考えていたようである。ハルサクヌートは1042年6月8日に亡くなった。エドワードの即位を当時もっとも権勢のあった伯ゴドウィンが支持し，他の貴族にも異論はなかった。エドワードは，ロンドンにおいて，前王の葬儀の前に，人々の歓呼によって王として迎えられた。そして翌1043年4月3日の復活祭にウィンチェスタの大聖堂で戴冠し，イングランド人の正式な王位に就いた[6]。しかし，当初，母エマとの関係はあまり良好ではなかったようである。エマは，息子エドワードの即位後もウィンチェスタで国王の財産を管理し続けていた。新王はこれを不服に思い，1043年11月，新体制を支える3人のイングランド人大貴族，ウェスト・サクソン人の伯ゴドウィン，マーシア人の伯レオフリック，そしてノーサンブリア人の伯シワードをともなって，ウィンチェスタに出かけ，彼女の手から金庫を取り戻し，彼女のブレインであったウィンチェスタ司教スティガンドをイースト・アングリアのエルマムの司教に追いやった。左遷である。しかし，その後両者の関係は好転し，スティガンドも復職した。クヌートのいわゆる「海上帝国」（同型の船と海路によって結ばれた貢納地の集積）を支えた女傑エマは1052年3月6日に亡くなった。

　ウィリアム＝ポワティエによれば，この3人の貴族と司教スティガンドが，ノルマンディ公ウィリアムを後継者にするというエドワード王の約束を支持したという。この3人とスティガンドが1050年までのエドワードの統治体制を支えていた柱であった。しかし，同時にエドワードはノルマンディから，30年近くの長きにわたる生活で築き上げたフランス系の多くの従士団を引き連れてイングランドに帰還していたし，北フランスの諸侯や教会との強い絆も依然として維持していた。このいわば2番目の柱が，1051年に，王国統治を根幹から揺るがす事件へと導いたのである。

第2章　新貴族

エアルドールマンと伯

　エアルドールマンとは，征服前に王に奉仕した最高位の人物に与えられた称号である。10世紀に統合王国が形成される過程で，エアルドールマンは一定の管区を統轄する職の様相を帯びていった。しかし，管区のまとまりは緩やかで境界は固定されていなかった。そもそも領域を意味する称号ではなく，国王代表としての当該地域の民の支配者であった。例えば，エセルレッド治世のエアルドールマンは，「マーシア人の主君」とか「ハンプシャの人々の主君」としばしば表記された。

　伯と訳す earl は，同じ頃スカンディナヴィアから来た人々の政治的植民が始まって，本格的にイングランドにもたらされた称号である。彼らは王になるには十分ではない貴顕を，jarl（ヤール）と呼んでいた。その英語表記が earl（伯）である。10世紀末までにイングランド人の支配領域では，国王の権威を代表する人物に「エアルドールマン」が使われ，スカンディナヴィア人の勢力が優勢な領域では伯が使われた。二つの称号が，ほぼ50年くらいのあいだ，並行して使用された。しかし，彼らが統轄する人々に対する国王の代理者という意味で，両者に機能の違いはない。いずれの称号もラテン語は dux である。

　クヌート王の時代になって，エアルドールマンという言葉は使用されなくなり，伯が一般的な称号となった。それと同時に，1020年代，クヌート王によって引き立てられた新貴族が台頭してきた。マーシア人の伯レオフリック，ノーサンブリア人の伯シワード，そしてウェスト・サクソン人の伯ゴドウィンがその代表である。ここでいう「新貴族」は，イングランド人とスカンディナヴィア起源の貴族が，いずれも伯として統合されたことを意味している。そうはいっても，ゴドウィンのように，国王によって抜擢され，それまでの貴顕の血統とは異なる出自の新人がいたのも事実である。これまでの研究史では，例えば，ウェセックス伯とかマーシアの伯という言い方をしてきた。しかし，これは誤解を招く言葉の使い方である。あくまでも人に対する伯であって，地域に対する伯ではない。厳密にいえば，ウェスト・サクソン人の伯

でありマーシア人の伯である。本書でも伯とか伯領という場合，人への支配を念頭においている。

　王国統治の基本である人，財貨，奉仕での課税の基本的徴収組織は州であった。ここでは，税を，王権が家政の需要を満たすために，臣民全体に説明のつく目的で，ある程度定期的に，合意された額あるいは内容を一定の徴収単位と組織をもとに要求する上納，という広い意味で使用している。伯が支配を及ぼす州は，ウィリアム1世の治世まで，国王の命令に応える限り史料上にあらわれ，彼の意図によってグループ化されたり再グループ化されたりした。従って，この種の上納は国王と伯によって分有されることもあった。ようやく1100年頃までに，伯のもっていた地域的支配者としての機能はシェリフによって担われ，伯は王国における最高の貴族を意味する称号に変わった。バイユー司教オドのケント人の伯は，征服前の職的機能を継承したものであった。1088年に最終的に失脚して，彼の巨大所領群が解体するなかで，「封建的バロン領」や封建的伯が生まれてきたのである。

マーシア人の伯とノーサンブリア人の伯とウェールズ

　マーシア人の伯レオフリックは，コヴェントリの領主で，「覗き屋トム」のモデルとなったレディ・ゴダイヴァあるいはゴドギフの夫として有名かもしれない。もっともこの話は近世に生まれた伝承である。レオフリックは，フィッチェに基盤をもつ旧マーシアの王統に繋がる旧門閥に属していた。ハロルド1世の母エルフギーフ＝ノーサンプトンの遠縁にあたるといわれる。クヌートは王位に就くと，それまでのエアルドールマンに代えて伯を，最初，ウェセックス，マーシア，イースト・アングリア，ノーサンブリアの四つの領域においた。ただ前述したように，明確な地理的管区があったわけではなく，その領域に住む人々への国王代理としての支配者であった。ヘレフォードのようにのちに必要に応じて新しく創設される場合もあった。

　レオフリックは，エアルドールマンであったエアドリック・ストレオナに代わって1017年に伯となり，57年までその職にあった。彼を継いだのは，伯妃ゴドギフとの子エルフガであった。エルフガは，1055年にエドワード王に反旗を翻してアイルランドに亡命した。そこで18隻の船団を編成してアイルランド人の軍勢とともにウェールズに渡り，当地の王グリフィス・アプ・リウェリンと同盟してエドワードに対抗した。そのなかで娘エアルドギースをグリ

フィスに嫁がせている。エルフガとグリフィスの連合軍は10月24日，ノルマン人とフランス人の騎士を中核としたイングランド人の民兵からなる伯ラルフ臆病者の軍勢を撃破し，市場都市ヘレフォードを焼き殺戮をおこなった。この年のことを『ジョン＝ウースタ』の年代記はこう告げている。

　1055年，ノーサンブリア人の伯シワードがヨークで死去した。……彼の伯領はハロルドの兄弟トスティクに与えられた。ほどなくしてエドワード王はロンドンで会議を開き，レオフリックの息子エルフガに法外者を宣告した。彼になんの咎もなかったにもかかわらずである。エルフガはアイルランドへ向かい，18隻の船団とともにウェールズ人の王グリフィスにエドワード王との戦いの援軍を依頼した。……2人の軍勢はヘレフォードシャに侵入した。エドワードの姉妹の子，ラルフ臆病者は，彼らに抵抗するために軍勢を集めた。両軍は，ヘレフォードから2マイル（約3.2km）のところで10月24日に激突した。ラルフは，イングランド人の習慣に反して騎乗して戦うことを命じた。……しかし伯もフランス人もノルマン人も逃げ出した。それを見たイングランド人も彼らの指導者とともに逃げ出した。エルフガとグリフィスの全軍は逃走するラルフの軍勢を追走した。400〜500人を殺害し，多くに傷を負わせた。勝利を得たエルフガたちはヘレフォードに入り，……教会や町を焼き，戦利品を持って戻っていった。……これを聞いたエドワード王は軍勢を全イングランドから召集し，グロスタに布陣させ，勇敢なハロルドにその指揮を任せた。伯は，速やかに国王の命令に従って，エルフガとグリフィスを追撃した。……使者が両方のあいだを行き来して，エルフガとグリフィスとハロルドや彼らに従った者は「ビリゲルスリージア」と呼ばれる場所で会談した。相互のあいだで平和が同意され，互いに確固たる友人になる決意をした。……エルフガは王のもとに行き，伯領を取り戻した。

『アングロ・サクソン年代記』（C）も次のように記録している。

　彼らはアイルランドの者たちとウェールズの民を集めた。伯ラルフも大軍を集めて市場都市ヘレフォードで彼らと対戦した。……彼らは町に戻り焼き払った。有名な〔司教座〕教会もである。……一方，平和の話合いがおこなわれた。伯ハロルドは……彼らとのあいだの平和と友情を確認した。エルフガは伯職に戻り，没収されたものすべてが戻された。

　ラルフ臆病者は，エドワード王の姉妹ゴドギフとヴェクサン伯ドロゴ＝マントのあいだに生まれ，叔父に従ってイングランドに来た。ミッドランド東部

に拠点があり，伯の称号ももっていた。国王の強力な支持者で，ノルマンディから来たエドワードの2本目の柱の中心人物であった。1052年にゴドウィンの息子のスウェイン[11]がエルサレム巡礼で亡くなったあと，伯を継いだ。しかしヘレフォードの戦いでは惨敗を喫した。それでも彼が伯職を失うことはなかった。さらに驚くべきことは，エルフガが断罪されることはなく，和平（「平和と友情」[12]）が成立し，マーシア人の伯に復職したことである。

　この戦いは，イングランド人が馬上で戦う習慣がなかったことを示すときによくもちだされる事例である。確かに組織的な騎馬戦はおこなわれなかったであろうが，戦時でも平時でも，馬に乗って移動することは常態であり，「綴織」にも描かれている。それにここで問題となっているイギリス人は，フュルド（自由人による郷土防衛）によって召集された民兵であった。島の大軍は，馬と船で移動したのである。

　エルフガを継いだのはエドウィンで，もう1人の息子モーカはのちにノーサンブリア人の伯を継ぐことになる。グリフィスは，その後1063年にハロルド伯との戦闘で殺害され，妻エアルドギースは1066年に国王となったハロルドの妃となった。ただしハロルドには実質上の妻，ブロンドのエディスがいた。『ジョン＝ウースタ』は，「ハロルドはエドワードの指示に従って少数の騎馬隊で急襲し，グリフィス王の艦隊とルドランの王宮を燃やした。そしてブリストルから船団でウェールズを回り，トスティクと合流した。ウェールズ人は人質を出して〔降伏し〕，王を見限った」という[i. 221]。『アングロ・サクソン年代記』（D）も，次のように伝える。

> 1062年冬至の頃のあと，勇者ウェスト・サクソン人の伯ハロルドは，グロスタに滞在していたエドワード王から命令を受け，たびたび国境を荒らす……ウェールズ人の王グリフィスを殺害すべく騎馬の小部隊を率いてルドランを急襲した。グリフィス王は逃亡した。……〔ハロルドは〕館と船団とその装備を燃やした。……〔1063年〕5月26日，ハロルドは船団を率いてブリストルから出航しウェールズを周航した。トスティクは，国王の命令で援軍に駆けつけ両軍は合流した〔『アングロ・サクソン年代記』（C）ではトスティクは「陸上軍を率いた」とある〕。……ウェールズの人々は人質を送って貢納を約束した。そして彼らはグリフィスを法外者とし見捨てた。

　『アングロ・サクソン年代記』（C）は，グリフィスの最後を多少詳しく伝えている。

〔同年〕8月5日グリフィス王は家来によって殺害された。……彼の首はハロルドのもとに届けられた。ハロルドはそれを船首像と船飾りとともにエドワード王に持っていった。

　船首像は軍事力の象徴であった。「綴織」の第38場の船（→115頁）を見ていただきたい。エドワードは決して軟弱な王ではなく，軍事行動を指揮する王であったし，ハロルドも北部の伯よりは信頼のおける近臣であった。

　シワードは，クヌートに従ってイングランドに渡り，北部イングランドに勢力を張って，1041年にノーサンブリア人の伯となった。シェークスピアの『マクベス』のシワードのモデルといわれる。『アングロ・サクソン年代記』（D）によると，「この年1054年に伯シワードは，船団と陸上軍からなる大軍を率いてスコットランドに入り，スコット人と戦った。そしてマクベス王は敗走した。……息子オスビヨンと姉妹の子シワード，そして何人かの親衛隊（フスカール）が死亡した。この日は7人の眠れる者たちの日，6月27日であった」。戦場はフォース湾の北のどこかであるが，15世紀以降，伝説的なダンシネンの戦いとされてきた。彼と旧来のノーサンブリア人の伯の血を引く妃エルフレドとのあいだには1050年にワルセオフが生まれた。シワードは1055年に亡くなり，伯職はゴドウィンの子トスティクが継承した。長男のオスビヨンは戦死していて，ワルセオフはまだ幼かったためであろう。彼こそが，征服後のイングランド人系最後の伯となった悲劇の人物となる。

ゴドウィン家

　ゴドウィン家が，史料上初めて登場するのは，ゴドウィンの父ウルフノース・チャイルドのときからである[13]。それ以前からの系譜を探る研究もあるが[14]，史料的根拠は弱い。1008年，エセルレッド2世は，新たな海軍のシステムの構築に乗り出した。いわゆるシップソークである[15]。『アングロ・サクソン年代記』（E）はいう。

　　ここで王は，全イングランドに対して，310ハイドから1隻の軍船を建造し，8ハイドごとに〔水夫の〕兜（かぶと）と鎖帷子（かたびら）一式を提供するように命じた。

　この命令がどの程度実効性をもっていたのかはともかくとして，スカンディナヴィアからの新たな侵攻に対して，国王が強力な海軍力を必要としていたことだけは確かである。

　1009年に国王は，デーン人の襲来に備えて大船団をサンドウィッチに配備

した。そこで，マーシア人の伯エアドリック・ストレオナの兄弟ブリフトリックと，（サセックスの）ウルフノース・チャイルド（『アングロ・サクソン年代記』〈F〉は伯ゴドウィンの父と明言している）とのあいだに何らかの不和が発生した。ブリフトリックはウルフノースを国王に訴えた。これに対して，ウルフノースは，

図1　11世紀のドーヴァ

麾下の20隻の船団を率いてその場を脱出した。追撃したブリフトリックの大船団は嵐によって被害を受けたうえ，ウルフノースによる焼討ちにあい壊滅した。その報告を受けて，国王艦隊は解散しロンドンへ逃亡した。ウルフノースとその船団は，明らかに海事に長けたプロフェッショナルな集団であった。ゴドウィン家の登場と隆盛は，つねに海とかかわっていくのである。

　ゴドウィンの初出は1014年で，エセルレッドの長男エセルスタン・エセリングの死の床の遺言書[16]にあらわれる人物であろう。「われは，ウルフノースの子，ゴドウィンに，彼の父が保有していたコンプトンの所領を与える」[S 1503：Witelock Wills, no. 20]。ゴドウィンが伯として初めて登場したのは，1018年にクヌート王が王妃エマの要請でサセックスにある小さな森を大司教エルフスタンに譲渡したとき[S 950]，1017年から32年のあいだに，同王がノルマンディのフェカン修道院にサセックス海岸部の「ラムズリ」の所領と港を譲渡したときの証書の証人としてである[S 982]。

　ゴドウィンが伯と呼ばれるようになった頃の彼の実際の支配域は，サセックスを越えるものではなかった[エアドマ『イングランドにおける新しい歴史』5]。しかし，1019年，ゴドウィンは，当時デンマークのもっとも強力な支配者でクヌートの義理の兄弟でもあった，ヤール（伯）のウルフの姉妹と結婚し，クヌート王の遠縁となった。この頃からゴドウィンの隆盛が始まる。とくにケントへ支配を拡大していった。1038年に職に就いた大司教エアドシージはゴドウィンの傀儡となった。とくに海上交通の拠点でもあるドーヴァへのゴドウィン[17]支配の強化は目を見張るものがあった。「ドーヴァはエドワード王の時代に18ポンドを貢納していた。その3分の2を国王が，3分の1をゴドウィン伯が取得した」[18][GDB, fo. 1]のである。征服後，ウィリアム＝ポワティエがその聖職禄を保

有していたセント・マーティン共住教会は港と市場に隣接してあった(→図1)。一方，ゴドウィンは，港を見下ろす丘の城塞内の共住聖職者教会セント・メアリのパトロンとなり，教会を発展させたり，市民とくに海民の保護者としての性格を強めていった。丘の上の城塞(バラ)は実質ゴドウィン・ハロルドの城であった。それゆえ，ウィリアムにドーヴァの城を渡す約束ができたのである(→47頁)。彼は海で生きる人々の長(おさ)としての「海の領主」であった。

エドワード王の時代になってもゴドウィン家の隆盛は続いた。1043年息子のスウェインとハロルドが伯に任命された。1045年1月23日，娘エディスとエドワード王とが結婚し，王家に繋がった。しかし，海外の状況は，クヌートの築いた海上帝国の解体とともに不安定なものとなっていった。1042年ノルウェーの王マグヌスが，クヌートとゴドウィン双方の甥であるスヴェイン・エストリドセンからデンマークの支配権を奪い取ってしまった。エドワード王は，クヌートに繋がるスヴェインからの援助の要請を拒否した。おりしもエドワードは，異父姉妹グンヒルドの夫の，神聖ローマ皇帝ハインリヒ3世に対するロートリンゲンの内乱に巻き込まれ，皇帝を支持してフランドル伯と対峙していたところであった。

1043年から51年までのエドワードの統治は，イースト・アングリアも含むウェセックスを根拠地とするゴドウィン，マーシアのレオフリック，そしてノーサンブリアのシワードの三大貴族と，ノルマンディ時代からエドワードと近しい近従団の2本の柱からなっていた。ウィリアム＝ポワティエは，エドワードはノルマン人の騎士団を護衛として引き連れていた，という。近従団で名前の知られているのは，前述した甥のラルフ臆病者とジュミエージュの修道院長からロンドン司教となったロバート＝ジュミエージュ，そしてノルマンディで出会いエドワードの宮廷礼拝堂司祭からエクセタ司教となったイングランド人のレオフリック，フランドル人で同じく宮廷礼拝堂司祭からラムスベリとシャーボンの司教となったヘルマンなどである。ヘルマンはラムスベリとシャーボンから移ったソールズベリ初代司教となった。レオフリックは1070年のカンタベリ大司教ランフランクによるイングランド人司教排斥の対象とはならなかった。

しかしゴドウィン一門の巨大化はイングランドにおけるパワーバランスを壊し始めていた。最初の衝突は，カンタベリ大司教の任命をめぐってであった。1050年10月29日大司教エアドシージが死去した。大司教座参事会が推挙したエセルリックはゴドウィンの近親者ということもあってエドワード王がそ

の就任を拒否した。その代わりに1051年の四旬節のあいだに腹心でノルマンディから連れてきた元ジュミエージュ修道院長でロンドン司教ロバートを任命したのである。ロバートはローマに出向き教皇レオ9世からパリウム（大司教用肩衣）を与えられて6月28日イングランドに戻り翌日（聖ペテロの祝日）に大司教に就任した。ロバートはローマからの帰路ウィリアムと接触して，王妃（ゴドウィンの娘）エディスとのあいだに子どもができないエドワードの相続人はウィリアムであるという話をしたという。いずれにせよ，ロバートの任命によって，エドワードは大司教職に対する国王の権利回復を図ったといえる。これによってゴドウィンと国王とのあいだは一触即発の状態となった。しかし，危機は別の方向から突然発生した。1051年9月初め，国王の義理の兄弟のブーローニュ伯ユースタス[21]が「彼が望むことを話したい」[『アングロ・サクソン年代記』(E)]とエドワード王の宮廷を訪れた。彼が望むこととは何か。

第3章 紛争解決と新体制

1051年の紛争

　この危機の顚末(てんまつ)を『アングロ・サクソン年代記』(E)の記事から追ってみよう。ただし，記事は意訳し，出来事を追うために加筆・削除と要約をおこなった。引用内での筆者の補筆は〔　〕で示した。

　　国王との話のあと，ユースタスはドーヴァに来た。都市に入る前に一行は武装し，市内の一角を要求した。家来の1人がある家に滞在することを望んだが，家主はそれを拒否した。それで家主を傷つけた。これに対して家主はこの家来を殺害した。ユースタスと家来たちは馬で乗りつけ件の家に来て家主を炉辺で殺害した〔家長を炉辺で殺すことはハムソクンといって，ムント権(家支配権)の侵害で王の裁判に属する事件であった〕。一行は，都市の内外で20人の市民を殺害した。これに対して市民の側も19人を殺害し数知れぬ家来に傷を負わせた。ユースタスは数人の者と逃れ，王のもとに来て，事実に反する市民の悪行を一方的に訴えた。国王は怒り，伯ゴドウィンを呼び寄せ，ドーヴァを攻略するように命じた。伯は王に同意しなかった。それは，自らの支配圏[22]を攻撃することなど耐えられなかったからである。

　ムント権を侵害されたのはドーヴァの市民であり，そのうえでの攻撃は彼の「海の領主」の根拠を失うことを意味した。しかし，国王命令に背くことは反逆であった。伯はこの二律背反に苦しんだであろう。

　　王は聖母マリアの祝日〔9月18日〕にグロスタで貴族集会を開くことを命じた。よそ者たち(フランス人 [ASC. D])はゴドウィンの息子で伯であるスウェインの支配圏であるヘレフォードに赴き，周辺の国王の民に脅威を与えた。これに対して，ゴドウィン伯とスウェイン伯とハロルド伯ら一門は，〔グロスタにいる王から南に23km程離れた〕ベバーストンに傘下にある者たちと集結して王に貴族集会への参加の意思を示しつつ対峙して，〔ムント権の侵害とバラ(都市)への平和侵害という王と民に加えられた〕侮辱を晴らそうとした。しかしよそ者たち(フランス人 [ASC. D])はゴドウィンが謀反を企て王の殺害を計画しているから面会してはならないと主張した。ノー

サンブリア人の伯シワードとマーシア人の伯レオフリックや多くの人々が国王のもとに集まってきた。ゴドウィンと息子たちは，国王と彼とともにある者〔ノルマン人〕たちが彼らに対して敵対的処置をとるとの情報を得た。忌わしきことではあったが，彼らは国王に対決することになった。貴族集会は，双方がこれ以上の敵対行動をとることをやめ，王が神の平和と完全なる友情を与えるべきことを宣言したのである。

ゴドウィンたちの目的は名誉回復であり，戦闘行動というよりは示威行動によって仲裁に入る第三者を期待していたのである。しかし王とノルマン系の貴族たちは，ゴドウィンたちに打撃を与えることを目的としていた。話合いはつかなかった(第1段階)。

1回目の集会のあと，国王と貴族集会は，全貴族による第2の集会を秋分の日の9月24日にロンドンのサザックで開催することを宣言し，テムズ川の南と北の軍勢を召集した。そこでまずスウェインには，その悪行で法外者が宣言された[23]。次いでゴドウィンとハロルドが集会に速やかに出席するように召喚されたが，ゴドウィンたちは身の安全と人質を要求した(第2段階)。これに対して，国王はゴドウィンの配下にあったセイン(→225頁)たちに国王に忠誠を誓うことを求めた〔ゴドウィンのもとにある地域の有力者層を切り崩そうとしたのである〕。そして国王は使者を派遣してゴドウィンたちに12人の者とともに集会に出席するように求めた。この3度目の召喚に対してもゴドウィンたちは身の安全と人質を再度求めた。そうすれば国王への謀反の疑いに対する身の潔白を証明すると主張した。しかし，再び彼らは人質を拒否されたのである(第3段階)。

話合いは決裂した。3回の和解の努力は実らずその道は閉ざされ，ゴドウィンたちには，クニを離れる5日間の猶予が与えられた(第4段階)。そこでゴドウィンとスウェインはボーシャムから船を出して〔息子トスティクの義理の父であるフランドル伯〕ボルドウィンの保護下に入った。ハロルド伯と兄弟のレオフウィン[『ジョン・ウースタ』]はアイルランドに向かい冬のあいだ，〔レンスタの〕王〔ダーマット・マック・マエル・ナンボ[24]〕の保護下に入った。1066年にハロルド王が戦死したときに，彼の2人の息子を保護したのはこのダーマットであった。彼は，ハロルドの遺児にダブリンの船団を与え，彼らが1068年にブリストルを襲い，デヴォンとサマセットを荒らし，69年にもイングランド南西部を荒らすのを援助したのである[『エドワード王伝』25]。

和解への努力と亡命によって，国を二分する戦闘と流血の惨事は避けられ

た。統合王国のイングランドでは，前述のエルフガの事例にみたように（→212頁），基本的に戦いによる紛争解決の手段を避け，平和的な手段がとられてきたのである。エドワード王は，王妃エディスをウィルトン女子修道院に幽閉した。[25] それは，子どもが授からなかったからである。四十代後半にさしかかったエドワードにとって，王位継承の問題は逼迫していた。縁戚であるウィリアム公を候補に考えていたというのは可能性のある推定である。『アングロ・サクソン年代記』(D)だけが，「〔エディスが幽閉されたあとすぐに〕伯ウィリアムが海を越えてフランス人の大軍を引き連れてイングランドに来た。国王は彼と多くの同伴者を迎え入れてふさわしいもてなしをして帰した」という。もしこれが事実とすれば，このとき王位継承の約束が交わされたとみることができる。

1052年3月にエドワード王の母后エマが亡くなり，6月23日にゴドウィンたちは行動を起こした。まずワイト島に向かい島民から軍資金を調達したあと，ポートランド（ドーセットの王領地 [GDB, fo. 75]）に上陸した。一方，ハロルドは9隻の船でアイルランドを出港，ポーロック（サマセット [GDB, fo. 93]）に上陸し，食糧や人や軍資金を徴発したのち，ゴドウィンと合流してワイト島へ向かいそこで再度補給をした。それからペヴェンシで船団を補強し，ダンジネス〔ケントの最南端〕を経由してロムニ，ハイス，フォークストン，ドーヴァそしてサンドウィッチでさらに海民〔ボートの民，バッツカール〕と船団を集めてロンドンに向かった。各地で彼らは海民の忠誠を確実にするために人質をとっている。『アングロ・サクソン年代記』(C・D)は「ケントのすべての者たちとヘイスティングズと海岸部の，さらにはエセックスやサリとその近隣の海民はゴドウィンとともに生きかつ死ぬことを宣言した」という。そこにはゴドウィンの「海の領主」としての復活がある。彼らの行動は，事前の陽動作戦といい，ポートランドのような良港に集結したことや，速やかに海民と船を徴用したことなど前もって周到な準備がおこなわれていたのであろう。

ゴドウィンの反攻を予想して，国王と貴族たちは船団を配置した。そしてエドワード王の甥の伯ラルフ臆病者と伯オダを船団の指揮官に任命して40隻の高速戦艦を配備した。しかし，ゴドウィンたちを捕捉できなかった。『アングロ・サクソン年代記』(C・D・E)は伝える〔筆者による要約〕。

9月14日にゴドウィンたちは，サザック〔ロンドン橋の南岸のバラ〕に到着し，上げ潮まで潮待ちをした。そこで彼らはロンドンの市民たちと和解した。それから潮に乗って，ロンドン橋を通過し，テムズ川南岸に沿って遡上した。陸上部隊が川岸沿いに整列した。船団は，国王船団を囲うかのよ

うに北岸へ舵を切った。王と伯たちも北岸に軍勢と50隻の船団を配備して戦闘態勢をとっていた。ゴドウィンとハロルドは，使者を送って，不正にも彼らから奪い取られたものが回復できるかどうかを尋ねた。国王はしばらくそれを拒否していたため，ゴドウィンに付き従う者たちが，国王とその一派に敵対の意思を示し始めた。それで伯はその者たちを鎮めるのに苦労した。……そこにいた者たちは，同じ民のあいだで争うことは忌わしいことで，互いを傷つけ合ってよそ者にクニを開くことは望むべきではない〔と考えていた〕。ゴドウィンたちは上陸した。司教スティガンドが，ウィンチェスタからやって来て仲裁に入り，ロンドン市内外の賢者とともに，両方の側から人質を出すことを提案して，和解が成立した。

ノルマン派（とあえていっておこう）は敗北したのである。『アングロ・サクソン年代記』(D・E)は，生々しく伝えている。

大司教ロバートをはじめとするフランス人貴顕たちは，逃亡を開始した。馬を飛ばして，ヘレフォードシャのオズバーン・ペンテコステの城に[26]，あるいはロバート・フィッツ・ワイマーク[27]（→141頁）の城に逃げ込んだ。大司教ロバートやノルマン人のドチェスタ司教ウルフと彼らに付き従った者たちは，ゴドウィン側の人質を連れて船に乗りノルマンディへ逃れた。

新体制

フランス系の貴顕の逃亡ののち，会議がロンドン郊外で開催され，伯と「最上の人々」（大貴族）が集まった。そこでゴドウィン伯はエドワード王とその場に居合わせた人々の前で，身の潔白を証明した。それを受けて，国王は彼らとの「完全な友情」（国王平和）を回復し，ゴドウィン一門と，彼らと行動をともにした者たちの名誉回復を宣言した。国王と伯とのあいだの不和に責任があるとして，大司教ロバートをはじめとする反ゴドウィン派のフランス人に法外者が宣告された。和解の労にあたった司教スティガンドはカンタベリの大司教に任命された。

一般に「内乱」といわれる1051〜52年の事件は，建前上は国王の側からはゴドウィンの命令違反に対する，ゴドウィンの側からはムント権と領主権への侵害という互いにぶつかり合った紛争を解決する和解の手続きであった。「友情」（平和）を回復するために，会議の召集と睨み合い，3度の召喚という正

当なる手続きが踏まれたのである。物資調達のために庶民が殺害されることはあっても，貴顕のあいだでは，戦闘を避けるための努力が積み重ねられた。1051年の段階では，王の取巻きであるフランス系の貴顕たちを除くとマーシアやノーサンブリアの貴族が戦闘を避ける以外に積極的な動きはなかった。睨み合いの状態のなかで，仲裁を待っていたゴドウィンたちは，利がないと判断するといったん矛を収め亡命した。亡命もまた紛争解決の手続きであった。

1052年の春に亡くなったエマが，51年からの紛争において，どの程度ノルマン系貴顕の精神的支柱となりえたのかは判断できない。しかし1052年から54年まで，ノルマンディでウィリアムは公権確立のためのいわば最終戦争に突入していた。1052年は，ゴドウィンたちにとっては，復権するのに絶好の機会であったのである。王との「友情」を回復したゴドウィンたちは，イングランドに残ったフランス人に復讐したわけではなかった。そこには実質はともかく形式的には「殺さない統治」が存在していたのである。

例えば，1041年にエドワードに付き従い，52年にはゴドウィンと対峙し，オダとサンドウィッチで船団を指揮してゴドウィンたちを待ち受けていたラルフ臆病者は，52年の暮れエルサレムに巡礼に行き亡くなったゴドウィンの長男スウェインの後を継いで伯領を統治したオズバーン・ペンテコステの後を継いだ。彼とゴドウィン家との関係は良好で，1057年に亡くなったあと，ラルフの遺児ハロルドは，おそらくは伯ハロルドが名づけ親で，王妃エディスの宮廷で養育された。ハロルドは，1066年以後，父の所領の一部とオズバーンの旧領ユーヤスを受け継いだ。オダは，1056年にディアハーストに今も残るオダの礼拝堂を建立している。聖職者についてみても1051年に聖別されたロンドン司教ノルマン人ウィリアムは，75年に死亡するまでその職を全うしたし，司教ヘルマンは初代ソールズベリ司教として78年までその職にあった。

ゴドウィンにもっとも抵抗したのは，ロバート＝ジュミエージュとその一派であった。1052年の9月14日の会議で，ロバートは法外者を宣告され，大司教の座から追われた。彼が今回の事件の首謀者とされたからである。ロバートは，すぐさまローマでレオ9世に，スティガンドの大司教就任の不当性を訴えた。教皇庁は，パリウムを授けたロバートの国王による解任を認めず，ロバートの訴えを受けてスティガンドをローマに召喚したが，彼は出頭しなかった。このときスティガンドに破門の宣告あるいは聖務執行停止の命令がく

だされた。ロバートは1053年頃に亡くなったが，そのあとの教皇ウィクトル2世やステファヌス9世も，スティガンドの就任は教会法にのっとっていないことを主張し続けた。後を継いだベネディクトゥス10世は，結局対立教皇の烙印を押されてしまった。1058年，スティガンドにパリウムを授与したのは，この教皇である。ただし，彼はローマには出向いていない。結局，ニコラウス2世が正統となり，1066年当時の教皇アレクサンデル2世に至るのである。この間，ベネディクトゥス10世が正統をはずれたため，スティガンドの正当性も問題にされた。ノルマン征服に，イングランド教会改革というキャンペーンが入り込む余地がここにあった。

　しかし，1052年の和解以降，王とゴドウィン一門との関係は良好であり，ノルマンディとの関係も変わることはなかった。むしろ，マーシア人の伯やとくにノーサンブリア人の伯が政治的に自立的な動きを活発化していった。少し箇条書き的に整理してみよう。1053年4月15日，ゴドウィンが死去した。前年のスウェインの死去により，ハロルドが当主となった。1054年の夏，伯シワードがスコットランドに攻め入りマクベス王を撃破している。この年の12月にフェカン修道院長ジョン・ラヴェンナが所領を視察に訪れ，国王と会見している。サセックスの海岸所領の巡察と，イーストボーン（ペヴェンシから南西8km）の教会の帰属とを話し合ったようである。1055年早々に伯シワードが亡くなった。国王は四旬節の時期の喜びの主日の1週間前にロンドンで宮廷会議を開催した。その場で，後任にゴドウィンの子トスティクが任命された。まったく在地性のない彼の就任は，エドワード＝ハロルド体制を補強はするが，北部統治の混乱の火種となったのである。そのあとすぐに，エルフガに法外者が宣告された。彼の伯領であったイースト・アングリアは，ゴドウィンの子ギリスに与えられた。これから先は前述した通りである（→212頁）。1057年夏，父である伯レオフリックの死によって，エルフガがマーシア人の伯に収まることで危機は回避された。1062年，エルフガの子エドウィンがマーシア人の伯を継いだ。

　このあと，ウェールズ，そしてスコットランドとの緊張はあるものの，1065年10月3日のノーサンブリアの人々の反乱まで比較的平穏な時期が続いた。反乱の少し前の夏，王とトスティクはウィルトシャでともに狩りを楽しんでいる。反乱が収束した1065年の暮れ，エルフガの子でエドウィンの弟モーカがノーサンブリア人の伯となった。レオフリックが亡くなった1057年以降の王国統治は，エドワード王とハロルドを中心とするゴドウィン家の連携によっ

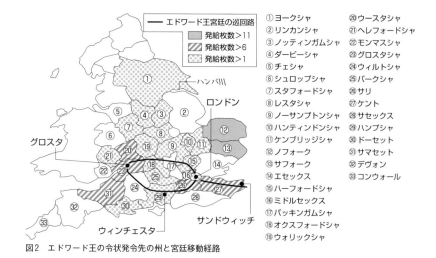

図2　エドワード王の令状発令先の州と宮廷移動経路

て維持されていった。しかし、これによって、マーシア、ノーサンブリア地域とのあいだに、大きな亀裂が生まれ始めたのである。これは統合王権のもろさを露呈していた。王権の下達文書である令状は、ハンバ川の北にはほとんど届かず、イースト・アングリアとマーシアを含む旧ウェセックス王国領域を中心に発給された。宮廷の移動範囲もそれにほぼ重なるのである (→図2)。1066年にウィリアムが対峙したのは、実質的には「ウェセックス」の王であった。ノーサンブリアの人々は、ハンバ川の南では組織的には動かなかった。だからこそ、ウィリアムは1069年に第2次ノルマン征服ともいうべき北部遠征を大規模に展開しなくてはならなかったのである。ハロルド王の王国の記憶からの抹殺と、ランフランクによる教会の人事からのイングランド人の排除 (それも聖人も含めた) の断行は、統合王権の再生のためには、必然的な政策であったのかもしれない。とはいっても、ハンバ川を境にした北部と南部の政治的大地溝帯は、程度の差はあれ、その後も決して消えることはなかったのである。

第4章　地域に生きる人々

セインのミクロな社会

セインの登場

　アルフレッド王以降，イングランド人の統合王国が時間をかけて形成されていく過程で，登場した重要な社会層がセインである。そのもっとも基本的な意味は，「使える者」である。最初は，セインは社会身分というよりも，土豪的な貴顕であったイエシースが，その場その場で，特定の目的のために王に仕えたときに呼ばれた呼称であった。セインのラテン語形は tegnus であるが，ときには miles あるいは minister と表記された。そのセインの意味に変化がみられたのは，統合王権をつくりあげたエセルスタンのときである。生まれつつあった国王政府は，とくに地域の有力者たちを，地域統治の要として把握しようと試み始めた。彼らは，地域にとっても素性良き者であり，王権にとっても文字通り「良き」人々であった。名望家をつくりあげていたのである。

　国王の法典のなかに，「ケントのセイン」といった統治に一定の義務を有するセイン（『第3エセルスタン法典』序文），あるいは窃盗に関する裁判を行使するセインについての言及があらわれた。エセルレッド王法典になると，セインと教会に関する規定があらわれてくる。それは，セインが自らの土地に教会を建立したことによって発生した，古くからのミンスタ教会とのあいだの十分の一税の分配をめぐる争いを回避したり，セインのいわばこの私有教会に務める司祭の水準を維持しようという指示であった。地域に拠点をおくセインたちによって，村々の教会が建立され始め，小教区制の土台が築かれていったのである。さらに，裁判集会において，セインたちには宣誓補助者としての役割，紛争解決のための梃子(てこ)としての役割が期待されたのである。「第2クヌート王法典」は，相続税の点で，国王と直接の関係に立つ王のセインと一般のセインを身分的に差別化した。セインは身分となったのである。

　身分とはいったがカーストのように閉じられたものではない。流動性のある階層であった。おそらくはヨーク大司教ウルフスタンの手になると思われる「諸身分 Geþyncð」として知られる文書にはこうある。「もしチェオル（自

由人）が豊かになって，5ハイドの自分の土地と，教会と厨房と鐘楼と囲いのある門つきの居館を所有し，国王を歓待する際に特別の義務を有するようになれば，その者はセインの権利の資格がある」と。セインにたる富の量が規定され，国王との関係でその位置が定められた。さらには，商人も「豊かになり，大海原を3度航海すれば，そのときセインの権利の資格がある」とされたのである。王権側は，地域統治の尖兵を積極的につくりだそうとしていたのである。

セインの義務

セインの登場にみられるこの社会構造の変化の根底には，家制度が，血族の弛緩によって単婚小家族へと変質を開始したことがある。統治の平和は血族ではなく，地縁的な人々の結合に依存していった。「第1エセルレッド王法典」の第1条2項は，告訴され，宣誓においても神判においても無実を立証できなかった自由人の主君は，雪冤宣誓者として2名の信頼に足るセインをハンドレッド内で選出すべきことを定めた。「第2クヌート王法典」第22条は，信頼に足る人とはどのような人かを積極的に説明している。布告はいう。「悪しき噂がなく宣誓においても神判においても信用を失うことがなかった信頼に足る人は，誰でも，ハンドレッド内において，無罪証明の宣誓だけで自らの身を清いものにしてよい」と。良き人々とは，証人となりうる人で，萌芽期の公権力が依拠した，宣誓システムの源であった。

ハンドレッドとは，治安維持のために王権により創出された地域的な相互補償機構であった。狭い範囲での地縁的人間関係とその生活の基盤にある信頼関係に王権は国制の網をかけようとした。行政的手段をもちえない時代にあって，生れ立ての中央権力は，地域住民の共生意識によって秩序を維持しようとした。ハンドレッドが，ドゥームズデイ審問が必要とした情報を提供する細胞であったのはこうした理由による。州は，こうした地域組織をまとめる枠として10世紀をかけてつくりあげられていった。その実態は，国王命令に応えるセインたちの共同体であった。

国王がセインに要求したのは，裁判集会における宣誓補助者，つまり紛争解決と地域の記憶の貯蔵庫であり，国王家中の需要に対する分担分の援助であった。「第3エドガ法典」は，悪しき判決をくだした者はセインの身分を失う危険を冒していると警告している。もちろん，セインたちが，有力者とあるいは，彼らの保護を必要とする人物とのあいだにパトロネージの関係を結んでいたのは確かである。しかし，それでも，王権が求めたのは，州のセイ

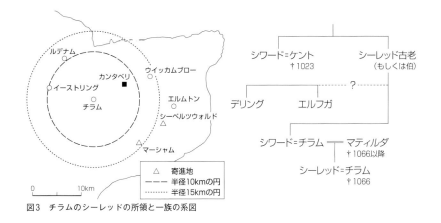

図3 チラムのシーレッドの所領と一族の系図

ンとしての共同行為であった。エセルレッド2世の頃から，上意下達の手段としての令状が出現した。州集会に王命を伝える，当時としては最良の手段であったろう。エドワード王の治世には国王が目の前にいて命令をくだしていることを想像させる印璽[30]もつけられた。一例をみてみよう。

　エドワード王は，親愛の情を込めて①大司教スティガンドと伯ハロルド，セント・オーガスティン修道院長ウルフリック，シェリフのオスワルド，そして②ケント州のすべてのわがセインたちに挨拶する。朕は以下を告知する。わが意思は，マーシャムにある土地と合法的にそこに附属するすべてがカンタベリのクライスト・チャーチに裁判権とともに属することである。ちょうど③シワードと彼の妻マティルダ[31]が大司教座教会附属修道院にこの所領を寄進したときと同じように，である。④わが意思はわがセインたちがくだした決定が維持されんことである。［ASW. 189］

これは，1053〜61年頃にエドワード王がケントの州裁判集会に発給した令状である。令状は三人称の挨拶で始まる。名宛人は，下線①のような司教や伯といった「最上の人々」である大貴族や国王役人のシェリフと，下線②のような「良き人々」である州のセインたちであった。前者には個人名，後者には集団で呼びかけがおこなわれた。中世後期の議会に，貴族は個人宛の令状で，騎士・ジェントリには州宛の令状で召集がかけられた。令状における二様の召集形態は，イングランドの二層の貴族集団の起源ともいえるであろう。もっとも後者には爵位はないので，15世紀以降の爵位貴族ないしはそれ以前でもそれに相当する人々を貴族とするのであれば，セインたちを貴族と定義するには難がある。しかし，貴族を国王に対する奉仕の代わりに特権を与え

られた階層と定義すると，国王セインたちも貴族層に入れることもできるであろう。州のセインにも国王セインと一般のセインが入り込んでいて，区別は難しい。伯も国王セインと呼ばれえたからである。それでも安易ではあるが，個人名で命令を受け取った者を大貴族，国王セインも含めて州のセインとして命令を受け取った者を小貴族とした次第である。

令状に戻ろう。③のシワードは，チラムを拠点としたケントの指導的なセイン家門であった。息子のシーレッドはヘイスティングズの戦いで戦死したようで，一門の所領はノルマンディのドヴルから来たフーバートたちの手に渡った。この令状は，おそらくシワードの一族のあいだでの所領継承でごたごたがあって，その解決のために発給されたものであろう。集会では州のセインたちがカンタベリ教会の所有を確認した。国王はその決定（地域の意志）を自分の意思（王の決定）としたのである。

「人々の権利と身分」[EHD, ii, no. 172]と称される文書には「セインの法」という以下のような規定がある。

> 彼は自らの証書[32]の権利を与えられている。しかし，三つのことは，ブックランド[33]であっても（免除特権があっても），おこなわなければならない。それは軍役，城塞の修築，橋の維持[34]である。

軍役が最初にあげられていることからも，彼らには戦士としての役割が期待されていた。ハロルドは，こうした地域のセインを動員したのである。

ハロルド軍の軍勢

第51場と第53場に，丘の上を死守するハロルドの軍勢が描かれている。しかし，その装備には大きな違いがある。第51場（→160〜165頁）は，軍旗を中心に，兜（かぶと），鎖帷子（かたびら），盾，戦闘斧や槍で重装備しおそらくはわずかではあろうが弓兵も配置したフスカール（親衛隊）を描いているのに対して，第53場（→171〜172頁）では，槍や剣，戦闘斧で戦うも，防御は盾だけで，兜も鎖帷子も装備していない民兵隊が描かれている。「綴織」は，二種類の軍勢が存在したことを示している。

クヌートからハロルド・ゴドウィンソンまでのイングランドの国王に仕えフスカールと呼ばれた職業的戦士団が，イングランド人の軍勢の先頭にいた。フスカールは，古北欧語で家人の意味で，貴顕家中の構成員を意味していた。古くは，内部規律をもつギルド的軍勢とか，常備軍的傭兵ともいわれてきた。確実にいえるのは，国王に近しい重装備の親衛隊ということである。そこにイングランド人やスカンディナヴィア人の違いはない。彼らは，税（ゲルド）の

徴収人でもあった。1041年，ハロルド1世のフスカールが，苛斂誅求(かれんちゅうきゅう)に激昂したウースタの人々に殺害されたし，1065年には，ノーサンブリア人の伯だったトスティクのフスカールたちが，怒りに燃えた地元の人々に殺害されている。12世紀中頃のデンマークでは，フスカールは，貴族で宮廷の職務の中核を担い，王の身辺警護にあたった。

一方で，フスカールは，自らの土地を所有する場合も多かった。『ドゥームズデイ・ブック』は，フスカールに関して35例の記録を残している。確かにその多くはスカンディナヴィア系の名前をもっている。しかし，彼らの土地は，グロスタやサマセットを除くと，ミドルセックス，サリ，ケンブリッジシャ，ハーフォードシャ，バッキンガムシャ，ベドフォードシャ，エセックス，ノフォーク，サフォークとロンドン近隣に集中していた。バッキンガムシャのフスカール，トキの息子アゾルは国王のセインとも呼ばれている。『ドゥームズデイ・ブック』では，国王セインのなかで北欧系の名前をもつセインにこの言葉が用いられた可能性がある。しかし，言葉自体に厳密さはなく，イングランド系の人物もフスカールと称されたであろう。一方でロンドンやグロスタという国王宮廷が頻繁におかれた場所の近くに所領を有していることから，「いざ鎌倉」的な御家人的集団でもあったろう。

サフォークでは，伯エルフガのフスカールであったアウティは，自分の土地とともに望む者に托身することができた。つまり，自主地を所有して主人を代えることもできたのである。サフォークでは，ブルグリックとエセルリックという2人の自由人が，エスキルというフスカールに臣従している。国王や貴族の家中戦士で親衛隊であったフスカールも，自らの従者を従えていた。ハロルドのフスカールである親衛隊は自らの戦士を従えて，国王と行動をともにした。先程引用した「人々の権利と身分」で，「セインの法」に続いて，イエネアートと呼ばれる人たちの義務を列挙している。そこには，主君の護衛と軍役がある。古英語で従者，イエネアートと呼ばれた人々も主君であるセインに従って参戦した。フスカール，セイン，自由人たちのあいだの主従関係が，ハロルド軍の柱の一つであった。その民兵との装備の違いが，「綴織」にあらわれたのである。

この装備の二重性は，動員原理の二重性であった。ハロルド王の軍勢は，主従関係だけで動員されたのではない。バークシャの『ドゥームズデイ・ブック』[GDB, fo. 56v] は，州が税の徴収と軍勢徴募の基本的単位であったことを記録している。

エドワード王の御代(みよ)，ゲルド(税)はバークシャ中で普通のこととして支払われていた。1ハイドから主の生誕の祭りの前に3.5ペンス。聖霊降臨祭に同じく1ハイドから3.5ペンスが徴収された。国王が軍勢を派遣するときは，どこでも5ハイドから1人のセインが従軍した。そして彼の2カ月間の従軍を維持するために各1ハイドから4シリングが与えられた〔つまり計20シリング，すなわち1ポンドである〕。しかし，この金は国王にではなく，セインたちに送られる。もし，誰であれ軍役に召集されて従わない者は，その土地を国王に没収される。しかして，もし出征はしないが，代わりの者を送ることを約束して，その者が出征しないとき，彼の主君は50シリングを国王に支払わなければならない。

この記述が現実をどの程度反映していたのかは議論が分かれるところであろう。しかし，原則として，州は，州に割り当てられたハイド数に従い，5ハイドを単位として，1人の戦士を国王軍に供出した。あるいはそういう原則が存在した。5ハイドは，前述した「諸身分」の規定にもあるように，セインの資格があり，十分に武装した戦士の資格をあらわす通念であった。

5ハイドという基準に従って，それを満たすセインは出陣したであろう。代理出陣も認められていた。5ハイドに満たない土地をもつセインや自由人たちは，グループをつくって代表を派遣した。リンカンシャのコヴェナムでは，「アルシージ，ケティル，そしてソーンフリドがゲルドに賦課された3.5カルケート〔ほぼ3.5ハイド→第Ⅰ部註13〕の土地を保有していた。ケティルとソーンフリドは兄妹で，父の死後，ケティルが国王奉仕をおこない，ソーンフリドがこれを援助することで土地を分けた」〔GDB, fo. 354〕。同じリンカンシャの記録では，「カンドルスホーのワッペンテイク〔ハンドレットと同じ機能を有したであろう北部の地域的隣保組織〕の人々は，全ライディング〔州内の州のような地縁組織〕の人々の承諾を得て次のように証言した。すなわち，エドワード王の御代，サイワト，アルノッド，フェンチェル，そしてアスチルは父の土地を均等に分けた。国王の軍事行動があるときはサイワトがまず行き，残りの3人がこれを援助した。サイワトの次は誰かが行って，サイワトを含む残りの者が援助した。このようにして交代で行った。しかし，サイワトが国王の臣下であった」〔GDB, fo. 375v〕。

地域差はあったであろうが，代理，代表，輪番のような手段を使って，地域は国王の軍事要請に応えたのである。ハロルドのもとには，5ハイド1セイン制度のような地縁的組織によって出陣したセインや自由人たちが参陣して

いた。その中心となったのが国王セインたちであった。

ケントの『ドゥームズデイ・ブック』は,セインたちの州共同体を描いている。

> (征服前)国王は<u>ケントの州の自由土地保有者</u>に対する罰金を課すことができたし,これらの自由土地保有者が死亡した際には相続上納物を課することができた。ただし以下は除く。カンタベリ大司教領,セント・オーガスティン修道院領,セント・メアリ教会〔ドーヴァ。→図1〕。〔俗人では〕ゴドリック=ブラボーン,ゴドリック=カールソン,エセルノース・チャイルド,エスバーン・ビガ,<u>シーレッド=チラム</u>,ソーギリス,ノルマン,アズル。これら自らの土地に裁判権をもつ者に対しては,〔その土地に対して〕国王は個別に死刑に値する裁判権だけを留保している。……これらの土地からエセルノース・チャイルドや彼のような者は,カンタベリかサンドウィッチで6日間のあいだ国王に護衛をつけなくてはならない。これら武者の飲食は国王持ちである。……もし彼らが州の集会に召喚されたとき,ピニンデン・ヒースにまでは来ること。召喚を拒否した場合は罰則として国王は100シリング(5ポンド)課すことができる。ただし,平和を侵害した場合や国王の道に損害を与えた場合は8ポンドを課すことができる。〔GDB, fo. 1〕

この史料は,1066年頃のケント州の有力セインの実名がわかり興味深いものである。ここには前述した,シワードの子シーレッドも含まれていた。彼らは,特権領をもち税の支払いも免除されていたであろう。ハロルド王の参陣要請には,領内からは,有力セインたちは,彼らに托身した自由人やセインたちを引き連れて従軍したであろう。有力者のなかで特筆すべきは,エセルノース・チャイルドである。チャイルドは,国王の家臣を表現する言葉で職をあらわす言葉ではない。フスカールを言い換えた言葉であろう。第54場(→173頁)の,司教オドが鼓舞したノルマン軍の若衆と同じ意味である。エセルノースは,同輩の国王セインたちとともに,国王がケントを訪れた際には,その身辺警護を義務づけられていた。彼の名前があげられていることは,彼こそが,ケントにおける軍勢の指揮者であったことを意味している(→264頁)。1066年10月,ケントの州集会に発せられた従軍命令で,ケントの人々はエセルノース・チャイルドのもとハロルドに合流したのである。ハロルド王の親衛隊である国王セインとその家来たち,国王の家の需要に応えるために州にあるいは集団に割り振られたシステムによって徴募されたセインや自由人た

ちとその従者たちは，ハロルド王の軍旗のもと多くはセンラックの丘で戦い斃(たお)れ，あるいは逃亡した。しかし，エセルノース・チャイルドは，ケントの軍勢を指揮し，奮戦し，おそらくは逆襲してカンタベリに帰還した。彼の顚(てん)末(まつ)についてはエピローグで語りたい。彼は「森を動かした」。

海に生きる人々

海上交通

「綴織」や『アングロ・サクソン年代記』をはじめとする記述史料を読むと，当時の大軍は海上を移動したという印象をもたざるをえない(→305頁全体地図)。1049年のハインリヒ4世とフランドル伯の確執で，皇帝は伯に海上から圧力を加えるために，エドワード王に海軍の出動を要請した。国王はサンドウィッチに大艦隊を集結したのである。このときゴドウィンは地域の人々の船42隻と国王の船2隻を指揮していた。国王の船はそれぞれ，息子のハロルドとトスティクが操っていたと『アングロ・サクソン年代記』は伝える。1051年から52年の紛争においては，海が主戦場であった。1054年シェークスピアの『マクベス』の舞台となった，いわゆる「ダンシネンの戦い」(後代の名称。→エピローグ註1)に向かった伯シワードの軍勢は，海上軍と陸上軍からなっていた。1063年のエドワード王のグリフィス王に対する戦闘で，ハロルドとトスティクは海上軍と陸上軍を率いてウェールズに侵攻した。8月5日王は臣下に殺害され，その首は，王の船の船首像とともにハロルドに届けられた。船首像は軍事力の象徴でもあった。

973年頃以降イングランドは良質のペニー銀貨を製造し続けていった。イングランドには12世紀にカーライル銀山が開発されるまで，これに見合う銀山は存在していない。製造に使われた銀のかなりの部分が，960年代に発掘されたゴスラ銀で，これは羊毛交易の対価として大量に流入したものである。このことは，海峡地帯から北海に，海上軍事行動のみならず，大量の交易を可能とする輸送システムが形成されつつあったことを示しているのである。

ニシンの暦とニシン漁集団の出現

11世紀は，温暖化と浮網などの技術革新によって，組織的活動をおこなうニシン漁集団が出現した時代でもあった。「ハロルド王(1世)はサンドウィッチをカンタベリの大司教座教会から取り上げて自分のために使った」。その状態は「2年間のニシンの年(twegen haeringc timan)のあいだ続いた」[ASC, no.

91]という。これは，1040年頃に「ニシンの暦」が使われたことを示す事例である。ニシンは回遊魚で，産卵のために岸に寄ってくる。そこを捕獲するわけだから，場所によって漁期が異なり，それに従うニシンの暦も異なっている。この事例は，サンドウィッチのことであるから，ケントからサセックスにかけての暦をあらわしている。図4は，ニシンの市の日取りを勘案して漁期を図式化したものである。ブリテン島東岸に接近してきたニシンの群れの回遊には三つのグループがあった。8月後半から9月にかけてノーサンブリアか

図4　北海と海峡でのニシンの漁期

らハンバ川河口域まで来る第1のグループ，9月から10月にかけてリンカンシャの沖合に来る第2のグループ。そして第3のグループは，9月末から11月にかけてイースト・アングリアの沖合に南下して来る群れであった。これがグレート・ヤーマスのニシン市を繁栄に導いた最大の群れであった。この群れの一部が12月から1月に英仏海峡に入ってきた。フェカンのニシンの市は12月26日に開始された。

　第7場の解説(→32頁)をみていただきたい。ポンチューに漂着したハロルドを伯ギーが捕縛した場面である。そこで，ハロルドを見たことのあるソンム川の支流でメイ川河口域に住む地元の漁師の長(おさ)は，英語を理解し，おそらくドーヴァなどのイングランドのニシン船団に参加していた。それはハロルドの海軍に参加した可能性も意味する。各地で漁期が違うのだから，魚を求めて漁師たちも移動した。

　ニシン漁では，海岸部に接近してきた群れを，船団を組んで一網打尽にする。捕獲した魚は近くの市場に陸揚げし，塩漬けして販売する。こうした組織的・商業的漁業が生まれたのもこの時期なのである。まず，組織的に船団を組む漁業集団の海港集落が出現した。すでに述べた，エドワード王とゴドウィン伯の紛争を思い起こしてほしい。『アングロ・サクソン年代記』によると，ゴドウィンはブルージュから，ハロルドはダブリンからそれぞれ船団を率いて，

ロンドンに侵攻したが，その際彼らは，ペヴェンシ，ロムニ，ハイス，フォークストン，ドーヴァ，そしてサンドウィッチで船と人と糧食を集めた。そのとき，ケントのすべての者たちそしてヘステンガケアストラ（ペヴェンシを中心としたヘイスティングズを含む地域）と海岸部から，さらにはエセックスやサリやその近隣の海民（ボートの民，バッツカール）は伯ゴドウィンとともに生きかつ死ぬことを宣言した。ゴドウィンとハロルドの海軍力は，こうしたケントからサセックス海域の海民の海事力に依存していたのである。ペヴェンシを含むヘイスティングズ，ロムニ，ハイス，ドーヴァ，そしてサンドウィッチの五つの港は，12世紀，ヘンリ2世の治世に，シンク・ポート（5港。言葉の初出は1159/60年 [PR 7 Hen II. 56, 59]）として，海峡における国王海軍の屋台骨となっていたのである。ゴドウィンやハロルドはこれら海峡の海民の「支配者」であった。これらの港の領主は異なっている。ペヴェンシを含むヘイスティングズやドーヴァはバラとしては国王が，ロムニ，ハイス，サンドウィッチは，大司教が領主であった。しかし，海事を通して結ばれた五つの港の海民の支配者はゴドウィンだった。それが「海の領主」の意味である。その子，ハロルドが国王になったことで，五つの港の海民集団は，国王海軍シンク・ポートへと組織化される道筋ができたのである。

　ヘンリ2世は1155年から56年にヘイスティングズの最上の人々（ラテン語でバロンと記されているが，それは国王セインと同じ意味である）に，海上軍役の代わりに，特権を与えた。それは，宮廷における名誉，そしてヘンリ王の力の及ぶ地域における，通行税・積荷税・フェリーの料金・河川渡河料・波止場の使用料などからの免除，漂流物の（浜の人間による）取得や再販売からの免除であった。それに加えて，グレート・ヤーマスの浜辺で網を乾かす特権を与えた。

　グレート・ヤーマスのニシン市は9月29日に始まる。11世紀の終りから12世紀の初めに，ノリッジ司教ハーバート・ロジンガは，グレート・ヤーマスの海浜に礼拝堂を建設して，漁期のあいだ滞在する海民に便宜を図った。このことは，この時点での市場の存在を示していよう。販路のない組織的な漁労は考えられないからである。確認できるグレート・ヤーマスのニシンの大市は9月29日からマルティヌス（聖マルティン祭）の11月11日までである。捕獲した魚の保存には大量の塩を必要とする。『ドゥームズデイ・ブック』では約1386カ所の塩田がリンカンシャからコンウォール海峡域までに広範囲に展開していたことが知られている。そのなかで，ノフォークが約306ともっとも

多く，次がサセックスの約300である。300近い塩田の297はヘイスティングズからライの東サセックスに集中していた。漁業の組織化と塩田の開発は連動していたのである。特権の内容は彼らが，たんなる漁師に留まらず，交易や運搬そして海上軍役に従事していたことを示している。ニシン漁の漁期は2カ月程なので，それ以外の時期には運搬などの海を媒介にした仕事をしていたのである。軍役については，「彼らは15日間20隻の船を，自らの費用で，朕のもとに参上しなくてはならない」とある。13世紀のエドワード1世の時期には，ドーヴァは，1隻に21人の船員が乗り込んだ20隻の船の15日間の海上軍役を国王に負っていた。11世紀中葉とほぼ同じ供出数である。シンク・ポート全体では57隻の供出が課されていた [RBE, ii, 715]。

宮廷における名誉については，12世紀末，リチャード1世の戴冠式では，いにしえの慣習に従って（古いかどうかは別にして先例がある）ドーヴァとシンク・ポートのバロンたち（古英語でいえば国王セイン）が天蓋を支えた。その後，この天蓋はカンタベリの大司教座教会に寄進された [Memorials of Richard I, ii, 308]。

水夫役（かこやく）

ドーヴァは，エドワード王の御代に18ポンドを上納していた。その3分の2は国王が，3分の1は，ゴドウィン伯が取得した。……市民は，国王に年に1度，20隻の船を15日間供与する。各船には21人の男が乗り込み，国王に奉仕する。それは市民たちに国王が特権を認めたからである。……市民は船団の長と補助者も提供しなくてはならなかった。……集落は，聖ミカエル（9月29日）から聖アンドルーの祝日（11月30日）まで国王の休戦，すなわち平和状態にある。もし何者かがそれを破ることがあれば，国王の役人は全体から科料を得た。この集落に永続的に居住する者は国王に慣習的な支払いをおこなった。そしてイングランドを通して，通行税が免除された。これらの慣習はウィリアム王がイングランドに来たときにはすでにドーヴァのものであった。[GDB, fo. 1]

サンドウィッチのバラを，（カンタベリの）大司教が保有している。このバラは，国王にドーヴァと同じ種類の奉仕をおこなっている。（現在）ここは大司教に，50ポンドを地代として，大司教座教会の附属修道院の修道士の生活維持のために，以前と同じく4万匹のニシンを納めている。[GDB, fo. 3]

『ドゥームズデイ・ブック』はドーヴァが，各船に21人が乗り込んだ20隻の船を15日間提供し，船団の指揮者と副手も手配したとある。そして，聖ミ

カエルから聖アンドルーの祝日までは，集落は「国王の休戦」，すなわち平和に入るという。すでにこの時期から9月29日から11月30日が，のちにグレート・ヤーマスのニシン市と連動していく，サセックスとケントのニシンの漁期で，海の男たちは漁場グレート・ヤーマスの沖合に出漁していた。男たちが出ていった集落には老人や女や子どもが多かったであろう。その間の治安維持は国王が保障した。ドーヴァが提供した海上軍役の詳細と，与えられた特権は，征服前からのものであった。同じ奉仕は，サンドウィッチでも確認できる。国王の戴冠式に天蓋を保持するという特権は，彼らの「海の領主」ハロルドの国王戴冠式のとき，身辺警護をしたことに由来するのではないだろうか。ハロルドの記憶は1070年以降消されているが，突拍子もない空想でもないだろう。

『ドゥームズデイ・ブック』はドーヴァにギルドがあったことを記録している。集団での漁は，共同の作業によって育まれた共同体を形成する。ギルドは海民たちのものであろう [GDB, fo. 1v]。

ウィリアム公は，9月29日の解禁日に向けてグレート・ヤーマスの沖合めざして早朝に船団が出港したであろう28日の午前にペヴェンシ，翌29日にはヘイスティングズに上陸した。馬や人員，物資を運ぶウィリアム艦隊にとってハロルド麾下の船団に妨害されることは，壊滅を意味する。だからイングランド側の海上警備が極端に手薄になる間隙を狙った。ノルマン側のニシン漁の解禁日は，12月下旬に入ってからであった。ウィリアム水軍を担った海民たちには，漁期までまだ日があるという精神的余裕があった。この環境によって定められた時差は，政治的判断にとってきわめて重要であった。ウィリアムは，そうした情報を十分に掌握していたのである。

ノルマンディの海民

フェカンは，990年頃に建立されたノルマンディ公の修道院で，エセルレッド2世も亡命中の1013年から14年に訪問したといわれる，イングランド人の国王，とくにエドワード王とはなじみの深い修道院であった[37]。1020年から30年代，修道院は公の尚書部としての役割も果たしていた。クヌート王はラムズリ（ライ）とブレッドに土地を譲渡している [S 939, 982]。1054年に，修道院長ジョンが所領巡察でイングランドを訪問したとき，エドワード王にイーストボーンに教会と土地と牧草地，そしておそらくヘステンガケアストラに土地と製塩所を求めたという。修道院は，ライからペヴェンシにかけての地域に自らの所領とそれに附属した施設を所有していたが，さらにその拡大を狙った

ものであろう。いずれにせよ、修道院はこの地域に土地勘があり、その情報は公にもたらされていた。ウィリアムは、どの時点でどこに上陸するかを、フェカン修道院からの情報をもとに計算ができたのである。ノルマン軍の海峡横断は、冒険主義的な試みではなく、日常的な交通をもとに練られた緻密な作戦行動であった。

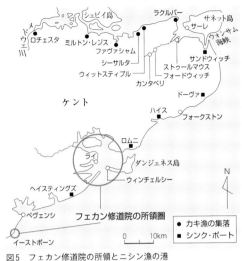

図5 フェカン修道院の所領とニシン漁の港

　11世紀には、フェカン修道院は、ノルマンディにおける漁業の中心地でもあった。修道院の指導的な役割は、コー地方からブサン地方にかけての沿岸漁業に留まらず、アルク川、セーヌ川、ユール川、マレ＝ヴェルニエの大湖沼、リール川、トック川、スール川などの河川にも及んでいた。またコー地方の塩田開発やルーアン周辺のヴートルの森、ルマールの森やサン・ガティアンの森に権利を有していた。森は造船に必要な木材を提供したであろう。

　イングランドで海民の出現した時期は、当然、対岸においても同じく海民が出現した時期であった。11世紀のノルマンディにおける海民の活動を知る史料は断片的ではあるが、次の史料は、フェカンの修道院長が自らの海民集団と船団を統制していたこと、カンのサン・テティエンヌ修道院長の庇護下にある者も含む各地の海民が、フェカン修道院長の船団の指揮下に入って漁に参加したことを教えてくれる。ただ、クジラ漁は特別だったようで、カンには、すでにクジラ漁ギルドが存在し、これに関してはフェカン修道院長配下の船団もその統制下に入ることが記されていた。このクジラ漁の漁師たちの裁判権はカンのサン・テティエンヌ修道院長が保持していた。ルーアンやカンはクジラ漁の基地で、その肉、とくにルーアンのものは、征服前からイングランドに移出されていた。

　　以下は、フェカンのサント・トリニテの修道院長ウィリアムとカンの修道院長ギルバートのあいだで取り交わされたディヴ川で捕獲されたチョウザメとクジラに関する取決めである。カンの修道院長はこの取決めに

よって以下のことを承認した。すなわち，フェカンの修道院長は，フェカン修道院に属する人々と彼の船団に乗って漁に従事したそのほかの人人すべてが捕獲したチョウザメを所有することができる。ただし，カンの修道院長が慣習によって所有するチョウザメを捕獲するカンの修道院長の庇護民はその限りではない。これに対して，捕獲されたクジラに関しては，カンの修道院長は以下のことを承認した。すなわち，フェカンの修道院長は，これまでそうしたように彼のすべての船団を，捕鯨漁民のギルドのもとに (in societate walman norum) おくこと，それも，捕鯨漁民たちの共同体 (erga communionem walnannorum) に対して示すことのできる慣習に従ってそうする。しかし，もし捕鯨漁民自らが，このことに関してフェカンの修道院長と彼の庇護下にある人々に対して不正なる行為をおこなった場合には，カンの修道院長は，忠実に異論なく正義をこれらすべての捕鯨漁民に対しておこなうこと。以下証人である。[38]

[Fujimoto, 2013, ii, no. 87]

環海峡世界の技術と情報

　1066年のノルマン征服の海峡横断は，船乗りと船団，潮，風，上陸地点の状況といった情報がなければ不可能であった。ウェイスの父親が見たという696隻の船数が正確だとすると（→114頁），これまで無邪気にそう信じられていたようには，すべてを新造船でまかなうことはできない。龍骨のオークをそろえるとセーヌ川流域の環境破壊が発生したという。第一，半年の工期では木材乾燥も含めて短すぎる。伐採，運搬，製材，乾燥，造船，それだけの人材をノルマンディはそろえることはできなかったであろう。決して特別豊かな領邦ではなかったのだから，既存の船団を利用しないはずはなかったのである。その場合は，艦隊行動のできるニシン船団が最適だった。[39]公ロバート2世は1088年頃にフェカン修道院に，フェカンにおいてニシンの大市を毎年開催することを認めた。特許状には，「われ，ロバート，神の恩寵によって，ノルマン人の公にして首長は，フェカンのサント・トリニテの教会に，フェカンにおいて，聖スティーヴンの教会で大市を毎年開く権利を，ニシンの捕獲が続く限り与える」[Haskins, 1918, 289]とある。聖スティーヴンの祝日は12月26日だから，ニシン漁はこの日を起点としていた。11世紀のフェカンの海民のニシン漁期は，イングランド東南部と比べて2カ月近く遅かったと推定される。ウィリアムが，イングランド漁民の繁忙期である9月末に海峡を渡ったとき，ノルマンディの海民は精神的余裕をもって作戦に参加できた。

サン・ヴァレリ・ソンムからペヴェンシまで130km，時間にして13時間程の航路を，潮流を読み，暗い海峡を大船団が大きな乱れもなく，フェカン修道院の所領のある近辺で，唯一大船団が安全に停泊でき，かつ橋頭堡(きょうとうほ)を容易につくれる場所であったペヴェンシ湾にピンポイントに着くためには，海民の技能がどうしても必要だった。そこは，フェカンの修道士にとってはなじみの場所であった。上陸後ハロルドとの交渉に尽力したのがフェカン修道士ヒュー・マーゴットであったことは偶然ではなかったのである。

ノルマンの騎士たち

封建的賦課と船舶リスト

ウィリアムの軍勢はどのようにして集められたのか。第35場の「船団建造」の場面(→100頁)を思い返してほしい。ウィリアム・フィッツ・オズバーンが，参集した貴族たちに「諸君らは，その封土ゆえに公に軍役を負っている」と，イングランド侵攻を怯える貴顕たちを諫めている。ウェイスは，征服よりも1世紀あとの著作家である。しかし，それでも当時の状況を伝える記憶に基づいていただろう。ここからすると，ノルマンディでは諸侯たちに土地を与えるあるいはそれを安堵する代わりに，公が軍役を求めるレーン(封建)制は，1066年において，国制として定着していた，といってよい。

これは，ほかの史料からも確認できる。ポンチュー伯ギーは，1057年にウィリアムと戦い敗れて，2年間バイユーに幽閉された。ギーはウィリアムに臣従礼をおこない，つねに忠誠を公に誓い，毎年どこであれ公の命ずるままに100人程の騎士とともに従軍する，という約束を取り交わして解放されたという[OV. iv. 88]。公の軍勢には，それ以外にも，傭兵や一攫千金(いっかくせんきん)を夢見てすり寄ってきた貴顕や騎士たちが加わっていた。それでもこの100という数字は割り引いて考える必要はあるものの，その中核はレーン制によって従軍した部隊であった。

しかし，海を越えての遠征は，前代未聞のことで，各諸侯の負担は，公との個別交渉で決定された。これらの負担は，公の側で記録し，それを臣下が確認したという。もっともウェイスは，その負担数を残していないし，海を渡る際に必要とされた船の提供についても，多くを語っていない。これ以降も個別に結ばれた契約が記録されたものの蓄積が，やがて12世紀後半に『カルタエ・バローヌム(直属封臣報告書)』(1166年)や『インフェウダティオーネス・

ミリトゥム（騎士たちの授封録）』(1172年)といった，それぞれイングランドとノルマンディ全域の騎士役と封土の調査報告書に結実したのである。もっとも前者は州集会，後者は公の直属封臣を通して調査がおこなわれたという大きな違いがある。レーン制は，それのみでは存在しない。各地の社会構造のなかで，固有の関係と位置のなかで発展していったのである。

「船舶リスト」と呼ばれる史料がある。現在，オクスフォード大学ボードリアン図書館に収蔵されている。この史料は三つのテキストの合作本で，「ノルマン人のもっとも高貴な伯ウィリアムについての短い話」と題する歴史書，1177年の証書の次に綴じられていて，ヘイスティングズの戦場跡に建立されたバトル修道院の文書庫と関連している。そこには16人の聖俗の貴族が，公に対して負った776隻の船と280人の騎士役が記録されている。騎士役の記載は不十分で，ここから何か結論めいたことを引き出すのは，少なくとも現時点では不可能であろう。表は，ヴァン・ホウトの論文にあるリストの船舶供出義務と出港したと想定される港の一覧である[Houts, 1988]。

記載されている貴族の数が少なく，その割に船の数が多い。遠征を決めた貴族会議では，諸侯に負担すべき船の数が定められたが，その際の総数とここにあげた776は関連性があるかもしれない。ウェイスの父のあげた696隻という数と大きく離れてはいない。しかし，776という数字はあくまでも賦課された数であり，その全部を16人が実際に供出したと考える必要はないであろう。

船舶リストと関連港

封臣	関連する港	船数(騎士)
ウィリアム・フィッツ・オズバーン	ユール，パシ・シュル・ウール，イヴリ	60
ヒュー＝アヴランシュ	アヴランシュ*	60
ヒュー＝モンフォール	モンフォール（リル）	50 (60)
レミギウス・フェカン	サン・ヴァレリ・アン・コー*	1 (20)
ニコラス，サン・トゥアン修道院長	ルーアン（セーヌ）	15(100)
ロバート，ウー伯	ル・トレポール*	60
フルク＝ダノー	フルベック（リル）	40
ジェラード執事	ヌフ・マルシェ（エプト）	40
ウィリアム，エヴルー伯	エヴルー（イトン）	80
ロジャ＝モンゴメリ	ディヴ*（オルヌ）	60
ロジャ＝ボーモン	ボーモン・ロジェ（リル），ポン・トードメー	60
オド，バイユー司教	ポール・アン・ブサン*	100
ロバート，モータン伯	オンフルール*	120
ウォルタ・ギファード	ロングヴィル・シュル・シ	30(100)
マティルダ，公妃	ベテューヌ	—
アーノルド，ル・マン司教	ル・マン（サルテ）	—
計		776(280)

*は海浜港

司教オドとセント・オーガスティン修道院

本書は，バイユー司教オドをパトロンとして，ここまで「綴織」がイングランド，ケントのカンタベリ，それもセント・オーガスティン修道院でつくられたことを前提として，叙述を進めてきた。

「綴織」全体のライトモティーフは，きわめて中立的である。「綴織」は，ハロルドを躊躇することなく国王と呼ぶ。彼をエドワード王の死の床での指名を受け，大司教スティガンドによって戴冠式をおこなった国王として描いている（→87頁第29場・第30場）。ノルマンディ側の論者のように，一方的に篡奪者として描いているわけではない。しかし，一方で，ハロルドのウィリアムへの臣従と聖遺物を通しての誓いも描いている（→68頁第21場～71頁第23場）。公のイングランド侵攻と王位の請求は当然のこととして話が進んでいく（→112頁第38場以降）。制作にかかわった者たちは，イングランドとノルマンディの二つの政治的な力を目の当たりにして，それを事実として淡々と受け入れている。刺繍の銘文のラテン語は，フランス語の話者のものといわれている。その影響は最初の二つの刺繍布に顕著である。しかし，その後，徐々に英語の要素が，とくに綴りにおいて入り込んでいく。ラテン語の銘文の作者は，フランス語と英語を話す複数の人々からなっていたといえる。彼らが修道士であったことは事実として受け入れてよいであろう。1072年に修道院長となったスコランド（スコットランド）は，モン・サン・ミシェルから修道士をともなって来た。フランス語で生活してきた彼らは，カンタベリやケントの地元出身の多い修道士たちと共存していくことになった。その共存が「綴織」に反映されている。さらに，「綴織」の画像イメージの多くが，セント・オーガスティン修道院に収蔵されていた写本の細密画と関係することは，たびたび指摘されてきた（→195頁）。修道院の細密画家と文書庫があって，豊かな画像が生まれたのである。技術的な面からみると，イングランドの，それもセインや貴族階層の女性の刺繍技術は商品生産の域に達していたことが指摘できる（→197頁）。長大な刺繍絵巻を作成するにはリネン，膨大な量の毛糸と染料も必要とされた。従って制作は都市的環境でおこなわれた，といってよいであろう。セント・オーガスティン修道院は都市カンタベリの東側の市壁に隣接し，資材調達には打ってつけの場所にあった。

しかし，もっとも説得力のある説明は，トゥラルド，ワダード，ヴィタールの3人の騎士が描かれていることである。彼らは，いずれも貴族ではない，陪臣レベルの平の騎士であった。重要なことはこの3人が一つの組としてあらわ

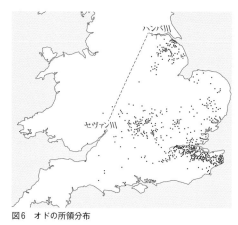

図6 オドの所領分布

れたことである。3人の関連性を無視して個別に議論しても意味がないのである。彼らに共通するのは、バイユー司教オドの封臣であること。その所領が、あるいはその多くが、ケントにあったこと、そしてワダードとヴィタールはセント・オーガスティン修道院と密接な関係があったこと、である。以下、この3人の騎士を駆け足で検討してみよう。その前に、オドについて簡単にまとめておく。

ウィリアム公の異父弟、バイユー司教オドは、同じく兄弟のモータン伯ロバートとともに、ノルマン征服に大きな貢献をした。彼が「綴織」のパトロンとなったのは、征服において果たした彼とバイユー司教座教会の役割を祝福し、記憶に留めておくためであった。征服直後には、まだ不安定なウィリアムの統治を補佐すべく、ケント人の伯として、征服の橋頭堡であり大陸との連結路でもあったケントとドーヴァの城を任された。彼の伯職は、大陸の伯とは違い、征服前からのイングランドの伯職で、いわば地方における国王の代理人であった。それゆえ、征服直後においては、ノルマンディに帰還した国王不在のイングランドで、オドは王の代理人として活動していた。保有した所領は、ハンバ川からセヴァン川に引いた線の南東にある22の州に及び、その活動範囲はイングランド南東部全域に及んでいた。所領は、三つのグループに分けることができる。ケント、ミッドランド中部、そしてリンカンシャである。オドは、ウィリアム軍が進軍するのと歩調を合わせるように、所領を獲得していった。ケントは征服直後に、リンカンシャは1075年以前には獲得していた(→図6)。所領から期待される地代の額は、3050ポンドに及んでいた。ケントでは、1813ポンドを記録していて、全体の59%を占めていた。ケントの州内をみてもカンタベリ大司教の1560ポンド、セント・オーガスティン修道院長の593ポンドを抜いて最大の領主で、州全体の42%を占めていた。

オドがケントで保有していた所領には、ヘイスティングズで戦死したセインたちの土地が含まれていたし、彼らが生前大司教や修道院長から借りていた土地も含まれていた。侵入してきたノルマンの軍勢には、接収した土地が

セインの自有地か借地（貸与地，レーンランド）かの区別はつかなかったであろう。1070年にスティガンドを断罪して大司教の地位に就いたランフランクは，これを問題視して，ピニンデン・ヒースで，州集会を開催し，貸与地を占有したオドの騎士を自らの封臣にすることで，貸与地の奪還に成功した。ランフランクとカンタベリ大司教座教会は，オドに対するネガティヴキャンペーンを展開していった。1082年の失脚や，ウィリアム2世に対抗して公ロバート2世を支持したことなどもあって，オド悪人説がつくりあげられていった。

　一方，同じカンタベリでもセント・オーガスティン修道院は違った記憶をつくりあげていった。修道院と司教の関係はきわめて良好であった。オドは修道院にとって第一の保護者で，スコランドが修道院長に就任して新たな教会の再建に乗り出すと，積極的な援助をおこなった。聖エイドリアン（アフリカ出身の修道院長で大司教テオドールとともにイングランドの教会体制の構築に貢献した。710年没）の石棺の移動や，聖アウグスティヌスやその他の聖人の新しい教会への移転に助言をおこなっている。オドは，ランフランクと違って，征服前のイングランドの聖人に敬意を払い，その教会文化の保護者でもあったのである。彼は大司教スティガンドも認めていたであろう。彼がパトロンだからこそ，スティガンドは描かれた。1087年，ウィリアム王の死後，ルーアンでの幽閉から解放されたオドは，ウィドの修道院長就任式に列席していた。修道院は，彼を記念し，「命日一覧」にその名を残した［BL. MS Cotton Vitellius C. xii, fo. 114v］。

3人の騎士

　トゥラルドは，第10場（→38頁）で，伯ギーに捕まったハロルドを救済すべく，ウィリアムが派遣した2人の使者がボーランに到着した場面に銘が縫い込まれている人物である。前述（→39頁）のように誰がトゥラルドかは論争がある。トゥラルドの同定は難しい。まず名前が一般的なことである。バイユーの城塞守備者のトゥラルドをはじめ何人もの候補者があげられてきた。ただ，大方は，オドの家臣，トゥラルド＝ロチェスタとしてきた。

　話を難しくしている二つ目の理由は，銘文の位置が，上ではなく真ん中に囲い込んで縫い込まれていることである。トゥラルドとだけあって，何の説明もない。この銘文が，単独で中央にくる例は，これ以外では第19場（→63頁）のレンヌしかない。レンヌは通過したことを示すと考えられる。トゥラルドとだけあるのは，本来はオドが直接関与していない救出劇に，彼の家来が使者として参加したことを強調したのではないか。ギーはかつてバイユーに幽閉

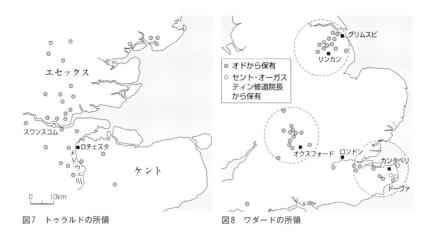

図7　トゥラルドの所領　　　　図8　ワダードの所領

されたことがあった。バイユー司教の家臣トゥラルドは，バイユーでギーと顔見知りだったと推測してみるのは的外れではないかもしれない。トゥラルドが城塞守備に長けていたとすれば，バイユーの城塞守備者トゥラルドと同一人物という推測も根拠はあるだろう。

　トゥラルドは司教に従ってヘイスティングズで戦い，ケントに所領を獲得した。オドがケントのセインたちから没収して，自分の騎士たちに授封した土地のなかに，教会がセインたちに貸した貸与地が混じっていたのは，前述した通りである。訴えられた騎士たちのなかにトゥラルドがいた。そのとき彼はすでにトゥラルド＝ロチェスタと呼ばれ，ロチェスタに拠点をおいていた。カンタベリ大司教の貸与地を記録した文書には，「トゥラルドはエセルノース・チャイルドからプレストン（ファヴィシャム）を奪った。彼（エセルノース・チャイルド）は，国王が海を渡ったとき，地代を支払っていた。今そこはトゥラルドが大司教から保有している」とある。エセルノース・チャイルドは，前述した通り（→231頁），ハロルド配下のケントにおける軍事的指導者であった。

　トゥラルドは，ドゥームズデイ審問があった1086年にはすでに亡くなっていて，息子のラルフが後を継いでいた（トゥラルドの保有については過去形が使われている）。彼らはケントとエセックスにほぼ30の所領を保有していた。地代取得可能額[40]は106ポンド14シリング6ペンスにのぼった。図7は，その所領分布図である。特徴的なのは，ロチェスタを中心にして所領がテムズ川とドーヴァからロンドンへの道をブロックするように配置されていることである。

　征服後の早い時点で，国王はロチェスタに城を築きその防衛をドーヴァと同じく司教オドに任せた。司教は，トゥラルドにロチェスタの防衛を命じ，

その後背地と対岸のエセックスの土地を与えたのであろう。蛇足だが，テムズ川左岸から右岸への渡河点スワンスコムは，ラルフの一族ヘルトの所領であった(→152頁)。『ドゥームズデイ・ブック』は，「ロチェスタ司教は17シリング4ペンスの地代取得可能な土地を保有している。ここは，城が建っている土地との交換で獲得した」[GDB, fo. 2v]という。ラルフは，市内に居住用の一区画の宅地を所有していた[GDB, fo. 8v]。

1088年，オドはロチェスタに立てこもったが，ウィリアム2世の軍勢に降伏した。こうして彼はイングランドのすべての土地を失い，ノルマンディに家来たちと撤退した。そのなかにラルフもいた。しかしラルフはロチェスタという姓を使い続けた。1133年に，バイユー司教座教会の騎士の名前の審問調査において，「司教オドの時代にあった条件を証言した，司教座管区の年老いた陪審」のなかにラルフ＝ロチェスタがいた[RBE, 647]。

ウェイスは，「ケントとエセックスの人々はよく戦った」(→179～180頁)と証言している。このウェイスだけにみられるユニークな叙述の情報源はどこにあるのだろうか。彼は，征服に関係したバイユー近隣の騎士家系の口頭伝承から情報を集めた。それが，彼の本を特異なものとした理由の一つである。ケントとエセックスに所領をもっていたトゥラルドとラルフが，戦闘に従軍して生き残った近隣のセインたちや関係者から聞き及んだ「彼らはよく戦った」という話が，子孫に伝わり，それをウェイスは文字にした。推測にすぎないが，ありそうな話である。

ワダードは，第41場(→126頁)で，食糧調達を指揮する騎士として描かれている。彼は，司教の忠実な家中騎士であった。その点では，城塞守備に長けた封土持ちのトゥラルドとは出自が異なっていたのかもしれない。ワダードという名前は珍しい名前で，オドの父親であるコントヴィル（カン近隣）の「子」(副伯)ヘルウィンの所領に根拠地があり，その縁で司教の家中騎士になったと推定する研究者もいる。厨房の責任者だったということも考えられる。オドがドーヴァの城の守備を任されたとき，その任にあたった騎士の1人である。『ドゥームズデイ・ブック』は，ワダードがドーヴァに6件の家屋敷を所有していたことを記録している[GDB, fo. 1]。図8は彼がオドから保有していた所領の分布図である。年143ポンド6シリング8ペンスの地代取得が可能な彼の所領は7つの州に広がるが，その中心はケント，オクスフォードシャ，リンカンシャで，主君のオドの所領群と同じ三つのグループからなっていた。ワダードはオドの封臣として彼に従い，家中とともに移動もしていたのである。

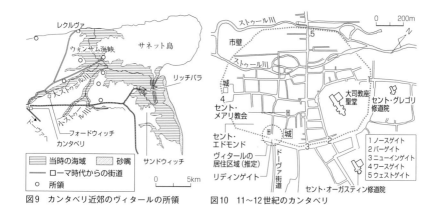

図9　カンタベリ近郊のヴィタールの所領　　図10　11〜12世紀のカンタベリ

しかし，同時にケントで「ワダードは，（セント・オーガスティン）修道院長と修道士に忠実に，彼らの騎士として奉仕した」[BL. MS Cotton Julius D. ii, fo. 107v]。1088年，ワダードはイングランドから最終的に撤退した主君オドについてノルマンディへ帰っていった。

　最後のヴィタールは，第49場（→154頁）で，ハロルド軍の偵察に出向いた騎士としてあらわれる。ウィリアムは，諸侯に偵察隊の派遣を命じた。ウィリアム＝ポワティエは，「経験豊かな騎士たち」と書いている。ヴィタールの司教との関係は，トゥラルドやワダードとは異なっていたようである。彼の所領はケントとエセックスにあったが，地代取得可能額は38ポンド6シリング6ペンスと，ほかの2人に比べて小さい。ケントが8割を占めているが，オド，ランフランク，スコランド，州のシェリフのハイモ，ラヌルフ・ペヴェレルの5人の主君に仕えている。ケントでは前3者，エセックスは後者2人が主君であった。しかも授封された土地だけに関していえば，彼の最大の主君はランフランクであった。カンタベリには，ランフランクの次の大司教アンセルムの頃の1093〜96年に作成されたとされる「カンタベリ大司教に奉仕する騎士たちのリスト」が残っている[DM, 105]。そこで彼は3騎士役を大司教に負っていた。

　ヴィタールのケントでの所領は，カンタベリ近隣のそれもストゥール川河口といった海岸に面したものが大半であった[GDB, fos. 3v, 10, 12v]（→図9）。都市カンタベリのドーヴァ街道沿いのリディンゲイト付近に家屋敷を所有していたようである（→図10）。ヴィタールはカンタベリのヴィタールと呼ばれた。また同家は，ストゥールマウス（ストゥール川河口の集落）のという字をもつこともあった。彼の保有する海岸所領の住民には際立った特徴がある。一般に『ドゥ

ームズデイ・ブック』は，集落の住民を村人，零細者あるいは小屋住み，そして奴隷の三つの類型に分けて審問をおこなった。住民側に，自らを三つの社会的身分にカテゴリ化することを求めたのである。審問は農地を主として保有する村民を中心におこなわれた。しかし，ヴィタールのケントの所領では，村民は記録されず，その住民は零細者あるいは小屋住みそして奴隷からなっていた。海岸部に展開していた所領に耕地が極端に少なかったのである。ヴィタールのケントの所領は，漁民の集落であった。1116年から18年のある時，カンタベリ大司教の領民が修道院長の船と積荷を奪うという事件が発生した。ヘンリ王の息子ウィリアムは，ケントのシェリフを通して，ヴィタールの子ハイモと，シンク・ポートの一つであるサンドウィッチ近隣の「良き人々」に，この件を調査するように命じた [RRAN iii, no. 1189]。このことはヴィタールとその子ハイモが，ケントの海民集団の長(おさ)の1人であったことを暗示している。

　ゴシュリン＝サン・ベルタンは，当時セント・オーガスティン修道院で活躍した奇跡譚作家であったが，その作品の一つ『セント・オーガスティンの奇跡譚』[BL MS Cotton Vespasian B. xx. fos. 61-70v]に，このヴィタールの話が伝わっている。ウェストミンスタの国王宮廷建築のためのカン石を求めてイングランドから15隻の船団がカンに到着した。現地カンで石の調達にあたっていたのがこのヴィタールであった。時期は1070年代であろうが，当時イングランドはカン石を使ったロマネスク（ノルマン）様式の建築が盛んであった。セント・オーガスティン修道院もその一つであった。ヴィタールは，船長の1人に，石を修道院に運ぶように依頼した。船は途中から激しい南風を受けて沈みかけた。しかし船長は，石を捨てず聖アウグスティヌスのご加護を願って事なきを得た。スコランドは，ヴィタールが船長に持たせた印章つきの送り状に記載された以上のお金を船長に支払ったというのである。そして修道院長はヴィタールの功績を讃えて修道士の祈禱兄弟盟約に迎え入れた。

　この話はいくつかの点で興味深い。ヴィタールは国王命令で石の調達ができる有力商人的な存在で，おそらくはカン周辺がもともとの地元であろう。石工の棟梁(とうりょう)とは顔なじみだったのであろう。ヴィタールの商人的性格は，娘婿がカンタベリにおいてノルマン系では最初の筆頭役人ウィリアム・カウベルであったことからも確認できる。さらに，送り状を彼自身が書いたかどうかは別にしても，使っていた。これは管見の限り，海峡地帯での最初の送り状である。船長も書かれている内容は理解していたであろう。特定の業務に特化した実務的なラテン語の読み書き能力の世界があった。それに船長はフ

ランス語ができたであろう。船長は沈みかけた船をサセックスの海岸でつくり替えているから，船主でもあった。

　あるときは経験豊かな騎士，あるときは海民の長，そしてあるときは有力商人と，ヴィタールは，13世紀のように商人とか騎士とか船乗りといった職がある程度専門化していない時代を生きていたのである。前述の「船舶リスト」が示すように，司教オドは大船団を編成した。それに大きな役割を果たしたのがヴィタールなのだろうか。彼はほかの2人と違って，オドに対して彼らほどの強い忠誠心はなかった。ケントに定住してから，大司教や修道院長そして州の国王役人であるシェリフのハイモに臣従した。1088年にオドがロチェスタに立てこもったとき，彼はウィリアム2世を支持したハイモの息子ロバートの陣営にいたであろう。つまりヴィタールは司教を攻撃する側だったのである。オドがノルマンディに戻ってから，ヴィタールはケントに定住し，有力者として活動してイングランド人となっていった。1100年頃，息子のハイモは，カンタベリ大司教アンセルムの面前で，ロチェスタ司教グンドルフと契約を結んだ。彼の中心所領であるストゥールマウスの教会と十分の一税などを寄進する代わりに，彼と両親の魂の安寧を求め，兄弟の1人をロチェスタの司教座聖堂附属修道院の修道士として受け入れてもらった。ヴィタールは1100年頃に亡くなった。ヴィタールが亡くなってすぐに大司教はヴィタールの息子ハイモにケント州中部の内陸にあるショフォードを授封した。その結果，同家が大司教に負う騎士役は4と3/4に増加した。その後ショフォードを名乗り，農村部に拠点をおく騎士となっていった。ヴィタールの命日は9月1日，その子ハイモの命日は7月16日で，セント・オーガスティン修道院が記憶していた [BL. MS Cotton Vitellius C. xii, fos. 132, 139]。偵察隊の騎士ヴィタールの一族は，イングランドの地方ジェントリへと変身したのである。

　なぜ3人の騎士は「綴織」に描かれたのであろうか。デザイナが利用した情報はさまざまであった。それでもデザイナ（ら）の傍らにいて，一連の事件に関与した人物が与える生の情報は，必要不可欠であった。トゥラルドとセント・オーガスティン修道院の関係は，残りの2人ほど明確ではない。しかし，ワダードとヴィタールは修道院と密接な関係をもっていた。彼らが，デザイナに具体的な情報を与えたのであろう。トゥラルドは，ハロルド救出の様，ワダードは，上陸後の食糧調達，ヴィタールは，造船，海峡横断，上陸など，船に関する情報を与えた。具体的で生き生きとした描写は，彼らの情報提供によって可能となった。

第5章 「ノルマン征服」か

ウィリアム軍の構成の多様性

　ノルマン人の公であったウィリアムがイングランド人の王位に就いたのは，「歴史的事実」である。しかし，ウィリアムに付き従った者たちはノルマン人に限らない。ブーローニュやポンチューの北東フランスの人々，メーヌやアンジュやポワティエやアキテーヌといった中部から南部にかけての西フランスの人々，さらにはフランドルやドイツの人々，そしてデーン人やブルターニュの人々と，さまざまな民集団と地域から多くの人々がウィリアムの軍勢に参加した。確かにその数は一部を除くと限定的であったし，その主力は，封建的軍役負担を負うウィリアムのノルマン人の臣下団であった。しかし，公と軍役負担の契約を結ばなかった者も多数集まっていた。

　ウィリアム軍にこれだけ各地から多くの人々が参加したその理由は何か。第54場の解説を見てほしい(→174頁)。ウィリアム軍は，中央にノルマン人部隊が，右翼にロジャ＝ボーモンの息子ロバートの指揮下にフランス各地やフランドルやその他の地域から来た混成部隊が展開していた。左翼はブルターニュからの部隊に任せられた。彼らだけで一翼を担ったのである。それだけに少ない数ではない。ここで，ブルターニュを考えることで，単純に「ノルマン征服」といってよいか考えてみよう。まず，ブルターニュ史の概観から始めよう。

ブルターニュの歴史

　ブルターニュは，ローマ時代にはバス・ノルマンディも含めてアルモリカと呼ばれていた。ブルトン語で海岸地域を意味する。ブルターニュ，（ブリテン島の）コンウォール，そしてウェールズは，文化的に，言語的にも宗教的にも一つの文化圏を形成していた。5世紀にアングル人とサクソン人が大挙してブリテン島に植民を開始し，西進するに従って，先住のブリトン人が西に追いやられ，さらにはアルモリカに移住を開始したと一般的にはいわれる。しかし，ブリテン島からの移住を議論するにも，決して一方通行的ではなく，

図11 ブルターニュ

双方向的な視点やさらには布教という観点からも検討する必要があるだろう。聖テイロやドルの聖サムソンをはじめ，島のブリトン人のブルターニュ布教に果たした役割は大きなものがある。「綴織」の時期のバイユー司教座の聖遺物（→200頁）もブリトン人の聖人のものであった。

10世紀のブルターニュは，地域諸権力が割拠する状態にあった。それにブルターニュとしての政治的統合性を与えた一つの契機は，ブリテン諸島と同じく，ヴァイキングという外圧であった。それだけにブルターニュ史も，本書の時間的範囲からすれば，アラン2世から始めてよいだろう。907年から937年まで，ブルターニュはヴァイキングの支配下にあった。この間，アラン2世はイングランドの宮廷に亡命していた。『ナント年代記』は伝える。

27章　デーン人を恐れて，逃げ出した貴顕たちのなかにポエの伯マトゥエドイがいた。彼は数多くのブリトン人とともに海に出て，イングランド人の王エセルスタンのもとに身を寄せた。彼は息子のアランをともなっていた。彼はのちに「曲がり顎鬚」という渾名で呼ばれた。……エセルスタンはアランを聖水盤から抱き上げた。王は友情と洗礼の助けもあってアランに絶大な信頼をおいた。

28章　アランは幼少のときからエセルスタンの宮廷で育てられた。そして強靭な肉体と勇気をもった。……彼は王の許可を得て，数隻の船とともに，イングランドに住んでいたブリトン人とともにブリテン〔ブルターニュ〕を訪問した。[EHD, ii, 345-346]

939年8月サン・マロのそばのトラン・ラ・フォレでの戦いで，アラン2世はヴァイキング勢力を駆逐し政治体としてのブルターニュ伯領が誕生した。ブルターニュ公領という名称は，12世紀になって一般的になっていった。これは，ノルマンディ公が僭称であったのと同じである。ここでは一般的に使用されている公と公領という言葉を使用する。15世紀後半になるまで，ブルターニュはフランス王の事実上の支配下になかったし，自立性を維持したままフランス王国に組み込まれたのは1532年であった。

アラン2世はナントで952年に亡くなった。その後を継いだのは幼少の息子

ドロゴであった。彼は6年程で亡くなり，継いだのは，アランとジュディスとのあいだに生まれたオウエル1世であった。970年頃の教皇ヨハネス13世の書簡では，ブリトン人の指導者として，オウエルとその兄弟のグエルク，レンヌに拠点をおくアラン2世の一族ベレンガと息子コナン（1世）の名前があがっている[PL 135, 990]。979年にコナンはシャルトル伯の宮廷に滞在したが，「ブリタニアの伯コナン（Conamus comes Britanniae）」と呼ばれている。オウエルはナント伯としてブルターニュを勢力下におこうとしたが，レンヌに拠点をおくコナン1世と激しい争いが展開された。981年にオウエルが亡くなり（コナンによって暗殺されたという説もある），兄弟のグエルクが後を継いだが988年に亡くなり，その子グエルクも990年に死亡した。こうして，レンヌのコナンの家系がブリトン人の首長（princeps Britannorum）を称することになった。

コナン1世を継いだのが，エルモンガード＝アンジュとのあいだに生まれたジェフリ1世である。996年にジェフリはノルマンディのリチャード1世の娘アヴィスと，その息子リチャード2世はジェフリの姉妹ジュディスと結婚した。おりしもスカンディナヴィアの脅威が現実のものとなるなかで，ノルマンディの公家とブルターニュの公家は二重の結婚で絆を強めようとしたのである。同じ試みは流産したハロルドとウィリアムのあいだの二重の結婚にみることができる。996年といえばエマとエセルレッド2世の結婚がその6年後の1002年である。北の脅威に対して海峡間の諸権力は，婚姻関係の網を張ることで対処しようとしていた。

ジェフリの公位を1008年に継いだのが，アヴィスとのあいだに生まれたアラン3世である。当時，彼はまだ未成年で，母アヴィスが摂政を務め，ノルマン人の公で伯父のリチャード2世がブルターニュを保護下においた。1027年，ロバート1世がリチャード3世を継ぐ頃，アラン3世はノルマン人の公の影響下から脱する行動にでた。ロバートがドルを奪取すると，アランはアヴランシュを攻撃した。それは，ちょうど1064年におけるウィリアムとコナン2世の衝突の前触れであった。ルーアン大司教ロバートは，モン・サン・ミシェル修道院で彼の2人の甥のあいだの和平をとりもった。そこでアランは，従弟のノルマン人の公ロバートに忠誠を誓ったのである（→56頁）。ロバート公がエルサレムの巡礼に発ち，今度はアラン3世が幼いウィリアムの後見役となった。大司教ロバートが1037年に亡くなると，名実ともにアランはウィリアムの保護者となった。彼は従弟のウー伯でブリオンヌ伯のギルバート・クリスピン（巻き毛）とともにノルマンディを保持した。彼らは大司教にマウガを，アルク伯

にその兄弟のウィリアムをあて，ノルマンディの統治体制を維持した。しかし，1040年にアランとギルバートが亡くなって，ノルマンディの統治は一挙に不安定となった。

体制が不安定になったのは，ブルターニュも同じであった。アランを継いだのが長男のコナン2世であった。後を継いだとき，コナンは幼少であった。コナンの後見は，叔父のパンティエーヴル伯のオドであった。1035年にアラン3世とオドが争い，アランはオドに，トレギエ，サン・ブリュ，サン・マロそしてドルの司教座を与えた。これは領域的には現在のコート・ダモーにほぼ相当する。オドは，ノルマンディとの東の境から西へと，海岸を含むブルターニュの北部と中部をその勢力圏としたのである。コナンが成長してくると，オドとの確執は激しくなった。1057年，コナンはオドを幽閉した。のちにオドは自由の身となってもコナンとの抗争を続けた。ルワロン＝ドルとコナンとの戦闘はノルマンディとの境界地帯での争いではあったが，その背後にはコナンとオドの長年の確執があった。

ブルターニュは，スカンディナヴィア勢力が曲がりなりにもフランク王に臣従したノルマンディとは対照的な公領の形成過程を経た。その後のブルターニュは政治的立ち位置としては，アンジュ伯とノルマンディ公の二つの勢力の狭間で，いくつかの地域伯間の闘争を経ながら，公領としてまとまりをつくっていった。しかし，フランス王国の統治組織がモザイク的様相を呈していたように，その実態は公が東部を掌握しているにすぎず，さらにパンティエーヴルといった身内のライバルを抱えていた。1064年のウィリアムの遠征は，レンヌに拠点をおくコナン2世に対する，ブルターニュ東北海岸部に展開する親ノルマン派の反乱への援護であった。

イングランドへ侵攻したブリトン人の構成

ウェイス『ロロの物語』は，数多くのブリトン人がウィリアム軍に参加したことを記録している（→106頁）

アラン・ファーガン〔アラン・ルーファスの誤りか〕はブリトン人の大軍を率いて海を渡った。〔ナントの〕パレからはフィッツ・バーナード，そしてディナンの領主，そしてラルフ＝ガエルといった多くのブリトン人が城から出てきて〔参戦した〕。また……ブロケリアンデ〔アーサ王の伝説でなじみの深い森。一般的には，レンヌ近郊のパインポンの森〕からもブリトン人がやっ

て来た。

「征服」に参加し，その後もイングランドで活躍したブリトン人貴顕は三つのグループに分かれる。ウェイスの叙述はそれをカバーしている。

第1のグループは，ラルフ＝ガエルのようなイングランドで生まれ育った人物である。ラルフの父は，エドワード王家中の役人であったラルフ・ステラであった。ラルフ・ステラの父，ラルフ＝ガエルの祖父は，1002年に，エマがエセルレッド2世に嫁いできたときに，随員としてイングランドにやって来た，モンフォールとガエルに領地をもつブリトン人であった。彼はイングランド人女性と結婚し，生まれたのがラルフ・ステラである。1011年頃といわれる。『アングロ・サクソン年代記』は彼をノフォーク生まれのイングランド人と記している。ブルターニュ公の証書の証人には，ラルフ・ステラとラルフ＝ガエルの親子がイングランド人としてあらわれる。ラルフ・ステラは征服後，ゴドウィンの子ギリスの後任としてイースト・アングリア人の伯に任じられ，1068年に死亡している。息子のラルフ＝ガエルは征服前には，ブルターニュにいた。1064年のブルターニュ戦役では，コナン2世を支持しウィリアム公と対峙していた。その後，ウィリアムの近親者で友人であったウィリアム・フィッツ・オズバーンの娘エマと結婚した。第35場で開戦の論陣を張った人物である（→100頁）。その縁でウィリアムと和解した彼は，1066年に参戦した。一方父ラルフ・ステラは動かなかったようである。ラルフ＝ガエルは1075年に伯たちの反乱に加担してブルターニュに戻った。彼の家系にはゴドウィン，アルシージというイングランド人の名前をもつ者がいた。同じことは，征服後多くのイングランド人が名前をフランス流に変えても，家系に一部の英語の名前をもつ者を残していたことにもみられたのである。

第2のグループは，コナン2世に敵対したオドの息子たちである。アラン・ルーファスはパンティエーヴルの伯オドの子で，ウィリアム王とは，はとこの関係になる。アラン・ルーファスはブリトン人の大部隊を率いてヘイスティングズで布陣した。少なくとも彼の2人の兄弟，アラン・ナイジェルとブライアンも参戦したであろう。征服後，ブライアンはコンウォールやサフォークに領地を獲得した。ダブリンのダーマット王のもとに身を寄せていたハロルド2世の2人の遺児，ゴドウィンとエドマンドが，王から船団を借り受けてイングランド西部を荒らし回った。1069年にアラン・ナイジェルとブライアンは64隻の船団を率いてデヴォンのタウ川河口に来襲した2人の遺児を撃破した。ブライアンはその後北上してウィリアム王の軍勢と合流してイングラン

ド人の反乱者エアドリック・ワイルド(チャイルド)[45]を撃破した(スタフォードの戦い)。ウィリアム王にとって，彼らは征服後まもない不安定な状況のなかで，西部の統治を維持する重要な尖兵であった。ブライアンはこのあとブルターニュに帰還した。彼のイングランドの所領はウィリアムの異母弟ロバート＝モータンの手に渡った。

　ブリトン人部隊の指揮者といえるのがアラン・ルーファスである。『ドゥームズデイ・ブック』によると，1086年時点で彼はヨークシャとイースト・アングリアに大所領を有し，イングランドで10本の指に入る大土地保有者であった[GDBとLDB多数]。またリンカンシャのボストンの交易を盛んにするとともに，ヨークにはセント・メアリ修道院を，リッチモンドとミドラムには城を建て，リッチモンド伯領の創建者となった。彼の妻はハロルド王(2世)の娘グンヒルドで，2人のあいだには，マティルダという娘がいた。ルーファスの死後，グンヒルドはアラン・ナイジェルと結ばれたという説もある。

　1088年にバイユー司教オドは，ウィリアム1世の後継者をめぐる争いでロバート公を支持してウィリアム2世に敗れ，イングランドの所領を最終的に失ってノルマンディに撤収した。その争いのなかで，ウィリアム2世を支持した貴族の筆頭にいたのがアラン・ルーファスであった。12世紀になってもアランの一族はイングランドの国王を支持していた。さらに，その一方でブルターニュ公家との抗争を続けた。有力貴族がイングランド国王を支持し，ブルターニュの公家と対立するという関係は，ブルターニュの政治的関係の投影でもあった。

　3番目のグループは，ウェイスのいう「ディナンの領主たち」に示されたドルとコンブールの領主たちである。このブルターニュの北東部と，アヴランシュとモータン伯領のノルマンディ西部は，両領邦間の緩衝地帯であった。それだけに，この地域の貴顕たちの動向は，ノルマンディとブルターニュの両公権力の政治力学によって決められた。

　ウィリアム公の初期の政治基盤はルーアンを中心とする東部ノルマンディにあった。1060年代にウィリアムは，ノルマンディ西部からブルターニュ東北部の支配を強化してノルマンディの統合を確実なものにしようとした。その過程でウィリアムは，ドルとコンブールの領主たちやパンティエーヴルの伯オドの一族との結びつきを強めた。「綴織」にあるブルターニュ戦役と伯コナンとの確執は，この文脈で理解できるであろう。

　キーツ・ローハンは，ブリトン人が保有した征服後のイングランドにおけ

る土地は25％程度であったと推定し，『ドゥームズデイ・ブック』では，ブリトン人とピカルディからの直属封臣は，それぞれ10％と7％を占めたという。この数値の正確さはこれからの検証を必要としている。しかし，アラン・ルーファスやブーローニュ伯ユースタスの活躍をみると，「ノルマン征服」を海峡地域の全領邦の動きのなかで考えていかなければならないことは確かであろう。そしてこの一大プロジェクトをウィリアムの王位継承だけに求めてはならないのである。それだけでは，ノルマンディとは直接利害関係のない貴族たちが，大きなリスクを冒してでも，海を渡って勇猛で鳴らしたハロルド王と一戦を交えた理由がみえてこない。ユースタスはエドワード王の義理の兄弟で，血筋からすれば，彼もまた王位継承を主張できる立場にあった。その人物があえてウィリアムを助けた理由が説明できなければ「ノルマン征服」は説明できないであろう。本当にノルマン人の征服なのだろうか。しかし，紙幅がつきてしまった。この話は別の機会に譲ることにしよう。[46]

エピローグ

　「綴織」は明らかに終りのほうの布地が欠落していて，第58場で終わっている。同時代の史料，とくにウィリアム＝ポワティエを中心にして残りの場面を再現してみよう。

第9幕　ケントの攻略

第59場
ここでウィリアム公はロムニとドーヴァへ向かった
hIC CONTENDIT ROMANAERIUM ET DOUERAM :

　ヘイスティングズの港の陣営で2週間（あるいは9日間）待機したあと，ウィリアムは城をハンフリ＝ティレイユ（→135頁）に任せ，自らは軍勢を率いてケントの海岸部へと侵攻した。まずロムニを攻撃した。9月28日，ウィリアム船団の一部は，おそらく潮と風に流され，ロムニに漂着して，大きな犠牲を出していた。ハロルド傘下の海民の一部は漁に出かけず残っていて海防にあたっていた。出航直前の海民と出会った可能性もある。またニシン漁に出た海民も，ウィリアム上陸の報せを聞いてウィリアムの退路を断つべく戻っていたであろう。ウィリアム＝ポワティエが述べた「（ハロルドが）700隻にも及ぶ武装した船団を配置した」という数は差し引くとしても，ハロルド側の軍船はノルマン側の船団を封鎖しようとした。その多くは，ケントからのこのニシン船団であったろう。ウィリアムは，征服を確かなものにしてノルマンディとの補給路を確保するためにもロムニやドーヴァの海民を殲滅しなくてはならなかったのである。

　ロムニを攻略したのち，ドーヴァへ向かった。ここには，丘の上に堅固な城塞がそびえ，敗残兵も集結して強い抵抗が予想されたが，住民は結果のでた争いを継続する意思はなかった。しかし寄せ手はロムニと同じく，集落を襲い，火を放って大きな損害を与えた。ウィリアムはここで，国王となることを意識した態度をとり始める。丘の上の城塞のなかにペヴェンシのような城をつくる一方で，町の再興を開始した。ドーヴァを押さえたことで，ノル

マンディとの交通の安全を確保したウィリアムは，疲れた軍勢に休息を与え，その後カンタベリへと向かった。

第60場
ここで，カンタベリの人々がウィリアムに降伏し恭順の意を示す
hIC CANTUARII JURANT FIDLITATEM:-

「ドーヴァを出て間もなくカンタベリの人々が恭順の意を誓いにやって来て人質を差し出した」とウィリアム＝ポワティエはいう［144-145］。この人質のなかに，ケント人の軍勢の指導者であったエセルノース・チャイルドがいたであろう。カンタベリの人々が，ウィリアムが国王となる前に恭順の意を表明した事実は，やがて「征服されざるケント」や「動く森」の逸話を形成していくことになる。ケントは，ガヴェルカインドという均等分割相続の特異な慣習をもつ特権的な州といわれてきた。しかし，それは13世紀以降に確立してくるコモンローの長子相続という一般に対する特殊であった。エドワード1世は，地域や貴族たちに，その特権の文書による権原開示を要求した。貴族たちはそのとき，剣を示して「征服」を根拠にしたという。しかし，「征服」は王権の支配の権原であって，もはや彼ら貴族のものではなかった。これに対して，ケント州の指導者たちである騎士とジェントリたちは，「動く森」の伝承を示して「征服されざるケント」を主張して，権原開示に成功した。これが特異なケント州共同体の誕生である。

疲れがでたのか，ここでウィリアムは体調を崩した。全軍はしばし休息したあと，ロンドンに向かって進軍を開始した。ハロルドと同じ場所で戴冠をしなければならなかったのである。

第10幕　ロンドンの攻略

第61場
ここでスティガンドや貴族たちはロンドンで
エドガ・エセリングを王として擁立した
hIC AD LUNDONIA STIGANDUS CANTUARIENSIS ARCHIEPISCOPUS ET OPTIMATES REGEM STATUERANT EDGARUM ATHELINUM:-

当時，ロンドンはすでに北西ヨーロッパの交易の中心港としての繁栄を誇っていた。ここに，大司教スティガンドを中心として，エルフガの息子であるマーシア人の伯エドウィンとノーサンブリア人の伯モーカをはじめとする

貴族たちの軍勢が集結していた。またロンドンの市民も戦いの準備を整えていた。ウィリアムはロンドンを一度攻撃したのち，迂回してウォリングフォードやバーカムステッドに軍を展開し，テムズ川流域を時計回りに攻略しながら，ロンドンの包囲を狭めていった。

第62場

ここで大司教スティガンドはウィリアムに臣従礼をおこない
宣誓して忠誠を誓った
そして，よく考えもせずに選出したエセリングを見捨てた

hIC STIGANDUS PONTIFEX METROPOLITANUS:
MANIBUS EI SESE DEDIT: FIDEM SACRAMENTO CONFIRMAUIT:
ABROGANS ATHELINUM: QUEM LEUITER ELEGERAT:∼

　スティガンドは，エドガの王位継承は，情勢的に不可能であると見限ってウィリアムの軍門にくだった。これによってロンドン市民とそこに集結していた王国の聖俗の貴族たちも降伏し，ウィリアムに戴冠を求めたのである。

　しかし，そこに至る経緯はそう単純でもなかった。『ヘイスティングズの戦いの詩』によると，ウィリアムは使者を送ってロンドンのすべての有力者に命令できる人物であるアスガ（アスガ・ステラ〈軍務官・旗手〉）と接触し，彼を通して交渉して，ロンドン市の降伏を勝ち取ったという。アスガの祖父は，クヌート王のセインであったトヴィ・ステラである。彼は，1030年頃にウォルサムに最初の教会を建てた人物であった。1060年頃にその教会を改修してウォルサムに参事会が管理する教会を建立したのがほかならぬハロルドであった。ハロルドとロンドン市民との結びつきは強かった。ロンドン近隣のウォルサムの教会はハロルドによってゴドウィン家の廟として想定されたのである。アスガ・ステラは，エドワード王に仕え，ハロルド王の近臣でもあった。その渾名の通りの役務をおこなっていれば，ヘイスティングズにロンドンの軍勢を送った指揮者とも考えられる。ただ，足の悪い彼も参戦したのであろうか。

　アミアン司教ギーは当時の臣従礼の儀式について語っている。それによると，主君となる者は，臣従する者の右手に彼の右手を重ねる（dextras dextre subdere）［『ヘイスティングズの戦いの詩』715行］，というものである。第21場（→68頁）を見てほしい。ウィリアムがハロルドを騎士にした場面であるが，ウィリアムの右手はハロルドの右手の上に置かれようとしている。まさにこの場面は臣従礼の場面である。スティガンドも同じような臣従礼をおこなったであろう。

敵方に鍵を渡すという儀式によってロンドンは降伏した。その様子は第20場（→65頁）のディナンの降伏にも描かれている。

第11幕 ウィリアムの戴冠

第63場
ここで彼らは王冠をウィリアム王に与えた
hIC DEDERVNT UUILELMO CORONAM REGIS

　ロンドンが恭順の意をあらわし，エドガ・エセリングを保護下においたウィリアムは，クリスマスの祝祭（その日は月曜日）に，ハロルドが戴冠式をおこなった同じウェストミンスタ修道院の聖ペテロの祭壇の前で，「聖なる教会とその僕を守り，正しく統治し，彼の前におかれた人々に王として配慮し，正しき法を定め守り，略奪や不正なる判決を禁ずる」ことを誓い戴冠した。

　アミアン司教ギーは，『ヘイスティングズの戦いの詩』〔783-835行〕で戴冠式を次のように描いている。

> 王冠のあと笏と杖が準備された。……修道士，高貴なる司教様方が聖ペテロの祝福された教会に向かった。十字架を前に，聖職者の行列が続いた。そのあとには司教様たち。最後に，人々の歓呼に向かって，伯たちや貴顕に囲まれ王が進んだ。王の右手は1人の大司教が支え，左手はもう1人の大司教が支えていた。こうして，賛歌を唱えながら，王は教会に向かい王座に導かれた。大司教は……高位祭壇に向かって王を立たせて，その周りを召集した司教たちで囲んだ。……先唱者がキリエ・エレイソンを唱えた〔主よ，憐れみたまえ。キリスト，憐れみたまえ。主よ，憐れみたまえ〕。そして聖人たちに執成しを祈った。連禱が終わると，国王のみが祭壇の前にひれ伏した。（沈黙のなか）大司教は会衆に祈りを求め，特禱を唱えてから王を立たせた。大司教は聖香油を王の頭に注いで，ウィリアムを国王として聖別した。

　彼によると，ウィリアムの戴冠式はカンタベリとヨークの2人の大司教によって司式されたという。この2人の存在は，カンタベリが首位権を主張し始める1070年以前では，2つの大司教座のあいだに対等性があったことを示している。さらに，ここにはウィリアム＝ポワティエやジョン＝ウースタのようなスティガンド排除の叙述はない。スティガンドは，1070年4月11日に教皇特使によって解任される。彼の排斥は，1070年の北部制圧を受けて進められた。

イングランド支配階層のフランス化の嚆矢であった。その尖兵となったのがその年に大司教に就任したランフランク（聖別は8月15日）その人であった。

ウィリアム＝ポワティエは，ウィリアムがスティガンドによる聖別を拒否したという。12世紀後半の筆であるジョン＝ウースタはいうまでもなく，ウィリアム＝ポワティエは，この部分を1070年以降に書いたのであろう。一方アミアン司教ギーは，1066年直後にウィリアムの戴冠式を描いている。2人の大司教による戴冠式はイングランド統合の象徴だったのだろうか。「綴織」の「失われた」ウィリアムの戴冠式の場面には，エアドレッドの横にスティガンドが描かれていたかもしれない。

ウィリアム＝ポワティエは，国王の治世開始を戴冠式から数えている。征服前，イングランドでは，国王が即位してしばらくしてから塗油と戴冠式がおこなわれた。エドワード古王は，900年の聖霊降臨祭（6月8日）に戴冠式をおこなったといわれるが，前王アルフレッドは，899年10月26日に没している。エセルスタン王は，925年9月4日に戴冠式をおこなったが，前王エドワードが没したのは，924年7月17日，エセルレッド王の戴冠式は979年5月4日以降であるが，前王エドワード殉教王が没したのは978年3月18日，そしてエドワード証聖人王は，1042年の6月8日にハルサクヌート王が没し，王の葬儀がおこなわれる前に国王に選出されたが，塗油は1043年4月3日であった。このように，イングランドの統合王権における王位継承は，アルフレッド以来，即位後に一定の時間をおいて塗油と戴冠式という，王から国王への生れ変りの儀式がおこなわれていた。

王位継承から血統の慣行を壊したのはクヌートであった。そして王位継承と戴冠式を大陸型のモデルに近づけたのが結果的にはハロルド2世であった。この時代のカペー朝の王位継承においては，後継者は父の生存の時期に聖別されて王の称号をもち，治世年はその時点からか，あるいは父王の没した時期から始まった。ハロルドの場合は，前王の没した時期と聖別と戴冠式のあいだに可能な限り間をおかないものであった。つまりハロルドの治世だけが彼の戴冠式から始まっていたのである。状況が切羽詰まっていたとはいえ，ハロルドの戴冠式は例外的であった。ハロルドは，大陸の慣行をよく知っていたのであろう。同時期のフィリップ1世のようなカペー朝の慣行に慣れているノルマンディ側にとって，ハロルドが戴冠すれば，その王位そのものの否定はしがたくなる。イングランド側にとってはハロルドの戴冠は，王位の簒奪とは映らなかったのである。王位を否定するためには戴冠式の有効性を否定

しなくてはならなかった。だからこそ大司教スティガンドは存在そのものが否定されねばならなかった。そして，大司教の否定は，国王ハロルドの否定であった。

　征服後しばらく史料はハロルドを国王と呼んだ。彼の王位の否定は，スティガンドの大司教職からの放逐とセットであった。彼を国王と呼んだ最後の令状は，1068年5月である[Bates RRAN, no. 286]。1086年の審問をもとにつくられた『ドゥームズデイ・ブック』は，ウィリアムの前王をエドワード王としている。典型的には，「エドワード王の御代には」とか「エドワード王が生きそして死んだときに」という表現に求めることができる。この「生きそして死んだ」という表現は，「フランス語を話す者であれ英語を話す者であれ」や「国王バロン」と同じく，ウィリアムの尚書部でつくられ，積極的に使われていった。征服直後には「ハロルドが生きそして死んだとき」という表現[Bates RRAN, no. 291]もあったが，すぐにその用法は破棄された。ハロルド王とスティガンド大司教の記憶は1070年以降汚され，王権の公式の記憶から消えていった。しかし，人々の記憶から完全に消え去ることはなかった。1066年の戦闘でハロルドを支えたセント・オーガスティン修道院は，国王の記憶を残した。

　「綴織」がどこまで描かれていたか。王冠を被ったエドワードとハロルドの会話が始まりであれば，ウィリアムの戴冠式が終りであろう。しかし，この物語はもう少し先まで進む。

最終幕　王の帰還

第64場
良き風に乗って国王たちは故郷に帰還した
hIC SOLUTIS NAUIBUS IN ALTRICEM TERRAM PROUEHITUR SECUNDO UENTO

　ウィリアム王は，司教オドと近臣のウィリアム・フィッツ・オズバーンにイングランドを任せてノルマンディに大量の財宝とイングランド人貴族を連れて凱旋し，復活祭をフェカン修道院で祝った。ウィリアム＝ポワティエは伝える。

　〔1067年3月〕王国統治を整えてから，国王はペヴェンシに来た。……海峡を渡る準備を終えて船は待っていた。いにしえの方法にのっとって，船は〔良き知らせを示す〕白い帆を装備していた（→第Ⅰ部註28）。……多くのイン

グランド人の貴族のなかで，残しておくと忠誠心と力に心配が残る者を，反乱の芽を摘み取るために，一緒に連れて行くことにした。大司教スティガンド，（エドガ・）エセリング，3人の伯，エドウィン，モーカ，ワルセオフ，そのほかの貴顕たち〔貴族の統治者エセルノース・カンタベリ〕である。……国王は故郷が望んだ通りの状況であったのを知った。その統治はマティルダ妃が円滑におこなっていた。皆には戴冠はまだだが，すでに王妃として名が通っていた。経験者の知恵も彼女の知性に加えられた。その筆頭は，ロジャ＝ボーモンであろう。……国王はフェカンのサント・トリニテ教会で復活祭を祝った。[166-179]

　ウィリアムがノルマンディに帰還する際，連れて行ったイングランド人たちは，イングランドにおいておけば，反ウィリアム勢力となる危険性がある人物たちであった。マーシア人の伯エドウィンとノーサンブリア人の伯モーカは，マーシア人の伯レオフリックの孫，ハンティンドン伯ワルセオフはノーサンブリア人の伯シワードの息子であった。かつてのゴドウィン伯との鼎立体制の残りの二つの血統を押さえたのである。その後エドウィンとモーカはウィリアム王に対して反旗を翻した。1071年エドウィンは殺害され，弟のモーカはイーリの乱に加担し降伏した。彼はノルマンディへ移送され，ロジャ＝ボーモンのもとで幽閉された。1087年にウィリアムの死の床での恩赦で司教オドなどとともに解放された。その後の行方は知れない。

　ワルセオフは，イングランドに戻ってからデンマーク王スヴェイン2世が1069年にイングランド北部に侵攻した際に，エドガ・エセリングらと呼応してヨークを攻めたが，利なく70年にウィリアムに恭順の意をあらわして受け入れられた。その後，1072年にモーカの後を継いでノーサンブリア人の伯になった従兄弟のゴスパトリックを追い出して自ら伯となった。国王はこれを咎めず彼の伯職を認めて，同年には姪のジュディス＝ランと結婚させている。彼らのあいだには一男二女が恵まれた。長女のマティルダは，将来のスコットランド王デイヴィッド1世に嫁いだ。これが縁でデイヴィッドはハンティンドン伯を継ぐことになる。1072年の時点では，ウィリアムはワルセオフに信頼をおいていたようである。しかし，1075年，ワルセオフは伯たちの乱に巻き込まれる。

　この奇妙な乱の直接の原因は，国王が，イースト・アングリア人の伯ラルフ＝ガエル（→253頁）と近臣ウィリアム・フィッツ・オズバーンの娘エマとのあいだの結婚を認めなかったことにあるといわれる。ラルフに加担したのは，

フィッツ・オズバーンを継いでヘレフォード伯になった息子のロジャ・ブレトゥーユとワルセオフであった。ワルセオフは，突然捕縛され，1076年5月31日に断頭の刑が執行された。「殺さない統治」は終焉を迎えたかにみえた。それが復活するにはさらなる時間を要した。それを物語る余裕はない。一方ロジャは幽閉され1087年にモーカと同じ経緯で釈放されている。ラルフはブルターニュに逃れた。

サッカーに喩えるならば，これら一部リーグの貴族たちと違い，エセルノース・チャイルドは明らかに二部リーグの貴族であった。彼の所領は，『ドゥームズデイ・ブック』によると，ケント [GDB, fos. 6, 8, 8v, 9v, 10v] を中心にサセックス [17v]，サリ [31]，バッキンガムシャ [144v, 145]，ノーサンプトンシャ [220]，オクスフォードシャ [155v]，そしてハンプシャ [46] に広がっていた。所領の価値 (地代取得可能額) は203ポンドで，司教オドなどに比べると一桁下の財力しかもっていなかったことになる。彼は，チャイルド，つまり若衆エセルノース，と呼ばれる一方で，ケント人のエセルノースとかカンタベリのエセルノースと呼ばれていた。

彼の15ある所領のうち12は，征服後バイユー司教オドの手に渡った。残りの3つは，サセックスにあった2つがバトル修道院に，ハンプシャの所領はヒュー＝ポートに渡った。ヒューは王の直属封臣であると同時に司教オドの有力な臣下でもあった。バトル修道院というヘイスティングズの戦いの現場に鎮魂の意味で建立された修道院に渡った所領以外は，すべて司教オドが奪い取ったのである。

エセルノースは，ケントとカンタベリにおいて国王の手足となって働いていた (→231頁)，ハロルドの近従であった。エセルノースのサセックスの所領アルキストンは，ペヴェンシの西北西24kmの近距離にあり，彼の所領群で最大規模の荘園であった。彼がケントとサセックスの軍勢を率いていた可能性は，その渾名の一つであるサトラーパ (地域の守護者) をとってみても，きわめて高い。だからこそ彼はノルマンディに連れて行かれたのである。

エセルノースはノルマンディに連れて行かれた。そしてその後は杳として知れない。それから40年以上が経過した。デンマークにエセルノース＝カンタベリという1人のイングランド人がいた。彼はデンマークの聖クヌート王の伝記作家であった。修道士とも王の宮廷礼拝堂司祭ともいう。エセルノースは，1111年から12年頃，クヌート王の伝記を書いたが，そのなかで「故郷」の高貴なる人々の運命を嘆いていた。しかし，彼が西の空を見て昔を嘆いたその

とき，故郷では「イングランド人であれフランス人であれ」人々は，坩堝(るつぼ)のなかから「新しいイングランド人」の生活を築き始めていたのである。

余　滴

　大英図書館には，12世紀後半に作成されたセント・オーガスティン修道院の「命日一覧」が残っている [BL. MS Cotton Vitellius C. xii, fos. 114-155]。修道院長や修道士のみならず，王や国王や王妃から始まって，大司教や司教たち，ほかの修道院の院長や修道士，俗人の大貴族から祈禱兄弟盟約を取り結んだケントの男女の地域有力者たちまで，修道院の繁栄に貢献した人物が記念されている。もっとも記録されているのは命日だけで何年に死亡したのかはわからない。それがときとして当該人物の同定を難しくする。記念された人物の命日の時間の幅は640年から1216年頃までの576年に及ぶ。しかし，600年近い時間の堆積にもかかわらず，中心的な部分は「ノルマン征服」を挟む100年に集中している。読み進めていくとなじみの名前に出会う。

　　1月4日バイユー司教オドが死す [fo. 114v]……1月5日，ブリタニアでは，国王にして証聖者であるエドワードが埋葬された [fo. 114v]……2月4日われらの兄弟ユースタスが死す [fo. 118]……2月22日大司教スティガンドが死す [fo. 120]……4月15日伯ゴドウィンが死す [fo. 125]……7月16日われらの兄弟ハイモ（ヴィタールの子）が死す [fo. 132]……9月1日ヴィタールが死す [fo. 139]……9月9日この修道院の主人スコランドとイングランド人の国王ウィリアムが死す [fo. 140v]……10月14日イングランド人の国王ハロルドと数多くのわれらの兄弟が死す [fo. 145v]

　ユースタスがブーローニュ伯ユースタス2世であれば，オド，スティガンド，ハロルド，ウィリアム，ヴィタール，そしてユースタスと，「綴織」で名前を縫い込まれた数少ない人物のうち，モータン伯ロバート，ポンチュー伯ギー，そしてトゥラルドとワダードを除いた6人の名が「命日一覧」に刻まれていたことになる。トゥラルドとワダードは，オドとともにノルマンディに帰りそこで亡くなっているので，平の騎士が立ち去ったあとにイングランドの修道院で記念されることはなかったであろう。残りの2人は「征服のシナリオ」には必要な人物ではあるが，ギーはハロルドを捕縛しあるいは殺害した（といわれる）敵対者であり，ロバートは，修道院とは接点がなかった大貴族である。国王ウィリアムを除くスティガンド以下5人はカンタベリ大司教座教会附属修道

院に残る4つの「命日一覧」では記念されている。さらにその10月14日のバトルでの死者の扱いも突き放したものがある（「バトルで死んだ者たちの記念日である」[BL. MS Cotton Nero, C. ix, fo. 13]）。

　一方，セント・オーガスティン修道院の「命日一覧」には5月24日に亡くなったカンタベリ大司教ランフランクの名前はない。ここから，反カンタベリ大司教座的な立ち位置がみえてくる。修道院はつねにバイユー司教オドと武勇の誉れが高いにもかかわらず一度の戦いで敗死した国王ハロルド2世に温かい眼差しを送り続けたのである。

　「命日一覧」には，数多くのフランス系騎士とその妻や娘とともに，大司教座附属修道院のそれとは比較にならないほどの数多くのイングランド系の在地セインとその妻や娘たちが，祈禱兄弟盟約を結んだ兄弟姉妹として記念されている。1066年10月14日に修道院の多くの「兄弟」たちは，センラックの丘の露と消えた。未亡人たちや娘たちが万感の思いを込めて糸を走らせたと想像するのは行過ぎであろうか。

　「バイユーの綴織」は，ヘイスティングズで戦った海峡世界の人々の記憶を，さまざまな形で織り込んでいた。その多くは，同時代の史料も共有した記憶であった。しかし，同時にセント・オーガスティン修道院の記憶も留めていたのである。「バイユーの綴織」は，言葉のまったき意味での「アングロ・ノルマン[5]」であった。

　　　　　　　　　　　　　　　長すぎた話はここで終りにしよう。

プロローグ
第 I 部
註

1 過去を伝える媒体に資料，歴史を構成する資料に史料という言葉をあてる。いずれも，テキストもあればモノの形をとることもある。

2 本書では北の民にはスカンディナヴィア人，ノルウェー人，デーン人という言葉を使い，彼らが攻撃性の強い海民としてあらわれるときにヴァイキングという言葉を用いた。その民族の帰属性を正確には確定できないという前提での作業用の言葉である。

3 中世では時間は神が支配していた。歴史も神の御業(みわざ)を記録するもので，聖職者，とくに修道士の仕事であった。近世になると，いにしえを愛し，過去そのものを記録する尚古家と呼ばれる俗人が出現した。歴史叙述の主役が代わり始めたのである。この「時間の世俗化」は，時を告げる主役が，教会の鐘から機械仕掛けの時計に代わったことにも見て取れる。尚古家は，裕福で教育を受け時間の余裕のあるいわばジェントリであった。彼らは，収集，あるいは複製をさかんにおこない，豊かな資料のコレクションをつくりあげていった。大英図書館のMS Cottonと分類されるコットン卿のコレクションなどはその最たるものである。彼らは，互いに連絡をとりあい，情報や資料の交換のためにときにはサークルを結成した。18世紀になると，国王から特許を得たソサイティがあらわれる。現在も活発な活動を続けるロンドン尚古協会は典型である。彼らとその組織は，19世紀に大学の講座として体制歴史学や職業的歴史家が誕生する前の先駆形態であった。

4 ウィリアム・ソーンは14世紀後半に活躍した，カンタベリのセント・オーガスティン修道院の修道士である。彼の年代記は修道院の開基から1397年までを扱っている。1228年までの記述は，同じ修道院のトマス・スプラットの年代記に拠っている。この年代記は修道院に関する具体的でときにはユニークな記述で構成されている。彼は1397年8月16日ランベスで筆をおいた。

5 イングランド人（Anglus: the English）という観念は，アルフレッド王以降，ウェスト・サクソン王権が，10世紀のほぼ3四半世紀近くをかけて，アングル人（Anglus）の国であるマーシアを併合し，最終的にはハンバ川の北のノーサンブリアを統合するなかで醸成された民観念である。部族的にいえばサクソン人（Saxonus）の王権がアングル人を統合するなかで，自らをアングル人の王というのは，これだけの規模の王国では理解するのは難しい。部族国家初期の段階では，征服した部族が征服された部族の名前を名乗ることはあったとしてもである。このアングル人は，部族的アングル人ではなく，三つの要素が，時代的に沈殿層を形成しながら不即不離に結びついてできあがったものである。三つとは，聖アウグスティヌスが布教の対象とした民，英語を話す民，そしてサクソン人とアングル人を統合しさらには北と西の周辺の民に支配を行使しようとする国王の臣下，という要素である。従って部族的な民集団であるアングル人とは区別して，本書ではイングランド人という言葉を用いる。問題は，イングランドという地理的な概念は紀元1000年頃に生まれたため，イングランド人と呼ぶと，形成の時系列を逆転させることにある。本来ならイギ

267

リス人とすべきであるが，日本においては，イギリス人は英国人とほぼ同意語で使用されるために，ここまで人口に膾炙し慣用となった言葉の意味を代えるのは不可能と判断し，イングランド人を使用する(→註31)。なお，民集団を表現する言葉は複数表記が通常であるが，本書では日本語の感覚もあり，単数で表記することとした。

6　作者は，フランドルのサン・トメールの聖職者か，サン・ベルタン修道院の修道士と推定される。王妃がブルージュ(ブルッヘ)に拠点をおいていた1037年から40年に傍らに仕え，彼女がイングランドに帰還する際に同行したのであろう。デーン人の政治状況や，ドゥド＝サン・カンタンの『ノルマン人の事績』やアーサの『アングル人とサクソン人の王アルフレド伝』などに詳しく，王妃の傍らでイングランドにおいて書かれたものであろう。サン・ベルタンからは，グリムバルドやゴシュリンといったイングランドで活躍する著述家がでている。

7　パンカルタは，中世の文書保管形式の一つである。11世紀とそれ以降，とくにノルマンディの修道院で作成された。定義すれば，複数の証書の書面が一つの証書のテキストとなっている文書のことをいう。一連の財産保証のため，贈与のシークエンスを意識した構成ともいえる。11世紀後半から一般的になっていく，もろもろの証書を一つの本(巻物もあるが)に転写して，寄進を記録した文書集成(カーチュラリ)の先駆でもある。

8　ジェフリ＝モンマス(1100頃〜55頃)は12世紀前半に活躍した著述家で，一説にはウェールズ人の聖職者ともいう。アーサ王の伝説を広めるのに大きな役割を果たした。

9　EHD, ii. 211. この年代記(『諸年代記からの年代記』*Chronicon ex chronicis*)は，1130年代から40年代にかけて，同名の修道士によって，アイルランドの修道士でフルダとマインツで活動したマリアヌス・スコトゥスの世界年代記を書き継ぎ，それに『アングロ・サクソン年代記』などを情報源にして編集された年代記である。この1064年の記述は，『アングロ・サクソン年代記』に欠落している部分である。かつてはフローレンス＝ウースタが著者としてあがっていたが，現在ではジョン＝ウースタが著者と考えられている。巻末の参考文献には『フローレンス＝ウースタ』のものもあげてある。

10　ハロルドの髪は長めのボブで，鼻はとがり，顎は丸く，口髭をはやしている。しかし，この特徴は「綴織」を通して一貫しているわけではない。このことをもってしても，複数のデザイナの存在を暗示する。身に着けているマント，馬，鷹，犬，すべてが高貴な身分を表現している。

11　本書では，貴族は国王に対する勤務によって特権を授与された社会層を意味する。これに対して貴顕は，貴種という性格を強調するときに使用した。王国の最上層を示すことが多い。

12　ハンドレッドは州のなかにほぼ収まる統治組織で，おもに10世紀に警察機構として出現した。構成は，大所領や特権領あるいは小さな所領のパッチワークなどさまざまである。

13　ハイドは，土地の単位で，7・8世紀には一家族を養うのに十分な土地を意味した。その後，課税のための地積単位となり，一般にはあるいは理想型としては，120エーカ(約50ヘクタール)の広さがあるといわれる。理想形として1ハイドは4ヴァーゲイトからなっていた。ヴァーゲイトは，2頭の雄牛が犂耕可能な広さを意味する。カルケイトは，イングランド北東部，いわゆる「デーン・ロー」を中心とした地域で使用されたハイドに相当する地積単位。8頭立て雄牛で1年間に犂耕可能な土地

の広さ，一般には120エーカー程の広さを示した。1カルケイトは8オクスガングあるいは8ボーベイトの下位の単位に区分される。ハイドと同じく課税の単位となった。

14 1086年に実施されたほぼイングランド全域の審問調査の国王への報告書。台帳形式で，イースト・アングリアとエセックスの審問をまとめた『小ドゥームズデイ・ブック』（LDB）とそれ以外の『大ドゥームズデイ・ブック』（GDB）に編集され，分類されてきた。その目的などについてはまだ定説がない。

15 17ハイドがボーシャムに属するサドルスコムで，32ハイドがプランプトンである［GDB, fos. 17-17v, 27, 43］。オズバーンはウィリアムのもっとも信頼の篤い大貴族で友人であったウィリアム・フィッツ・オズバーンの兄弟で1072年4月にエクセタ司教に就任した。

16 史実ではない。1038年7月18日，彼女は夫ハインリヒ3世とともにイタリア遠征に出かけその帰路病死している。2人のあいだには娘ベアトリス（1037～61）がいた。

17 本書が対象とする時期に，イングランドで使用された銭貨は，原則として銀のペニー貨のみである。金は流通から消えて久しい。銀約350g（これをタワーポンドという）の240分の1の重さがあり，1枚の重さはほぼ1.3gから1.5gのあいだであった。銀貨12枚で1シリング，20シリングで1ポンドと計算された。従って銀貨240枚が1ポンドとなる。シリングやポンドを計算貨幣という。銀の純度はきわめて高く，スターリング基準の92.5%を超えることは珍しくはなかった。イングランドのペニー貨の特徴は，その打型を王権がほぼ独占していたこと，国王は短期間でこの打型を更新したこと，王国内では国王の打型以外の銭貨は原則として流通が認められなかった（この統制はかなり機能していた）こと，地銀の通貨としての使用が低調なことがあげられる。この時期の牛1頭が約30ペンスだから，この20ポンドは相当の高額である（牛160頭分）。なお，ペニーはdenarius，シリングはsolidus，ポンドはlibraとラテン語で表記したので，それぞれd. s. l. と略記するのが慣例である。用語上の問題であるが，moneyには貨幣，coinに銭貨，ingotには地銀，currencyには通貨を用いる。

18 597年教皇グレゴリウス1世は，ブリテン島の教会を建て直す目的でアウグスティヌスを派遣した。彼はケント，カンタベリを拠点にしてローマ教会の支配拡大の礎を築いた。598年都市の市壁の東隣に建立されたのがこの修道院である。当初は聖ペテロと聖パウロに奉献されケント王国の王の墓所であった。10世紀の大司教ダンスタンによってベネディクト会則に従う修道院に改革され，聖アウグスティヌスにも奉献されたこともあり，この頃からセント・オーガスティン修道院と称されるようになった。その図書館，文書庫は豊かで，当時のイングランドの知的宝庫であった。

19 パンティエーヴル伯のレンヌのオド（999～1079）は，ブルターニュ公ジェフリ1世とノルマンディ公リチャード1世の娘，アヴィスのあいだに生まれた末息子である。コナンの父アラン3世が亡くなると，摂政としてコナンの名で，ブルターニュを統治した。彼はブルターニュのコンノウェー（コンウォール）のアグネスと結婚した。少なくともその子アランとブライアンはノルマン征服に参戦している。ブライアンは1069年ハロルド2世の遺児がアイルランドから南西イングランドに侵攻したときこれを撃破し，のちにリッチモンドを領有した。

20 フロドアードの年代記（919～966年）を想定している。フロドアード（894～966）はシャンパーニュ，ランスの教会人で，大司教座聖堂の参事会員であった。聖堂教会の年代記を残

している。

21 ローマ時代にはアルモリカと呼ばれたブルターニュ（小ブリテン）の地に住むブリトン人には，サムソンをはじめとするブリテン島のブリトン人聖職者によってキリスト教の布教がおこなわれた。ドルはその中心地であった。その後，政治的中心がレンヌに移るなかでこの大司教座教会はやがて，司教座，そして小教区教会となり，その重要性を失っていった。しかし今も凛として建つ，小教区教会には似合わない巨大な佇まいは往時を偲ばせるに十分である。

22 この場面の下段の縁には，魚とウナギ（一部の研究者がいう蛇ではない）が描かれ，潮が満ちてきたことを示している。2匹の魚は，魚座をあらわすとの推測もあるが確証はない。遠征の時期は春播きの大麦が緑色の初夏であろう。

23 カロリング的な伯の下位の地位にある人物を，子（あるいは副伯，vicecomes）という。これと違い，イングランドの vicecomes は，国王の徴税と兵員動員の地域的基盤である州の国王役人として出現し，領域的な支配者となることはなかった。本書では一般に使用されている州長官という言葉のもつ官僚的な響きをきらいシェリフで通している。

24 ブールはシテなどの特権的集落に隣接して形成された二次的集落。

25 「雄牛の目」は有名であったらしく，バトル修道院の修道士が，1114年から20年のあいだに書いた『ノルマン人のもっとも高貴な伯ウィリアムについての短い話』[*Brevis Relatio*, 28]にもでてくる。しかし丸い容器と覆いはウェイスにのみみられる。『短い話』は，1035年頃から1106年までを扱ったラテン語の歴史書である。

26 13世紀の初め頃に，おそらくはウォルサム修道院で編纂された『ハロルド伝』では樫の木の下でおこなわれたという。この伝記は，ハロルドがヘイスティングズの戦いを生き残り，イングランドを離れ巡礼に出向き，ドイツで聖なる生活を送ったという伝説を伝えている［*Vita Haroldi*, 109, 131-135］。

27 Hariulf, *Chronique de l'abbaye de Saint-Riquier*, 241. 年代記の作者はアリウルフ・アウデンブルク（1060頃～1143）で，5世紀から1104年までを扱っている。アリウルフは，のちにフランドルのアウデンブルクの修道院長となった。

28 「テセウスはミノタウロスを倒せば済むことだと父を元気づけた。父は出帆に際し，息子が無事なら白い帆を，そうでないなら黒い帆を上げて帰れと命じた」［『プルターク英雄伝』河野与一訳，岩波文庫，1952年，33頁］。

29 剃髪している聖職者の服装はチュニックとタイトなズボンという俗人の出立ちである。これは当時の葬送における慣習なのだろうか。

30 エドワードの「緑の木の予言」として有名な話である。12世紀前半には早くも，ウィリアム＝マームスベリ『イングランド人の国王たちの事績録』ii. 227 やウェストミンスタ副修道院長オスバート＝クレア（1158年頃没）の聖人伝としての『聖エドワード王伝』（1138年）によってノルマン征服を予見したものと解釈された。

31 イングランドやノルマンディという地名が確立するのは，紀元1000年頃のことである。王はあくまでも人の王であって，イングランドの土地の王という観念ができあがるのは13世紀である。これに対してのちのイングランドに住む人々をあらわす呼称である English は7世紀から徐々に形成され10世紀の後半には確立した（→註5）。

32 本書では，このフランク的な王権意識あるいは戴冠式をおこなって王位に就いた王を国王として，自称も含む王一般から区別している。

しかし，叙述の関係で国王でも王を用いたところも多々ある。国王観念は，アルフレッド王の治世後半から973年のエドガの戴冠式までに徐々に形成された。本書が扱う，イングランドの人の王は国王である。

33 これはユリウス暦でグレゴリウス暦に換算すると4月22日になる。1067年の復活祭はユリウス暦では4月8日でグレゴリウス暦では4月14日となる。ユリウス暦の1066年9月29日と10月14日は，それぞれ，10月5日と10月20日になる。和暦では，それぞれ，治暦2年の9月8日と23日である。ユリウス暦では，実際の太陽年に対して，128年で1日の誤差が発生する。それで1582年に教皇グレゴリウス13世は，10月4日の木曜日を10月15日の金曜日として，新しい暦を採用した。これがグレゴリウス暦である。本書では断りのない場合は，史料からの日付はユリウス暦である。二つの暦の時差にこだわったのは，季節感を重視したためである。

34 ボウドリ＝ブルグイユ（1046頃〜1130），あるいはバルドリック＝ドルは，1046年頃にマン・シュル・ロワールに生まれ，アンジュのブルグイユ修道院に入り，79年にその修道院長になっている。1107年にドルの司教となった。ノルマン征服の研究で彼を有名にしたのが修道院長時代の「ウィリアム征服王の娘アデラに献呈された詩」と題された詩である。この詩のなかに描かれた織物が「綴織」だと考える研究者もいる。しかし，この史料は，中部フランス出身の修道士のものであることを銘記しなくてはならない。

35 中国では，4月2日から6月7日まで記録があり，「北の空に非常に明るく見えた」という［『宋史』英宗紀治平3年条；『高麗史』文宗紀20年］。日本では，治暦2年3月6日（＝4月3日）に見え始めた。「治歴二年丙三月六日，曉彗星東方見」『扶桑略記』治暦2年条［『新訂増補

国史大系』第12巻，吉川弘文館，1932年，203頁］。

36 公妃マティルダとロジャ＝ボーモンが中心となって留守を守った［WP. 178-179 ; OV. ii. 208-210］。

37 メーヌからはジェフリ＝シャモン，アンジュからはトゥアールの子エイメリなど。

38 ボウドリは，船大工はヨーロッパ中から来たという。ウェイスは職人の起源については語っていない［wace. iii. 6332行］。ジャージ諸島の有力者の子であるウェイスと違って内陸部での生活が長かったボウドリが造船に詳しかったかは定かではない。ボウドリに依拠するバカラックは，地中海のガレー船を使用したというが，船団が移動したという記録はない。バカラックは，船はノルマンディで建造し，現地の船員が操舵したという（筆者への私信）。技術は時間をかけてつくられる文化であり彼の説を受け入れるのは困難である。職人や船員は長年培った経験で造船したり操舵したりするものである。それでも，かなりの数の新造船がつくられたのは事実かもしれない。情報の確度に問題があるが，ボウドリは，木が大量に伐採されたことを伝えている。「森が海岸に行進してくるのを見る」という。

39 生業とは，自然と人的環境に働きかけることで価値を引き出し，生存を維持する活動である。海民は漁師であり，運送業者であり，海賊であり，戦士であり，商人であり，職人（船大工）であり，農民でもあった。12世紀になると全般的な職業の専門化が始まる。しかし，それでも生業が消えることはなかった。11世紀中葉において，船大工がどの程度専門化されていたかは興味深い問題である。

40 北上する船団にとって「南風」はリーショアとなる，難破を引き起こす厄介な風でもある。潮の流れを利用するのであれば，サン・ヴァレリから北西に向かうほうが安全であり確実である。ウィリアム＝ポワティエは，あまり

海事には詳しくなかったのであろうか。

41 このブリトン勢の構成をみても、ウィリアムの遠征が北フランスを巻き込んだ一大プロジェクトであったことがわかる。ブルターニュ公アラン4世（1072頃～1112）は、前述のコナン2世の甥でナント伯でもある。さらに登場する人物は、コナン2世と戦ったディナンの領主、コナンの側で戦ったラルフ・ステラの息子ラルフ＝ガエルなど多彩である。ラルフは1040年頃にイングランド、ヘレフォードで生まれた。

42 ウィリアム＝ポワティエの、渡航の叙述は、カエサルの『ガリア戦記』[iv. 22]や『イリアス』[120-129行]の影響があり、額面通りにはとれない。

43 エラードの息子スティーヴンはノルマンディの海民で、公の船の船長を務めた家柄であった。その子トマスは、1120年に沈没して、ヘンリ1世の息子ウィリアムが溺死した「白い船」の船長であった[OV. vi. 296]。スティーヴン自身はその功績でバークシャに土地を与えられた[GDB, fo. 63]。

44 790年、マーシア人の王オッファは、パリのサン・ドニ修道院に、ロンドンにある土地を譲渡し、さらにサセックスのシーフォードから流れる川に面したロザフィールドの土地とヘイスティングズとペヴェンシの海港にある土地の譲渡を確認した（S 133）。これは、パリからセーヌ川を経由して、サセックスの二つの港を経由し、河川に入りロザフィールドから陸路でロンドンに至る交通路を確保する意味もあった。857年には、この地に勢力を伸ばしたウェスト・サクソン人のエセルウルフ王が、オッファの譲渡を確認している文書で、ヘイスティングズにあった塩田を記載している。『ドゥームズデイ・ブック』では約1386の塩田が知られていて、サセックスは297、そのうち東部のこの地域では232が確認でき、ヘイスティングズを中心とする地域が塩の一大生産地で多数の塩田があったことがわかる。とくにライの荘園の100という数字は特出している。塩は漁業と密接に関係し、ニシンのような大量に捕獲する魚種の保存のために不可欠であった。

45 5世紀前半のローマ帝国の役人のリストである「ノティティア・ディグニタートゥム」が初出という。

46 「ペヴェンシのバラにおいて、国王の直領地に24人の市民がいた。彼らは地代として14シリング6ペンスを支払った。また港から35シリングを支払った……」[GDB, fo. 20v]。バラの起源は9世紀の軍事的定住地（burh）にある。その後、銭貨製造所がおかれたり、市場が開設されたりして経済的機能が充実していった。11世紀の中頃には、地代支払いで宅地を保有するその住民（市民と呼ぶこととする）の存在が確認できる。

47 「トスティクが大軍とともに到着した。その大半はフランドル人であった」[ガイマ『イングランド人の歴史』5153-82行]。トスティクの妻がフランドル人であることを想起してほしい。『イングランド人の歴史』は、1130年代から40年にかけて書かれた卑俗フランス語で残るイングランド人に関する最古の歴史書である。495年のチェルディックのブリテンへの到着から1100年のウィリアム2世の死までが記録されている。その筆には俗人的なトーンがあるが、著者に関してはよくわかっていない。著者は北部の情報に詳しく、リンカンシャ（リンゼイ）と密接な関係にあったといわれる。

48 ベーダは、ウェスト・サクソン人はもともと「ヨーイッスアイ」（ラテン語読みでゲヴィッサエ〈Gewissae〉、古英語ではイェウィーセ〈Gewisse〉）と呼ばれていたという[Bede, 232-233]。ローマ属州時代の従属王オクタヴィウスは、「ヨーイッスアイ」の人々の公（dux

Gewissorum)と呼ばれた。ウェセックス(この言葉自体は7世紀のものであるが)を建国したチェルディックも同じ呼称で表現されている。ここからチェルディック自身の出自も問題となる。諸説あるが，一ついえるのは「ヨーイッスアイ」はブリトン人だが，サクソン人に同化し，ウェスト・サクソン人と呼ばれることを受け入れた人々を含む，ということである。「ヨーイッスアイ」の意味は，「信頼のおける人々」「同朋」「グロスタの住人」「グウェント(ウェールズの東南部)の人々」と諸説ある。オルデリック・ヴィタリスの時代まで，この名称がウェセックスの古都，ウィンチェスタと結びつけられて残っていた，あるいは彼がベーダを読んでいただろうことは興味深い。

49 ヒュー＝グランムニールは，オルデリックのいたサン・テブルー修道院の保護者である。ハンフリ＝ティレイユには，同修道院の修道士となった2人の息子がいて，オルデリックはこの家族に関してはきわめて詳しい情報をもっていたであろう。

50 大文字のHが使用されている。

51 この事績録の編者は，ハロルドの強行軍と全軍が陸路を行軍しているというイメージをもって訳している。同時代の史料はいずれも「行った」「来た」「引き返す」(redit)としか書いていない。ハロルドが陸路を疾走して，ヨークからロンドンに帰ったことを想定させる史料がないわけではない。ウェイスは，「ハロルドは，ロンドンに来るまでに，馬を疾走させ，イングランドからイングランド人を召喚し，彼が指示した時間までに，病気以外のあらゆる言い訳を認めず，ただちに完全武装して参集するよう命じた：Heraut vint a Londres puignant, de totes parz Engleis mandant, que tuit viengent delivrement e mult apareilliement, al terme qu'il lor out mandé, sainz essoigne fors d'enfermté.」

[iii. 6741–46行]という。しかし，これは，ハロルドが各地に使者を派遣して，軍勢を召集するために，「馬を疾走させ」たと読める。ウェイスが示すハロルド軍兵士の出身地は，残存するものだけではあるが，令状が発給された州と重なる。日常的な命令の下達のシステムを利用して兵士を召集したのであろう（→170頁図16）。ヨークからの全軍が陸路だけを通ったというのは，ハロルドが，というより当時のイングランドの大軍が，頻繁に海と陸を利用して進軍したことを考えると，ありえないであろう。海と陸を使って途中で軍勢を補充しながらロンドンに戻ったのである。筆者はハロルドの本隊は船団でロンドンに帰投したと考えている（→305頁全体地図）。

52 ウィリアムの証書の前文。彼の称号は公と伯で揺れ動き，このように支配者（princeps）を使うこともあった。書類を運ぶ使者の口上は，証書や令状などの書出をなぞったものである。

53 'Haec tibi mandate rex Harldus'. イングランドの令状の前文のラテン語形である。例えば，エドワード王のカンタベリ大司教領に関する令状は，"Eaduuardus rex Anglorum ... Mando et precipio uobis" とある[Hamer, ASW, no. 32.]。

54 ウェイスは，イングランド陣営の酒盛りに巧みに英語を織り交ぜている。「『幸せに！』と叫び，ともに飲もうではないか，杯を飲もう。ほらほらこう飲んで，そう飲んで，わが健康に乾杯。飲み干せ。半分はおまえの健康に：<u>Bublie</u> crient e <u>weisseil</u> e <u>laticome</u> e <u>drincheheil</u>, drinc hindrewart e <u>drintome, drinc helf e drinc tome.</u>」（アンダーラインは英語）[iii. 7331–34行]。

55 13世紀には確立してくるコモン・ローに対して，ケントにはそれとは一線を画す，ケントの慣習法，すなわち「ケントの自由」が主張

273

されていった。その象徴は，ガヴェルカインドという均等分割相続制度に求められる。「征服されざるケント」という共通の意識が，14世紀初頭には，騎士や自由人からなるケント州共同体のなかに芽生えていた。「征服されざるケント」という意識の根底にあるのは，ケントの人々がウィリアム征服王と最後まで戦い抜いたという集団の記憶である。それは，スワンスコムで大司教スティガンドとセント・オーガスティン修道院長エゲルシンの指揮下にケントの人々が，小枝で擬装して，あたかも「動く森」のごとくウィリアム軍を包囲して自由を勝ち取ったという伝承も生み出した（→エピローグ 註1）。『ウィリアム・ソーンの年代記』に残るこの伝承は，1228年までを記述したセント・オーガスティン修道院の修道士作家トマス・スプラットの叙述を写したものである（→註4）。

56　トゥルスティンはベック・オ・コショワ（フェカンの南東8km）の出身で，多くの所領を獲得した。サマセットのノース・カドベリが中心地で，征服後南西部を中心にドーセット，デヴォン，サマセット，グロスタシャ，ヘレフォードシャ，バークシャ，バッキンガムシャ，ハンプシャで国王の直属封臣となった。

57　ハロルドはフランドル伯ボルドウィン5世にも手紙を送って，ウィリアム軍の情報を得ようとした。父ゴドウィンと友好な関係にあって，伯の姉妹のジュディスは，ハロルドとは仲が悪いとはいえ兄弟トスティクの妻であった。ボルドウィン5世は娘マティルダの夫である娘婿ウィリアム公の情報を，ハロルドにどこまで正確に伝えたものであろうか。

58　騎士にして吟遊詩人として有名なテイルファは，「ロランの歌」を吟じながら，単騎突入し，イングランド人を殺害して先陣を切った。同時代の司教ギーの『ヘイスティングズの戦いの歌』にすでに叙述されていることからも，当時，先陣を切ることも吟遊詩人の役割であったろう。「テイルファは，馬に拍車を打つと，鋭い槍で，イングランド人の盾を貫き，剣でその頭を切り落とした」[399-402行]。その後，ガイマ，ウィリアム＝マームスベリも彼に言及している。

59　前述註36のロジャ＝ボーモンの息子。ロジャの渾名は髭のロジャである。俗説では第43場の晩餐（→129頁）で左から2番目の人物が髭のロジャといわれてきた。しかし，彼はノルマンディに残り参戦したのは息子のロバートであった[WP, 130]。ロバートは，征服後レスタ伯に任じられている。

60　勇敢なイングランド人の話。彼は見事なノルウェー式の斧をもってウィリアムの戦士の前に立ちはだかった。その刃は足の長さ（30cm）以上あったという[Wace, iii. 8257行]。そのほか，あるフランス人の傭兵は，自分が連れてきた最上の馬を失うのを怖がった話など，ウェイスには，ヘイスティングズを戦った個々の戦士たちの姿が描かれている。

61　起伏に富み，溝や小さな谷が広がる戦場で，その足場の悪さと迫りくる闇のなかで，多くのウィリアム軍の騎士や兵士が命を落とした。その後，年代記作家たちによって伝えられ，戦場であったバトルの地に建立されたバトル修道院の年代記で伝説となった。オルデリック・ヴィターリスはいう。「長く伸びた草がいにしえの土塁を覆い隠してしまった。ノルマン人たちはイングランド人を追って疾走し，次から次へと鎧を着たまま馬もろとも折り重なって溝に落ちていった」[OV. ii. 176]。この溝を「悪しき溝」（Malfosse）と名づけたのは，12世紀後半のバトル修道院の年代記であった。「最後の大惨事は突然すべてのものの目にあらわになった。まさに戦いが進行し，広範囲にわたったときに，溝が大きく口を開けていた。それは大地にできた自然の裂け目だったのか。

それとも嵐によって削られたものか。しかし，いずれにせよ，この不毛の荒野にはイバラやアザミが生い茂っていて，それをすぐには見渡すことができなかった。そして多くの人々，とくにイングランド人を追っていたノルマン人を飲み込んでいった。馬を疾走させていて弾みがついて，皆真っ逆さまに底に落ち，悲劇的な死を迎えた。この深い穴は，この事故ゆえに「悪しき溝」と今呼ばれている」[『バトル修道院年代記』，38-39]。この伝説は，セント・オーガスティン修道院の「動く森」の伝説と同じく，12世紀以降，司教座教会の監督が強化されるなかで，死を賭して英雄的に戦った修道院ゆかりの騎士たちを讃えるなかで，修道院が，そのアイデンティティを求めた動きの一環と考えられる。

62 この時期には，イングランド内部でサクソン人という言葉はほぼ消滅し，外部からイングランド人（Anglus）を示す，それも蔑称として使われることが多くなっていた。

63 ウィリアム・マレットは，コー地方，セーヌ川河口のグランヴィル・サン・トノリーヌに城があったという。母はイングランド人で，彼の姉妹はマーシア伯エルフガの妻で，その子ハロルド王の妻エディスを通して，王の叔父であるという伝説がある。1068年にウィリアムがヨークに最初に建設した城の城代となり，北部の争乱に巻き込まれたのち，イースト・アングリアに落ち着き1071年に亡くなった。

64 イングランド狼の絶滅は15世紀末といわれるが，最終的に種が消滅したのは18世紀の半ばである。

65 ウォルサム修道院は1060年頃にハロルドによって，在俗聖職者の共住教会として再建された。1177年にアウグスティヌス律修道会則を受け入れる改革をおこなった。年代記はその直後に在俗律修士によって書かれた。年代記は，ハロルド創建の頃の伝説や奇跡に満ちている。征服前の「修道院」への寄進者や律修士の内部構成に関する情報もある。ハロルドを研究する際の貴重な史料である。

第 II 部
註

1 サセックスは，ケントのレイズと同じくレイプと呼ばれる 6 つの領域的な下位区分に分かれていた。レイプは，平和の領域を示すロープに由来するという説もある。その起源についても，サセックスが部族王国だった時代の役人の管区に由来する，あるいはアルフレッド王時代のバラを中心とする防衛組織に由来するともいうが定説はない。防衛組織を記録した『バーガルハイデジ』というリストには，ヘイスティングズ，ルイス，チチェスタ，そしておそらくアルンデルのバラが確認される。レイプが史料上はっきりとしてくるのは，『ドゥームズデイ・ブック』からである。ヘイスティングズ，ペヴェンシ，ルイス，アルンデルの 4 つが確認される。それぞれは，ウー伯ロバート，モータン伯ロバート，ウィリアム＝ワレン，ロジャ＝モンゴメリの城と結びつけられた領域的な城塞管区を形成していった。司教オドとヒュー＝モンフォールに任されたドーヴァやヒュー＝モンフォールのサルトウッドもゆるやかな城塞管区であった。征服直後の海峡地域の防衛のための城塞の鎖が形成され，そのなかでレイプも再編成されたのである。しかし，ケントに関しては司教オドの失脚以降，彼の領地が分解したことや，すでにレイズという再区分があったことで領域的な城塞管区は形成されなかったが，ドーヴァ城の維持のための分担体制は残った。

2 スコランド，あるいはスコットランド。古い時期は前者の言い方のほうが多いようである。ノルマンディ出身のモン・サン・ミシェル修道院の修道士。エゲルシンの逃亡のあと，1072 年に，大司教ランフランクの推薦もあって，修道院長に就任。征服後の混乱した修道院を，財政，組織，文化の面で立て直した。1087 年 9 月 9 日死去。

3 ミンスタ・イン・サネット。670 年代には修道院的な定住がおこなわれた。伝説によるとケント人の王族，聖ドムネヴァが，男性と女性の両性の修道士からなる二重修道院を建立し，その娘聖ミルドレッドが，最初の修道院長となり，その後聖人として地域的に認められた (全ヨーロッパレベルでの教皇庁による列聖ではない)。1011 年，修道院長レオフルナがヴァイキングに拉致され修道院は放棄され，やがて小教区教会へと変えられていった。聖ミルドレッドの遺骸は，聖遺物として，地域の人々に崇敬されていたが，クヌート王はその遺骸と教会に属する土地をセント・オーガスティン修道院に与えた [S 990;『ウィリアム・ソーンの年代記』43-44]。しかし，聖職者レオフウィンを代表とする地域の人々の抵抗は激しく，伯ゴドウィンがあいだに入り，修道院長エルスタンとレオフウィンの紛争を和解にもっていった [ASC, no. 102]。

4 エドワードは，ノルマンディに滞在していた 1027 年から 35 年のあいだにモン・サン・ミシェル修道院に，コンウォールのセント・マイケルズ・マウント，ヴェネシール (ウィニアントンのハンドレッドか) とルミネラ (ケントのオールド・ロムニか) の港を，国王の名で譲渡している [S 1061]。彼は次の王位を狙っていたのであろう。サイモン・ケインズは，この証書の真正性を否定していない。譲渡の約束は守られなかったが，ロムニを獲得していれば，征服前にロムニからヘイスティングズ

にかけて，ノルマンディの修道院の海民所領が形成されたことになったであろう。

5　ウィリアム公と公妃マティルダによって建立されたベネディクト女子修道院。建設は1062年に始まり，1130年に一応の完成をみた。マティルダはこの修道院に埋葬されている。征服後，グロスタシャ，ウィルトシャやイースト・アングリアに所領を寄進された。

6　カズラとチャリスはいずれも典礼に用いる式服と聖器。カズラは，白の長い祭服（alb）などの上に着る袖のない貫頭衣服で，チャリスは聖体拝領のブドウ酒を入れる杯。

7　ハンガリに亡命していたエドガ・エセリングの妹。1070年にマルコム3世の王妃となった。エドガ，アレクザンダ1世，デイヴィッド1世の母。1093年に死去し，1250年に列聖された。

8　司教座教会の管理運営にあたる聖堂参事会の構成員が，在俗の聖職者ではなく，聖堂教会内の敷設された修道院の修道士団から構成された教会を修道院聖堂教会という。10世紀後半のエドガ王の治世に始まったベネディクト修道院改革の際に導入された。とくにウィンチェスタ司教座教会の改革は著名である。1066年時点では，それにカンタベリ，ウースタ，シャーボーンの教会が修道院聖堂教会であった。ロチェスタには，修道士団が1080年頃に司教グンドルフによって導入された。征服後，ケントの裁判集会で通訳として活躍したイングランド人のロバート・ラティマの父は，在俗聖職者で改革前の司教座教会の聖堂参事会員であった。征服後，多くのイングランド人が大陸式の名前を名乗った。

9　「命日一覧」は，修道院や共住聖職者教会などで作成された，死者の命日を記念したローマ暦のカレンダである。記念されたものには，当該宗教施設に関係のあった，院長，修道士，王侯貴族，王妃や貴族の妃，そして寄進や祈禱兄弟盟約関係を結んだ男女の地域有力者，所属施設構成員の父母などが含まれている。使者の昇天記念日を祈るためのもので，ごくわずかのものを除くと，通常は，死亡年は記載されていない。マトロロギウムは，殉教者や聖人の命日一覧である。マトロロギウムの聖人に続けて，死者を記載したネクロロギウムもある。セント・オーガスティン修道院の「命日一覧」はこのタイプに属する。

10　とくに死期の迫った俗人が関係の深い修道院に土地や財貨や十分の一税を寄進して，魂の救済を求めていわば準修道士的な扱いで埋葬され，命日などに祈禱を捧げてもらうことを約した契約関係。関係は，ラテン語ではfraternitasとかsocietasと呼ばれ，盟約を結んだ人々とその親族間にはある種の絆があったとしても，基本的には修道院との個人的な契約関係である。

11　残存するテキストそのものは最初と最後の部分が欠落していて不完全である。また作成の時期も，同時代という研究者が多いが，後代のものとする説もある。しかし，「絵巻」は存在していない。敗者がつくったという意味では立場が違うが，「絵巻」と『モールドンの歌』は，「綴織」とアミアンの司教ギーやボウドリそしてウェイスの叙事詩と比肩できるかもしれない。「綴織」だけがユニークなのではない。

第III部 註

1 'The elder' という渾名（エポニム）は，ウルフスタンの『聖エセルボルド伝』にあらわれる。これは，エドワード殉教王（在位975〜978）と区別するためであろう。

2 エルフヘルム＝ヨークはマーシアの貴族の家系。993年頃にエセルレッド王によってノーサンブリア人のエアルドールマンに任命された。しかし，1006年の国王命令で殺害され，2人の息子は盲目にされた。娘のエルフギーフだけが生き残ってクヌート王の妃となった。

3 『王妃エマの賛歌』によると（lxiii），1035年にハロルド（1世）は，即座に戴冠式を執りおこなうつもりであった。しかし，カンタベリ大司教エセルノースはそれを拒否して，王笏と王冠を高位祭壇の上に置いたままにしていたという。『アングロ・サクソン年代記』C版は，「（1035年），この年11月12日，クヌート王がシャフツベリで崩御した。遺体はウィンチェスタに運ばれ，埋葬された。エルフギーフ・エマはそこに留まった。ハロルドはクヌート王ともう1人のエルフギーフの息子であると宣言した（事実ではないが）。そしてエマからクヌート王が保持していた財宝で奪えるものを奪い取った。しかしエマも可能な限りウィンチェスタに立てこもった」。E版は，「クヌート王は……オールド・ミンスタに埋葬された。……崩御してすぐに，オクスフォードで貴族会議が開催された。そこで伯レオフリックとテムズ川の北のほとんどすべてのセインたちと，ロンドンの船乗りたち（liðmen）は，ハロルドを全イングランドの摂政に選出した。これには，ゴドウィン伯とウェセックスの人々ができる限り反対したが，抵抗はできなかった」。

4 1035年時点では，庶子の継承は問題になっていない。100年後，ヘンリ1世が亡くなったとき，庶子ロバート（1100〜47）がいたが，男系は断絶し，娘マティルダとスティーヴンとのあいだの継承をめぐる内乱となった。これ以降，イングランドの新王朝は女系によって継承された。

5 ジュディス（1033頃〜94）は，1055年にトスティクと結婚したが，夫の死後はバイエルンの公ヴェルフ1世と結婚した。トスティクの妻となったとき，彼女の姪マティルダはのちのウィリアム1世の妃であった。海峡間には貴顕層の濃密な婚姻圏が広がっていた。ジュディスは，蔵書家として知られている。彼女の義理の姉妹であるゴドウィンの娘ジュディスもウィルトン修道院で高い教育を受けていた。貴顕層の女性の識字率は注目すべきである。

6 ウェストミンスタ修道院での国王戴冠は，ハロルド2世からである。エドワード王の埋葬場所で戴冠をおこなうことで継承を印象づけたハロルドに対して，ウィリアムは同じ場所で再度戴冠式をおこなうことで正当性を主張したのであろう。こうしてウェストミンスタで戴冠式をおこなうという慣行が生まれた。

7 フィッチェはアングル人の部族王国の一つ。『アングロ・サクソン年代記』には577年に初めてその姿をあらわした。628年以降，マーシア王国の従属王国となった。『トライバル・ハイデジ』では，7000ハイドに査定されている。サセックスと同じレベルである。ウースタ司教座教会と密接な関係にあった。その領域に

明確な線引きはできないが，のちのグロスタシャ，ウースタシャ，ウォリックシャの南部に広がっていた。『トライバル・ハイデジ』は7～9世紀のあいだに，マーシアかノーサンブリアで作成された，覇権的部族王国に対する従属的部族王国の貢納体制をハイド数で記録したリスト。

8 ヘレフォードは，ウェールズに対する軍事上・交易上の重要地点である。1043年に，ここに伯がおかれた。本書の対象とする時代の歴代の伯は，ゴドウィンの長男スウェイン（1043～51），ラルフ臆病者（1051頃～55/57），ゴドウィンの次男ハロルド（1053～66），ウィリアム・フィッツ・オズバーン（1067～71），その息子ロジャ＝ブレトゥーユ（1071～75），である。

9 エアドリック・ストレオナはシュロップシャとヘレフォードを拠点としたセインの出自。エセルレッド2世によって，1007年にマーシア人のエアルドールマンに任ぜられ，その娘エディスと結婚した。エセルレッドとクヌート両方を渡り歩いた。1017年クヌート王の命令によって処刑された。

10 グリフィス・アプ・リウェリン（1007頃～63）は，ウェールズ北西部のグイネッズとポイスの王。

11 スウェインは，ゴドウィン伯の長男で，1043年にヘレフォード伯に任じられた。その支配圏は，ヘレフォードのみならず，グロスタシャ，オクスフォードシャ，バークシャ，そしてサマセットにまで及んだ。グイネッズとポイスの王であるグリフィスと友好な関係を築き，1046年にはグリフィスのウェールズ南西のデハイバース攻略に力を貸した。有能な伯の一面をみせる一方で，よからぬ評判がつきまとっていた。彼はクヌート王の子であると主張したことがあった。母のギーサはそれを強く否定している。ゴドウィンとギーサの結婚はクヌートが執りなしたので，根拠のない話ではないのかもしれない。ウェールズ戦役の帰路，レミンスタの女性修道院長エアドギーフを連れ去り，物議をかもした。2人は恋仲であったという話もある。しかし国王の怒りをかって，スウェインは，1047年にフランドル伯のもとに逃げた。次いでデンマークへと逃亡した。1049年イングランドに戻るが，支持者であった従弟のベオルンを殺害している。1051年に法外者宣言された。その後聖地巡礼に出かけ殺害されたという。

12 「友情」（freondscipe）は，平和な状態を示す言葉で，和解の際には必ずといっていいほど使用された。社会秩序を考えるうえでのキーワードである。

13 チャイルドは，原義では子ども，若衆ほどの意味である。誰かに仕える者で貴族の意味を含んでいた。ウルフノースは，有力な国王セインであった。同じような表現は，第54場（→173頁）で司教オドが，自らの家中騎士を「子どもたち」と呼んで，戦いを鼓舞していたシーンにみられる。

14 ジョン＝ウースタは，ウルフノースがゴドリック・ステレオナの兄弟エセルメアの子というが，世代と拠点とした地域が合わない。ゴドウィン家は，サセックスに広大な所領を有していた。ウルフノースの艦隊の指揮ぶりからも，同家はサセックスの海民の首領として頭角をあらわした豪族出身と推定できる。

15 言葉自体は征服前の史料にはあらわれない。軍船を提供する地積に基づく単位である。年代記の310ハイドよりも，300ハイドのほうが一般的である。

16 当時の遺言書の事例としても重要なので，要約文をあげておこう。「†全能なる神の名において，われエセルスタン・エセリングは，この文書において，わが土地と動産を，神の栄光のために，われと私の父，エセルレッド王の魂の救済のために，譲渡する，まず，訴訟

によってわがもとにある刑罰奴隷をすべて解放する。そしてわれは，キリストとわれが安らう聖ピエトロ（ウィンチェスタのナンミンスタ）にアダベリ（オクスフォードシャ）の土地を譲渡する。……父が私に貸していたモーデン（ケンブリッジシャ）を返す。……ウルフノースの子ゴドウィンに，彼の父が保有していたコプトンを譲渡する。……これに従わない者は，全能の神と聖ペテロと神を褒め称える者すべてと和解しなくてはならない」。

17　ドーヴァはドウ（Dour）川の開けた海港で，海峡での主要港である。川の右岸と左岸の地域から構成されていた。右岸は川に隣接した一画に，市場と共住聖職者からなるセント・マーティンの教会があった。この地区はおそらく国王に属していた。左岸は高台で，丘の上には城塞があった。ここは実質ゴドウィンそしてハロルドのものであった。だからウィリアムはドーヴァの城をハロルドに求めたのである（→47頁）。『ドゥームズデイ・ブック』は，征服直後，ドーヴァの役人に支払う税を54ポンドとしている。そのうち国王の取り分は24ポンドの重量での支払いであるのに対して，伯の取り分30ポンドは，額面で（ペニーの枚数で）支払われている。都市は，地代の点からも国王支配と伯支配に分かれていた。推定ではあるが，前者は市場，後者は城塞のある区域に分けて考えることができるだろう。

18　本来上納の3分の1（サードペニー）は，伯の取り分である。カンタベリ大司教エセルノース（在任1020～38）は，伯としてこれを取得していた。しかし次の大司教エアドシージ（在任1038～50）のとき，正確には1044年頃には，ゴドウィンが取得するようになった。ドーヴァは彼の伯職の支配下に入ったのである。ゴドウィンがエアドシージの後継大司教に親族を推したことが，1051年に勃発したエドワード王との争いの原因の一つであった。

19　1044年にロートリンゲン公ゴテロが死去し，息子のゴドフリ（ゴットフリート，3世）が継いだ。しかし皇帝ハインリヒ3世はこれを認めず，兄弟のゴテロに譲位を迫った。ゴドフリはフランドル伯と結び，皇帝と争った。エドワード王は皇帝側につき，ゴドウィンはフランドル伯に親近感をもっていた。

20　レオフリック（1016頃～72）は，おそらくはコンウォール出身。大陸で教育を受け，ノルマンディに亡命中のエドワードに会い，彼に仕えるようになった。ひと足先にイングランドに帰り，1040年コンウォールとクレディトンの司教，司教座改編によって1050年エクセタ司教に就任した。書籍愛好者として有名である。

21　ユースタス＝ブーローニュ（2世，1015/20頃～89頃）。「口髭の」という渾名がある。「綴織」のユースタスと同定された人物（旗を持った騎士）にも髭がある（→第55場）。最初の妻は，エセルレッド2世の娘ゴドギフであるが，彼女は1047年頃に亡くなった。従ってエドワード王の義理の弟にあたる。その後ロートリンゲン公職をめぐってハインリヒ3世と争ったゴドフリ（3世）の娘イダと結婚した。そのためか，夫婦は西フランク王ルイ2世に繋がり，近親婚であるとの理由で教皇レオ9世から破門の宣告を受けている。

22　ドーヴァは国王都市であるが，その一方で，ゴドウィン家は丘上の城塞を手中にし，そのなかにあるセント・メアリ教会の保護者となった。『ドゥームズデイ・ブック』では，ドーヴァは国王に対する20隻の軍船提供義務を負っていたが，それはウルフノース・チャイルドが指揮した20隻の艦隊に起源をもつのではないだろうか。ゴドウィン家は，ドーヴァやヘイスティングズを中心とする東南イングランド海域の海民を支配していた。ゴドウィンは，漁労や海上輸送などの生業で繋がれ

た民の「海の領主」であり，この海域は彼の支配圏であった。

23 悪い評判の直接の原因は，彼がレミンスタの修道院長エアドギーフを誘拐したことであろう。彼女はクヌート王の甥のハーコンと関係があったともいわれる。2人は2年ともに暮らし，人質となったハーコン（→21頁）やマグヌスをもうけた。もう一つの原因は，スウェインがグイネッズとポイスの王グリフィスと盟友関係にあり，エドワードのウェールズ戦略とは相容れなかったことであろう。

24 ダーマット・マック・マエル・ナンボ（1072年没）はレンスタ（Leinster）の王。アイリッシュ海の交易地，とくにダブリンを支配下におき，上王を狙える地位にあった。

25 ウィルトン女子修道院は，現在のソールズベリの近郊にあった。王家や貴顕の婦女子のための修道院として栄えた。とくにその教育は有名である。ゴドウィンの娘で王妃エディスはこの修道院で養育され，複数の言語を話したという。ハロルドの娘グンヒルド（リッチモンド伯アラン・ルーファスの妻，→254頁），エセルレッド2世の孫，エドガ・エセリングの姪であるマティルダ＝スコットランドやメアリ＝スコットランドの姉妹（ユースタスとイダの息子ユースタス3世，ブーローニュ伯の妻）などもこの修道院で教育を受けている。

26 オズバーン・ペンテコステ（1054年没）は，エドワードについてノルマンディからイングランドに来た。ヘレフォードシャのユーヤス・ハロルドに最初のモット・アンド・ベイリ型の（小さくて高いコンパクトな）城を建てたといわれる。1051年から52年にはスウェインを継いで彼の伯領を統治していたであろう。1052年には，フランス系の人々が彼の城に避難している。『ジョン＝ウースタ』の年代記によると，オズバーンは，その後マーシア人の伯レオフウィンの手を借りてスコットランドへ向かい，マクベス王の宮廷に入った。1054年，のちに「ダンシネンの」といわれる戦い（→214頁）で戦死したノルマン人のなかに彼の名前がある。

27 ロバート・フィッツ・ワイマーク（1015頃～70/75頃）はエドワード王とウィリアム公の近親者といわれる。ブリトン系といわれたが，最近の説は，それに否定的である。エドワードに従ってイングランドに来て，クレイヴァリングを中心にエセックスに所領を得た。1052年にはフランス系の人々がクレイヴァリング城に避難している。ロバートはその後もイングランドに留まり，エドワード王やハロルド伯とも良好な関係にあった。エセックスのシェリフや宮廷の執事も務めた。その関係でエドワードの臨終にも居合わせたのである。ウィリアムの侵攻の際には情報を提供し，1066年以降もその地位を守った。彼の所領は息子のスウェインが継承した。

28 ミンスタはラテン語のmonasteriumの英語形。教区制度が未成熟な段階では，ミンスタと呼ばれる比較的広範囲の地域を司牧の対象とする聖職者の共住教会が各地に展開していた。観想共同体であることも多かった。教区制度の整備の展開とともに司教座教会，修道院あるいは小教区教会となっていった。

29 教区制度の基本的単位は司教座教会にある。従って，そのもとにある司牧と埋葬をおこなう教会の管区を小教区（ペリッシュ）とした。礼拝堂（チャペル）は原則として墓地はない。

30 国王の印章には印璽という言葉を使用して差別化を図った。それは銭貨の国王肖像と同じく，権力と権威が現存する表象性を強調したかったからである。

31 マティルダはフランス系の名前。海峡に面した地域ではそれほど不思議なことではなかったろう。マティルダは，カンタベリ大司教座聖堂附属修道院の祈禱兄弟盟約に受け入れら

れた。マティルダの命日は9月24日である。

32　本書では，権利あるいは不動産を譲渡する際に，譲渡者あるいは受領者が作成した，おおむね一人称の一葉の文書であるチャータ（charter；carta）に証書という訳を与えた。チャータは，王が発給した場合には王文書と呼ぶこともできるし，譲渡や寄進の行為を強調するときには譲渡状や寄進状と呼ぶこともできる。こうしたことを前提に，チャータとだけ表記した場合もある。ここで証書という場合には，書面の効力が持ち手を変えても失効しない文書の性格に力点をおいている。形式としては，教皇庁が出すプリギリギウムという文書を模した文書をディプロマ（diploma）と呼ぶ。チャータは，11世紀にはより簡便な形式をとるようになった。

33　ブック，すなわちチャータによって権利が設定された土地。

34　この三つは三公共負担（trin(m)oda necessitas）と呼ばれ，どのブックランドにおいても原則として賦課された。ただし，言葉自体は，680年頃といわれる古い王文書（S 230）くらいにしか使用されていない。

35　GDB, 17, 36, 95v, 99, 129, 130, 130v, 136v, 138, 138v, 146v, 147v, 149, 152, 152v, 164, 167, 195, 202, 213, 210v, 217. LDB, 59, 190, 266, 441v, 442.

36　ここでバラの説明をしておこう。11世紀のバラは，のちのチャータによって一定の自治的機能を有した都市的集落ではない。それは，アルフレッド王以来の軍事的・防衛的機能に市場的機能が加わり，銭貨製造所が存在し，地代支払いの屋敷地をもつ市民を構成員とする都市的景観をもった定住地である。しかし，『ドゥームズデイ・ブック』ではドーヴァは，こうした要件を備えているにもかかわらず村落（villa）と記録された。都市的定住地がすべてバラと呼ばれたわけではないのである。

37　ノルマンディに亡命していたアルフレッドとエドワード（王）は，ロバート公の援助もあって1033年にイングランドへフェカンの港から出航した。そのときフェカン修道院の証書の証人となっている。国王になってからもステイニング（Steyning）をフェカン修道院に寄進している [S 1053, CDPF, i. 38.]。

38　同意書のなかに，クジラ漁の社会とか共同体という言葉があり，これにギルドという言葉をあてた。同じ頃，『ドゥームズデイ・ブック』でもドーヴァにもギルドホール（gihall burgensium）が存在していたことが確認できる。クジラ漁（筆者が所有する近世の絵画から追込み漁だと推定されるが）であれ，ニシン漁であれ，共同体がおこなう漁は，共同体的な規律が要求されたであろう。このギルドが内規をもっていたとは思えないが，掟は存在していたであろう。

39　石や木材などかさばる商品を運ぶ輸送能力をもつ運搬船団も動員されたであろう（→247頁）。ただし，漁労者と運搬人を区別する必要があるかどうかは定かではない。海民は，漁労，運搬，軍役，そして海賊さえ，時と機会に合わせておこなったであろうから。少なくとも，漁労と運搬に使用した船は，幅広で広底の船体をもっていたであろう。まだまだ解決しなくてはならない問題はたくさんある。船，漁具などの装備は個人所有なのか，共同所有なのか。船主と船長と乗組員の関係はどうなっていたのであろうか。

40　『ドゥームズデイ・ブック』においては，「Xの荘園はaの価値がある」という表現でXを査定することがある。このaを地代取得可能額（valet）とした。荘園の価値は，それまでの地代支払いを根拠とするのが通常であろう。中世の後期の会計簿でも，前年度の実績を書き写し，違う場合に朱を入れるという方式が知られている。『ドゥームズデイ・ブック』で

も「しかしここを保有する者は今bを支払う」と，前年度と違う場合，それも多い場合には，新たな条件を書き足している。

41 ゴシュリン＝サン・ベルタンは，活動の時期から推定して1040年頃の生まれか。フランドルあるいはブラバントの出身で，サン・トメールのサン・ベルタンの修道士でヘントのシント・ピーテルス修道院とも関係があった。イングランドを放浪し，聖人で作家として有名になった。シャーボンの司教ヘルマンの知己を得て活動を開始し，ウィルトン女子修道院，イーリ，バーキング，ラムゼイ，そしてカンタベリのセント・オーガスティン修道院で活動した。

42 870年から1049年頃までを扱った作者不明の年代記。作成は1050年頃であろう。ナントで保管されていたが，オリジナルは消失した。15世紀後半のフランス語での翻訳が残っている。またそれより前の15世紀前半の『サン・ブリュ年代記』（*Chronicle of Saint-Brieuc*）のなかにラテン語による抜粋がある。

43 リチャード1世の子でエヴルー伯であると同時にルーアン大司教（在任989頃～1037）。11世紀の改革前の貴族の俗人的司教の典型。政治的に大きな影響力をもっていた。妻エレルヴァとのあいだにエヴルー伯リチャード以下の子どもがいた。

44 ルーアン大司教（在任1037～54/55）マウガはリチャード2世の子でフェカン修道院で養育されたが，その生活態度は，騎士的で結婚して子どももいた。最後はチャネルアイランドで溺死している。そのためかウェイスが詳しい。11世紀前半の公たちは，親族を大司教や司教，伯に任命して，親族統治をすることで公領を維持しようとしていた。ロバートやマウガやオドなどの大司教や司教は，きわめて世俗的で（オドにも子どもがいた），この点からノルマンディがイングランドの教会を改革する使命を帯びていたのは皮肉である。教皇庁との関係からイングランド教会の立ち位置を考える必要がある。

45 エアドリック・ワイルド（別名チャイルド）の活動期は1067～86年である。マーシアのエアルドールマンでクヌート王によって処刑されたエアドリック・ストレオナの血縁であろう。シュロップシャを拠点とするセインで，征服後ウィリアムへの臣従を拒否し，グイネッズとポイスの支配者であったブレディン・アプ・キンフィンと彼の兄弟ルワロンと結託して1067年ヘレフォードで反旗を翻した。しかし1069年にスタフォードの戦いで撃破されウィリアムの軍門にくだり，国王に臣従した。1072年にはスコットランド遠征に従軍した。

46 「このもっとも豊饒なる土地に，商人たちは富をもたらし，ますます豊かなクニにしたものであった」（ウィリアム＝ポワティエ『ノルマン人の公ウィリアムの事績録』152-153）。

エピローグ
註

1. セント・オーガスティン修道院の『ウィリアム・ソーンの年代記』の1066年の記事にある伝説。もともとは13世紀前半の『トマス・スプラットの年代記』からとったものである。それによると、1066年、ケントの人々はロンドンがウィリアム公によって陥落、ほどなくケントを征服しに進軍してくるという話を聞いて、「隷属の軛に繋がれるよりは、自由のために戦う」ことを選択し、大司教スティガンドと修道院長エゲルシンに率いられて、ロチェスタの西のスワンスコムで、ウィリアム軍を待伏せした。人々は木の枝で擬装して、ノルマン軍を包囲し、「動く森のように」彼らを追い詰めた。ウィリアムは降伏し、ケントの人々の自由を認めた。マクベスの「ダンシネンの森」を思い出させるこの話は、この勝利によって、ケントの人々はウィリアムより自由を勝ち取った、と謳い上げている。ここで史実は逆転している。「力」は中央政府のロンドンからきて、ケントの地域共同体が抵抗しているのである。この伝説は、1313年のケントでの巡察裁判で、「ケントの人々はヘイスティングズでよく戦い」、そのためウィリアム公から特権を得た、という騎士とジェントリからなるケント州共同体の主張の根拠となった。

2. 首位権論争。イングランド王国、さらにはブリテン諸島における教会組織でカンタベリの大司教座が上か、それともヨークの大司教座が上かをめぐる論争。直接は、1070年にヨーク大司教エアルドレッドを継いだトマス＝バイユーの、クリスマスにおこなわれた大司教就任式の際の聖別において、司式をおこなっていたカンタベリ大司教ランフランクが、トマスに従属を求め、トマスがそれを拒否したことに始まった。1072年のウィンチェスタにおける教皇特使が列席しての教会会議で、カンタベリの勝利となったが、その後も対立は続いた。

3. 「エドワード王の御代には」(Tempore Regis Edwardi)は、『ドゥームズデイ・ブック』ではT. R. E.と省略形が使用されている。現在に至るもT. R. E.は、征服前をあらわす用語として使用されている。「ハロルド王の御代には」(Tempore Regis Haroldi)という用語は消滅したのである。

4. 彼女の戴冠式は1068年6月11日で、ウェストミンスタでヨーク大司教エアルドレッドの手でおこなわれた。

5. 「アングロ・ノルマン」という用語は、同時代のものではない。しかも中世において『ハイド年代記』と誤解されてきた年代記に一度でてくる限りである。かつてこの『ハイド年代記』はヘンリ1世期に作成されたとされてきた。現在は、1157年に、スティーヴン王の子ウィリアムとその妻であるワレン家の相続人イザベルに献呈されたものとされている。筆者は匿名だが、第4代のワレン伯の聖職者で祐筆であるユースタス＝ブーローニュといわれている。'Normananglus'は、ノルマンディ起源のイングランド人のことで、ノルマンディで使用された言葉である。両者の融合をあらわす言葉はなく、時代を表現する用語としては「アングロ・サクソン」時代と同じく不適切である。

参考文献

省略形

AC: *Archaeologia Cantiana*
ANS: *Anglo-Norman Studies*
BAR: British Archaeological Reports
BL: British Library
DB: *Domesday Book*
EHR: *English Historical Review*
GDB: *Great Domesday Book*　再製本される前の *DB* の第1巻
HMSO: Her Majesty's Stationery Office
LDB: *Little Domesday Book*　再製本される前の *DB* の第2巻
MS: Manuscript
OMT: Oxford Medieval Texts, Oxford/New York: Clarendon Press
PL: *Patrologia Cursus Completus, Series Latina*, ed. J. -P. Migne, 221 vols, Paris,1844-65.
PR: Pipe Roll
r: recto
RS: Rolls Series (Chronicles and Memorials of Great Britain and Ireland during the Middle Ages)
TrRHS: *Transactions of the Royal Historical Society*
v: verso

未刊行史料

BL. MS Cotton Julius D. ii, fo. 107v
BL. MS Cotton Nero C. iv, fos. 3-21v
BL. MS Cotton Vespasian B. xx, fos. 61-70v
BL. MS Cotton Vitellius C. xii, fos. 114r-155r
Bodleian Library MS Gough Kent 1.
Textus Roffensis, Rochester, Cathedral Library, A. 3. 5.

一次文献

『アングロ・サクソン年代記』: *Anglo-Saxon Chronicle*, trans. M. J. Swanton, New York: Routledge, 1998; *Two of the Saxon Chronicles Parallel*, ed. C. Plumer, 2 vols, Oxford: Clarendon Press, 1892-99.

ASC: *Anglo-Saxon Charters*, ed. and trans. A. J. Robertson, 2nd edn. Cambridge University Press, 1956.

ASW: *Anglo-Saxon Writs*, ed. and trans. F. E. Harmer, Manchester University Press, 1952.

『フロドアード年代記』: *Annals of Flodoard of Reims 919-966*, ed. and trans. S. Fanning and B. S. Bachrach, Orchard Park: Broadview Press, 2004.

ベーダ (Bede): *Bede's Ecclesiastical History of the English People*, ed. B. Colgrave and R. A. B. Mynors, OMT, 1969.

『ノルマン人のもっとも高貴な伯ウィリアムについての短い話』: *Brevis Relatio de Guillelmo Nobilissimo Comite Normannorum, written by a monk of Battle Abbey*, ed. E. M. C. van Houts, Camden 5th series, 10, Royal Historical Society, 1997, 5-48.

The British Chronicles, Book 1, ed. D. Hughes, Maryland: Heritage Book, 2007.

アミアン司教ギー『ヘイスティングズの戦いの詩』: *Carmen de Hastingae Proelio of Bishop Guy of Amiens*, ed. and trans. Frank Barlow, OMT, 1999.

CDPF: *Calendar of Documents Preserved in France, Illustrative of the History of Great Britain and Ireland*. Vol.1. A.D. 918-1206, ed. J. H. Round, London: HMSO, 1899.

『バトル修道院年代記』: *The Chronicle of Battle Abbey*, ed. E. Searle, OMT, 1980.

『ジョン=ウースタ』(あるいは『フローレンス=ウースタ』): *Chronicle of John of Worcester*, ed. R. Darlington and P. McGurk, OMT, 1995.

『ドゥームズデイ・ブック』: *Domesday-Book*, ed. J. Morris et al., Chichester: Phillimore, 1974-86; *Domesday Book*, ed. A. Williams, R. W. H. Erskine and G. H. Martin, London: Alecto Historical Editions, 1986-92.

The Alecto CD-Rom Digital Domesday Book, 2002.

『グレイト・ドゥームズデイ・ブック』: Phillimore's CD-Rom Domesday Explorer (2000). (『リトル・ドゥームズデイ・ブック』は収録されていない)

DM: *Domesday Monachorum of Christ Church Canterbury*, ed. D. C. Douglas, London: Royal Historical Society, 1944.

Domesday Explorer(CD-Rom), ed. J. Palmer, [Electronic Resource], Chichester: Phillimore, 2000.

エアドマ『イングランドにおける新しい歴史』: *Eadmer's History of Recent Events in England: Historia Novorum in Anglia*, London: Cresset Press, 1964.

EHD i: *English Historical Documents c. 500-1042*, 2nd edn., ed. D. Whitelock, London/New York: Routledge, 1979.

EHD ii: *English Historical Documents*, 2nd edn., ed. D. Ch. Douglas and G. W. Greenway, London: E. Methuen, 1981.

『王妃エマの賛歌』: *Encomium Emmae Reginae*, ed. A. Campbell with a supplementary introduction by S. Keynes, Cambridge University Press, 1998.

Eye Priory Cartulary and Charters, Part 2, ed. V. Brown, Suffolk Records Society, Woodbridge: Boydell Press, 1994.

Fauroux, Marie (éd.), *Recueil des actes des ducs de Normandie (911-1066)*, Caen: Société des Antiquaires de Normandie, coll. Mémoires de la Société des Antiquaires de Normandie, 36, 1961.

Florence of Worcester, *Chronicon ex Chronicis*, ed. B. Thorpe, London, 1848-49.

Florence of Worcester, *A History of the Kings of England*, Lampeter: Llanerch Enterprises, 1988.

Fujimoto, Tamiko, Recherche sur L'écrit documentaire au Moyen Age: Edition et commentaire du cartulaire de Saint-Etienne de Caen (XIIe Siecle), t. 2 (Edition), 2013. 博士論文 (カン大学)

ガイマ『イングランド人の歴史』：*Geffrei Gaimar Estoire des Engleis: History of the English*, ed. and trans. I. Short, Oxford University Press, 2009.

ジェフリ＝モンマス『ブリタニアの諸王の歴史』：Geoffrey of Monmouth, *The History of the Kings of Britain*, trans. L. Thorpe, London: Penguin Books, 1966.

ヘンリ＝ハンティンドン『イングランド人の歴史』：Henry, Archdeacon of Huntingdon: *Historia Anglorum* (*The History of the English People*), ed. D. Greenway, OMT, 1996.

The Laws of the Kings of England from Edmund to Henry I, ed. and trans. A. J. Robertson, Cambridge University Press, 1925.

『イーリの書』：*Liber Eliensis: A History of the Isle of Ely from the Seventh Century to the Twelfth, compiled by a Monk of Ely in the Twelfth Century*, ed. and trans. J. Fairweather, Woodbridge: Boydell Press, 2005.

Memorials of Richard I: Chronicles and memorials of the reign of Richard I, 2 vols, ed. W. Stubbs, RS, London: Longman, 1864-65.

OV(オルデリック・ヴィターリス『教会史』)：*Ecclesiastical History of Orderic Vitalis*, 6 vols, ed. M. Chibnall, OMT, 1969-80.

RBE: *Red Book of the Exchequer*, 3 vols, ed. H. Hall, RS, London: HMSO, 1896.

Roger of Hoveden: *The Annals, comprising The History of England and of Other Countries of Europe from AD 732 to AD 1201*, trans. H. T. Riley, 2 vols, London: H.G. Bohn, 1853.

RRAN: *Regesta Regum Anglo-Normannorum, 1066-1154*, 4 vols, ed. H. W. C. Davis et al., Oxford University Press, 1913-69.

Bates RRAN: *Regesta Regum Anglo-Normannorum: The Acta of William I, 1066-1087*, ed. D. Bates, Oxford: Clarendon Press, 1998.

S: Sawyer, P. H., *Anglo-Saxon Charters: An Annotated List and Bibliography*, London: Royal Historical Society, 1968.

Textus Roffensis, Parts I and II, ed. P. Sawyer, *Early English Manuscripts in Facsimile*, Copenhagen: Rosenkilde and Bagger, 9 and 11, 1957, 1962.

『エドワード王伝』：*Vita Ædwardi Regis: The Life of King Edward who Rests at Westminster Attributed to a Monk of Saint-Bertin*, 2nd edn., ed. F. Barlow, OMT, 1992.

『ハロルド伝』：*Vita Haroldi*, ed. Walter de Gray Birch, London: Elliot Stock, 1885.

Wace（ウェイス『ロロの物語』）：*Wace, The Roman de Rou*, trans. G. S. Burgess, Jersey: Société Jersiaise, 2002.

The Waltham Chronicle: An Account of the Discovery of Our Holy Cross at Montacute and Its Conveyance to Waltham, ed. L. Watkiss and M. Chibnall, OMT, 1994.

『ハイド年代記』：*The Warren(Hyde) Chronicle,* ed. E. M. C. van Houts and L. Love, OMT, 2013.

Whitelcok Wills: *Anglo-Saxon Wills*, ed. and trans. D. Whitelock, Cambridge University Press, 1930.

ウィリアム＝マームズベリ『イングランド人の国王たちの事績録』：*William of Malmesbury, Gesta Regum Anglorum: the History of the English Kings*, Vol.1, ed. and trans. R. A. B. Mynors, R. M. Thomson and M. Winterbottom, OMT, 1998-99; Vol.2, ed. R. A. Thomson, OMT, 2007.

『ウィリアム・ソーンの年代記』：*William Thorn's Chronicle of Saint Augustine's Abbey*

Canterbury, ed. and trans. A. H. Davis, Oxford: Basil Blackwell, 1934.

WJ（ウィリアム゠ジュミエージュ『ノルマン人の諸公の事績録』）：*Gesta Normannorum Ducum of William of Jumièges, Orderic Vitalis, and Robert of Torigni*, ed. and trans. E. M. C. van Houts, 2 vols, OMT, 1992-95.

WP（ウィリアム゠ポワティエ『ノルマン人の公ウィリアムの事績録』）：*Gesta Guillelmi of William of Poitiers*, ed. and trans. R. H. C. Davis and M. Chibnall, OMT, 1998.

二次文献

Aird, W., *Robert Curthose, Duke of Normandy: C. 1050-1134*, Woodbridge: Boydell Press, 2011.

Albu, Emily, *The Normans in their Histories: Propaganda, Myth, and Subversion*, Woodbridge: Boydell Press, 2001.

Allen, Richard, 'The Norman Episcopate, 989-1110' [Electronic Resource], University of Glasgow, [2009]. http://theses.gla.ac.uk/1218/.

青山吉信『イギリス封建王制の成立過程』東京大学出版会, 1978.

Archer, A., 'Giffard of Barbastre', *EHR* 18(1903), 304.

Bachrach, B. S., 'Some Observations on the Military Administration of the Norman Conquest', *ANS* 8 (1985), 1-26.

Bachrach, B. S., 'Some Observations on the Bayeux Tapestry', *Cithara: Essays in the Judeo-Christian Tradition* 27-1 (1987), 5-28.

Ballard, Adolphus, The *Domesday Inquest*, 2nd edn., London: Methuen, 1923.

Barlow, Frank, *The English Church 1000-1066: A Constitutional History*, London/New York: Longman, 1966.

Barlow, Frank, *1066 Commemoration Lectures*, London: Historical Association, 1976.

Barlow, Frank, *The English Church, 1066-1154: A History of the Anglo-Norman Church*, London/New York: Longman, 1979.

Barlow, Frank, *Edward the Confessor,* new edn., Yale University Press, 1997.

Barlow, Frank, *The Godwins: The Rise and Fall of a Noble Dynasty*, Harlow: Longman, 2002.

Bartlett, Robert, *The Making of Europe: Conquest, Colonization and Cultural Change 950-1350*, Princeton University Press, 1993.

Bartlett, Robert, 'Symbolic Meanings of Hair in the Middle Ages', *TrRHS*, 6th series 4 (1994), 43-60.

Barton, Richard E., *Lordship in the County of Maine, c. 890-1160*, Woodbridge: Boydell Press, 2004.

Bates, David, 'The Character and Career of Odo, Bishop of Bayeux (1049/50-1097)', *Speculum* 50 (1975), 1-20.

Bates, David, *Normandy before 1066*, London/New York: Longman, 1982.

Bates, David, 'The origins of the Justiciarship', *ANS* 4 (1982), 1-12.

Bates, David, *William the Conqueror*, Stroud: Tempus, 2004.

Bedat, Isablle and Beatrice Girault-Kurtzeman, 'The Technical Study of the Bayeux Embroidery', in Bouet et al. (2004), 83-110.

Beech, George, *Was the Bayeux Tapestry Made in France?: The Case for Saint-Florent of Saumur*, New York/Basingstoke: Palgrave Macmillan, 2005.

Bennett, Matthew, 'Poetry as History?: The Roman de Rou of Wace as a Source for the Norman Conquest', *ANS* 5 (1983), 21-39.

Bennett, Matthew, *Campaigns of the Norman Conquest*, London: Routledge, 2003.

Berg, Mary, 'Patrixbourne Church: Patronage, Fabric and History', *AC* 122 (2002), 113-142.

Bernstein, David, J., 'The Blinding of Harold and the Meaning of the Bayeux Tapestry', *ANS* 5 (1983), 40-64.

Bernstein, David, J., *The Mystery of the Bayeux Tapestry*, London: George Weidenfeld and Nicolson, 1987.

Bouet, Pierre, B. J. Levy and François Neveux, (eds), *The Bayeux Tapestry: Embroidering the Facts of History*, Presses Universitaires de Caen, 2004.

Bradbury, Jim, *The Medieval Archer*, Woodbridge: Boydell Press, 1985.

Bradbury, Jim, *The Battle of Hastings*, Stroud: History Press, 1998(2010).

Bridgeford, Andrew, 'Was Count Eustace II of Boulogne the patron of the Bayeux Tapestry?', *Journal of Medieval History* 25 (1999), 155-185.

Britnell, Richard, *Britain and Ireland 1050-1530: Economy and Society*, Oxford University Press, 2005.

Brooks, N. P. and H. E. Walker, 'The Authority and Interpretation of Bayeux Tapestry', *ANS* 1 (1979), 1-34.

Brown, R. Allen, *English Medieval Castles*, Batsford: London, 1954.

Brown, R. Allen, *The Normans and the Norman Conquest*, London: Constable, 1969.

Brown, R. Allen, 'The Battle of Hastings', *ANS* 3 (1981), 1-21, 197-201.

Brown, R. Allen, *Castles, Conquest and Charters: Collected Papers*, Woodbridge: Boydell Press, 1989.

Brown, Shirley Ann and Michael W. Herren, *The Bayeux Tapestry: History and Bibliography*, Woodbridge: Boydell Press, 1988.

Brown, S. A., 'The Bayeux Tapestry: Why Eustace, Odo and William?', *ANS* 12 (1990), 7-28.

Brown, S. A. and M. W. Herren, 'The Adelae Comitissae of Baudri of Bourgueil and the Bayeux tapestry', *ANS* 16 (1994), 55-74.

Bruce, Scott (ed.), *Ecologies and Economies in Medieval and Early Modern Europe: Studies in Environmental History for Richard C. Hoffmann* (Brill's Series in the History of the Environment), Leiden: Brill, 2010.

Budney, M., 'The Byrhtnoth Tapestry of Embroidery', in *The Battle of Maldon A. D. 991*, ed. D. Scragg, Oxford: Basil Blackwell, 1991, 263-278.

Chevallier, C. T., 'Where was Malfosse?', *Sussex Archaeological Collections* 101 (1963), 1-13.

Chibnall, Marjorie, *Anglo-Norman England, 1066-1166*, New York/Oxford: Basil Blackwell, 1986.

Chibnall, Marjorie, *The Debate on the Norman Conquest*, Manchester University Press, 1999.

Church, S. D., 'Aspects of the English Succession, 1066-1199: the Death of the King', *ANS* 29 (2007), 17-34.

Clanchy, M. T., *England and Its Rulers, 1066-1307*, 3rd edn., Oxford: Blackwell, 2006.

Clanchy, M. T., *From Memory to Written Record: England 1066-1307*, 3rd edn., Oxford: Wiley-Blackwell, 2012.

Clapham, A. W., *English Romanesque Architecture: Before the Conquest*, Oxford: Clarendon Press, 1930 (1964).

Clapham, J. H., 'The Horsing of the Danes', *EHR* 25 (1910), 287-293.

Clark, Cecily, 'The Narrative Mode of the Anglo-Saxon Chronicle before the Norman Conquest', in *England before the Conquest: Studies in Primary Sources Presented to Dorothy Whitelock*, ed. P. Clemoes and K. Hughes, Cambridge University Press, 1971, 215-315.

Combes, P. and M. Lyne, 'Hastings, Haestingaceaster and Hasetingaport', *Sussex Archaeological Collections* 133 (1995), 213-224.

Cowdrey, H. E. J., 'Toward an Interpretation of the Bayeux Tapestry', *ANS* 10 (1988), 49-66.

Cownie, Emma, *Religious Patronage in Anglo-Norman England, 1066-1135*, Woodbridge: Boydell Press, 1998.

Crouch, David, *The Normans*, New York: Hambledon Continuum, 2007.

Davies, Wendy (ed.), *From the Vikings to the Normans*, Short Oxford History of the British Isles 3, Oxford University Press, 2003.〔W・デーヴィス／鶴島博和(日本語版監修・監訳)『オックスフォード ブリテン諸島の歴史3――ヴィキングからノルマン人へ』慶應義塾大学出版会, 2015〕.

Davis, R. H. C., *The Normans and Their Myth*, London: Thames and Hudson, 1976.〔デーヴィス, R・H・C／柴田忠作(訳)『ノルマン人――その文明学的考察』刀水書房, 1981〕.

Davis, R. H. C., 'The Carmen de Hastingae Proelio', *EHR* 93 (1978), 241-261.

Davis, R. H. C., L. J. Engels et al., 'The Carmen de Hastingae Proelio: a discussion', *ANS* 2 (1980), 1-20.

Davis, R. H. C., 'William of Poitiers and his History of William the Conqueror', in Davis and Wallace-Hadrill (1981), 71-100.

Davis, R. H. C. and J. M. Wallace-Hadrill (eds), *The Writing of History in the Middle Ages: Essays presented to Richard William Southern*, Oxford: Clarendon Press, 1981.

Davis, R. H. C., 'The Warhorses of the Normans', *ANS* 10 (1988), 67-82.

DeVries, Kelly, *The Norwegian Invasion of England in 1066*, Woodbridge: Boydell Press, 1999.

Dodwell, C. R., *The Canterbury School of Illumination, 1066-1200*, Cambridge University Press, 1954.

Douglas, D. C., 'Companions of the Conquerors', *History* 28 (1943), 129-147.

Douglas, D. C., 'Edward the Confessor, Duke William of Normandy and the English Succession', *EHR* 68 (1953), 526-545.

Douglas, D. C., 'The Bayeux Tapestry: A Comprehensive Survey', *EHR* 73 (1958), 282-286.

Douglas, D. C., *William the Conqueror: The Norman Impact Upon England*, University of California Press, 1964.

Douglas, D. C., *The Norman Achievemnet, 1050-1100*, University of California Press, 1969.

Du Boulay, F. R. H., 'Gavelkind and knight's fee in medieval Kent', *EHR* 77 (1962), 504-511.

Du Boulay, F. R. H., *The Lordship of Canterbury: An Essay on Medieval Society*, London: Nelson, 1966.

Eales, R. G. and R. Sharpe (eds), *Canterbury and the Norman Conquest: Churches, Saints and Scholars, 1066-1109*, London: Hambledon Press, 1995.

Eales, R. G. and Richard Gameson, *Vikings, Monks and the Millennium: Canterbury in About 1000 A.D.: Lectures Delivered to a Meeting of the Canterbury Archaeological Society on 30th March 2000*, [Canterbury]: Canterbury Archaeological Society, 2000.

English, Barbra, 'The Coronation of Harold in the Bayeux Tapestry', in Bouet et al. (2004), 347-382.

Fanning, Steven and Bernard S. Bachrach (eds), *The "Annals" of Flodoard of Reims, 919-966*, Orchard Park: Broadview Press, 2004.

Feilitzen, Olof von, *The Pre-Conquest Personal Names of Domesday Book*, Nomina Germanica iii, Uppsala, 1937.

Fleming, Robin, *Kings and Lords in Conquest England*, Cambridge University Press, 1991.

Fleming, Robin, 'Christchruch's Sisters and Brothers: An Edition and Discussion of Canterbury Obituary Lists', in *The Culture of Christendom: Essays in Medieval History in Commemoration of Denis L. T. Bethell*, ed. M. A. Meyer, London: Hambledon Press, 1993, 115-153.

Fleming, Robin, *Domesday Book and the Law: Society and Legal Custom in Early Medieval England*, Cambridge University Press, 1998.

Forte, A., R. D. Oram and F. Pedersen, *Viking Empires*, Cambridge University Press, 2005.

Foys, Martin K., The Bayeux Tapestry Digital Edition (CD, 2003).

Foys, Martin K., Karen Eileen Overby and Dan Terkla, *The Bayeux Tapestry: New Interpretations*, Woodbridge: Boydell Press, 2009.

Freeman, Edward A., *The History of the Norman Conquest of England, Its Causes and Its Results*, 6 vols, Oxford: Clarendon Press, 1873-79.

Gaiffer, G. de, 'Les saints Raven et Rasiphe vénérés en Normandie', *Analecta Bollandiana* 89 (1961), 303-319.

Gameson, Richard, 'The Romanesque Crypt Capitals of Canterbury', *AC* 110 (1992), 17-48.

Gameson, Richard (ed.), *The Study of the Bayeux Tapestry*, Woodbridge: Boydell Press, 1997.

Gardiner, Mark, 'Shipping and Trade between England and the Continent during the Eleventh Century', *ANS* 22 (2000), 71-93.

Garnet, George, '*Franci et Angli*: The Legal Discussion between Peoples after the Conquest', *ANS* 8 (1986), 109-137.

Garnet, George, 'Coronation and Propaganda: Some Implications of the Norman Claim to the Thorne of England in 1066', *TrRHS*, 5th series, 36 (1986), 91-116.

Garnet, George, *Conquered England: Kingship, Succession and Tenure 1066-1166*, Oxford University Press, 2007.

Gauthiez, Bernard, 'Hypotheses sur la fortification de Rouen au onzième siècle: le Donjon, la tour de Richard II et l'enceinte de Guillaume', *ANS* 14 (1992), 61-76.

Gem, Richard, 'The Romanesque Rebuilding of the Westminster Abbey', *ANS* 3 (1981), 33-60.

Gem, Richard, 'Canterbury and the Cushion Capital: a Commentary on Passages from Goscelin's *De Miraculis Sancti Augustini*', in *Romanesque and Gothic: Essays for George Zarnecki*, 1: Text, ed. N. Stratford, Woodbridge: Boydell Press, 1987, 83-101.

Gem, Richard, *Book of St. Augustine's Abbey*, London: Batsford, 1997.

Gibbs-Smith, C. H., *The Bayeux Tapestry*, London: Phaidon, 1973.

Gillingham, John, 'The Introduction of Knight Service into England', *ANS* 4 (1982), 53-64.

Gillingham, John, 'William the Bastard at War', in Harper-Bill et al. (1989), 141-158.

Gillingham, John, 'Henry of Huntingdon and the Twelfth-Century Revival of the English Nation', in *Concepts of the National Identity in the Middle Ages*, ed. S. Forde et al., Leeds: Leeds Studies in English, 1995, 75-101.

Gillingham, John, *The English in the Twelfth Century: Imperialism, National Identity, and Political Values*, Woodbridge: Boydell Press, 2000.

Gillmore, C. M., 'Naval Logistics of the Cross-Channel Operation in 1066', *ANS* 7 (1985), 105-131.

Glover, Richard, 'English Warfare in 1066', *EHR* 67 (1952), 1-18.

Golding, Brian, 'Robert of Mortain', *ANS* 13 (1991), 119-144.

Golding, Brian, *Conquest and Colonisation: The Normans in Britain, 1066-1100*, rev. edn., Basingstoke: Palgrave, 2001.

Gosling, John, 'The Identity of the Lady Ælfgyva in the Bayeux Tapestry and some speculations regarding the Hagiographer Goscelin', *Analecta Bollandiana* 108-1 (1990), 71-79.

Grace, Christie, *English Medieval Embroidery: From the Beginning of the Tenth Century until the End of the Fourteenth*, Oxford: Clarendon Press, 1938.

Grainge, Christine and Gerald, 'The Pevensey Expedition: Brilliantly Executed Plan or Near Disaster?', in Morillio (1996), 129-142.

Gransden, Antonia, *Historical Writing in England, I. c. 550-c. 1307*, London: Routledge, 1974.

Grape, Wolfgang, *The Bayeux Tapestry: Monument to a Norman Triumph*, trans. D. Britt, Munich: Prestel, 1994.

Green, Judith A., *English Sheriffs to 1154*, London: HMSO, 1990.

Green, Judith A., *The Aristocracy of Norman England*, Cambridge University Press, 1997.

Greenway, Diana, 'Henry of Huntingdon and the Manuscripts of his *Historia Anglorum*', *ANS* 9 (1987), 103-126.

Greenway, Diana, 'Authority, Convention and Observation in Henry of Huntingdon's *Historia Anglorum*', *ANS* 18 (1996), 105-122.

Grierson, P., 'A Visit of Earl Harold to Flanders in 1056', *EHR* 51 (1931), 90-97.

Guillier, Gerard, *We built Mont Saint-Michel*, trans. J. Oakes, Rennes: Ouest France, 1984.

Hamilton, Sarah, *The Practice of Penance, 900-1050*, Woodbridge: Boydell Press, 2001.

Harper-Bill, Christopher and Ruth Harvey, *The Ideals and Practice of Medieval Knighthood: Papers from the First and Second Strawberry Hill Conferences*, Wodbridge: Boydell Press, 1986.

Harper-Bill, Christopher, C. Holdsworth and J. Nelson (eds), *Studies in Medieval History, Presented to R. Allen Brown*, Woodbridge: Boydell Press, 1989.

Harper-Bill, Christopher and E. M. C. van Houts (eds), *A Companion to the Anglo-Norman World*, Woodbridge: Boydell Press, 2003.

Harrison, Madeline, 'A Life of St. Edward the Confessor in Early Fourteenth-Century Stained Glass at Fécamp, in Normandy', *Journal of the Warburg and Courtauld Institutes* 26, 1-2 (1963), 22-37.

Hart, Cyril, 'The Bayeux Tapestry and Schools of Illumination at Canterbury', *ANS* 22 (2000), 117-168.

春田直紀「中世の海村と山村——生業村落論の試み」『日本史研究』392 (1995), 34-61.

Harvey, Barbara (ed.), *The Twelfth and Thirteenth Centuries 1066-c.1280*, Short Oxford History of the British Isles 4, Oxford University Press, 2001. 〔バーバラ・ハーヴェイ／鶴島博和(日本語版監修)・吉武憲司(監訳)『オックスフォード ブリテン諸島の歴史 4——12・13世紀：1066年〜1280年頃』慶應義塾大学出版会，2012〕.

橋本道範『日本中世の環境と村落』思文閣出版，2015.

Haskins, C. H., *Norman Institutions*, Harvard University Press, 1918.

Haskins, C. H., 'King Harold's Books', *EHR* 37 (1922), 398-400.

Haywood, John, *Dark Age Naval Power: A Reassessment of Frankish and Anglo-Saxon Seafaring Activity*, 2nd edn., Norfolk: Anglo-Saxon Books, 1999.

Hicks, Carola, *England in the Eleventh Century: Proceedings of the 1990 Harlaxton Symposium*, Stamford: Paul Watkins, 1992.

Hicks, Carola, *The Bayeux Tapestry: The Life Story of a Masterpiece*, London: Chatto and Windus, 2006.

Hill, David, *An Atlas of Anglo-Saxon England*, Oxford: Basil Blackwell, 1981.

Hollister, Charles Warren, *Anglo-Saxon Military Institutions on the Eve of the Norman Conquest*, Oxford: Clarendon Press, 1962.

Hollister, Charles Warren, *Henry I*, Yale University Press, 2001.

Holt, J. C., *What's in a Name?: Family Nomenclature and the Norman Conquest (Stenton Lecture)*, University of Reading, 1982.

Holt, J. C., 'The Introduction of Knight Service into England', *ANS* 6 (1985), 89-106.

Holt, J. C. (ed.), *Domesday Studies*, Woodbridge: Boydell Press, 1987.

Hooper, Nicholas, 'Anglo-Saxon Warfare on the Eve of the Conquest: A Brief Survey', *ANS* 1 (1979), 84-93.

Hooper, Nicholas, 'Edgar the Ætheling: Anglo-Saxon Prince, Rebel and Crusader', *Anglo-Saxon England* 14 (1985), 197-214.

Houts, E. M. C. van, 'The Gesta Normannorum Ducum: A Hisotry Without an End', *ANS* 3 (1981), 106-118, 215-220.

Houts, E. M. C. van, 'The Ship List of William the Conqueror', *ANS* 10 (1988), 159-184.

Houts, E. M. C. van, 'The Norman Conquest through European Eyes', *EHR* 110 (1995), 832-853.

Houts, E. M. C. van, 'The Memory of 1066 in Written and Oral Traditions', *ANS* 19 (1997), 167-179.

Houts, E. M. C. van, *History and Family Traditions in England and the Continent, 1000-1200*, Aldershot: Ashgate, 1999.

Houts, E. M. C. van, ed. and trans., *The Normans in Europe*, Manchester University Press, 2000.

James, M. R., *The Ancient Libraries of Canterbury and Dover: The Catalogues of the Libraries of Christ Church Priory and St. Augustine's Abbey at Canterbury (1903)*, Whitefish: Kessinger Publishing, 2009.

Jessup, Frank, W., *Kent History Illustrated*, 2nd edn., Maidtone: Kent County Council, 1973.

John, Eric, 'Edward the Confessor and the Norman Succession', *EHR* 94 (1979), 241-267.

Jones, Michael C. E., *The Creation of Brittany: A Late Medieval State*, London: Hambledon, 1988.

Kapelle, William E., *The Norman Conquest of the North: The Region and Its Transformation, 1000-1135*, London: Croom Helm, 1979.

Keats-Rohan, K. S. B., 'William I and the Breton Contingent in the Non-Norman Conquest 1060-1087', *ANS* 13 (1991), 157-172.

Keats-Rohan, K. S. B., "The Bretons and Normans of England 1066-1154', *Nottingham Medieval Studies* 36 (1992), 42-78.

Keats-Rohan, K. S. B. and David E. Thornton, *Domesday Names: An Index of Latin Personal and Place Names in Domesday Book*, Woodbridge: Boydell Press, 1997.

Keats-Rohan, K. S. B., 'Domesday Book and the Malets: Patrimony and the Private Histories of Public Lines', *Nottingham Studies* 41 (1997), 13-56.

Keats-Rohan, K. S. B., *Domesday People: A Prosopography of Persons Occurring in English Documents, 1066-1166*, I. *Domesday Book*, Woodbridge: Boydell Press, 1999.

Keats-Rohan, K. S. B., *Domesday Descendants: A Prosopography of Persons Occurring in English Documents, 1066-1166*, II. *Pipe Rolls to Cartae Baronum*, Woodbridge: Boydell Press, 2002.

Keen, Laurence,'Coastal Salt Production in Norman England', *ANS* 12 (1990), 133-179.

Keynes, Simon, *The Diplomas of King Aethelred 'The Unready' 978-1016: A Study in Their Use as Historical Evdence*, Cambridge University Press, 1980.

Keynes, Simon, 'The Æthelings in Normandy', *ANS* 13 (1991), 173-205.

Keynes, Simon and Alfred P. Smyth (eds), *Anglo-Saxons: Studies Presented to Cyril Roy Hart*, Dublin: Four Courts Press, 2006.

Kiff, Jennie, 'Images of War: Illustrations of Warfare in Early Eleventh-Century England', *ANS* 7 (1985), 177-194.

Körner, Sten, *The Battle of Hastings, England, and Europe 1035-1066*, Lund: Gleerup, 1964.

Kowaleski, Maryanne, 'The Seasonalty of Fishing in Medieval Britain', in Bruce (2010), 117-147.

Lawson, M. K., *Cnut: The Danes in England in the Early Eleventh Century*, London/New York: Longman, 1993.

Lawson, Terence and David Killingray, *An Historical Atlas of Kent*, Chichester: Phillimore, 2004.

Lebecq, S. and A. Gautier, 'Routeways between England and the Continent in the Tenth Century', D. Rollason, C. Leyser, and H. Williams (eds), *England and the Continent in the Tenth Century: Studies in Honour of Wilhelm Levison (1876-1947)*, Turnhout:

Brepols, 2011, 17-34.

Lejeune, Rita, 'Turold dans la Tapisserie de Bayeux', in *Mélangés offerts à Rene Crozet*, Poitiers: Société d'études médiévales, 1966, 419-425.

Le Patourel, John, *The Norman Empire*, Oxford: Clarendom Press, 1976.

Lewis, Michael John, *The Archaeological Authority of the Bayeux Tapestry*, BAR British Series 404, Oxford: John and Erica Hedges, 2005.

Lewis, Michael John, 'Identity and Status in the Bayeux Tapestry: the Iconographic and Artefactual Evidence', *ANS* 29 (2007), 100-120.

Lewis, Michael John, *The Real World of the Bayeux Tapestry*, Stroud: History Press, 2008.

Lewis, Michael John, Gale R. Owen-Crocker and Dan Terkla, *The Bayeux Tapestry: New Approaches: Proceedings of a Conference at the British Museum*, Oxford: Oxbow, 2011.

Loic-Rene, Vilbert (ed.), *Dinan au Moyen Âge*, Dinan: Bibliothèque municipale, 1986.

Loyn, H. R., *Anglo-Saxon England and the Norman Conquest*, London: Longman, 1962.

Loyd, L., *The Origins of Some Anglo-Norman Families*, Leeds: Harleian Society Publication 103, 1951.

Mason, Emma, *The House of the Godwine: The History of a Dynasty*, London/New York: Hambledon, 2004.

Maitland, Frederic William, *Domesday Book and Beyond: Three Essays in the Early History of England*, Cambridge University Press, 1897.

McGrail, Sean, *The Archaeology of Medieval Ships and Harbours in Northern Europe: Papers Based on Those Presented to an International Symposium on Boat and Ship Archaeology at Bremerhaven in 1979*: BAR International Series 66, Oxford: Archaeopress, 1979.

McGrail, Sean, 'Ships, Shipwrights and Seamen', in *Viking World*, ed. J. Graham-Campbell, London: Weidenfeld and Nicolson, 1980, 36-63.

McNulty, J. Bard, 'The Lady Ælfgyva in the Bayeux Tapestry', *Speculum* 55-4 (1980), 659-668.

McNulty, J. Bard, *Visual Meaning in the Bayeux Tapestry: Problems and Solutions in Picturing History*, New York: Lewiston, 2003.

Martindale, Jane, 'Aimeri of Thouars and the Poitevin Connection', *ANS* 7 (1985), 224-245.

Monier, M-E., *Dinan mille ans d'histoire*, Mayenne: J. Floch, 1977.

Morillo, Stephen (ed.), *The Battle of Hastings: Sources and Interpretations*, Woodbridge: Boydell Press, 1996.

Murray, K. M. E., *The Constitutional History of the Cinque Ports*, Manchester University Press, 1935.

Musset, Lucien, 'La vie économique de l'abbaye de Fécamp sous l'abbatiat de Jean de Ravenne (1028-1078)', in *L'abbaye bénédictine de Fécamp: ouvrage scientifique du XIIIe centenaire, 658-1958*, t. 1, Fécamp: Durand et Fils, 1959, 67-79, 345-349.

Musset, Lucien, *La tapisserie de Bayeux: oeuvre d'art et document historique*, Paris: Zodiaque, 2002.

Musset, Lucien, *The Bayeux Tapestry*, trans. Richard Rex, Woodbridge: Boydell Press, 2005.

Nelson, J. L., 'The Rites of the Conqueror', *ANS* 4 (1982), 117-132, 210-221.

Oleson, T. J., 'Edward the Confessor's Promise of the Throne to Duke William of Normandy', *EHR* 72 (1957), 221-228.

Otter, Monika, 'Baudri of Bourgeuil, "To Countess Adela"', *Journal of Medieval Latin* 11 (2001), 60-141.

Owen-Crocker, Gale R., *Dress in Anglo-Saxon England*, Manchester University Press, 1986.

Owen-Crocker, Gale R., 'The Bayeux "Tapestry": Invisible Seams and Visible Boundaries', *Anglo-Saxon England* 31 (2002), 257-273.

Owen-Crocker, Gale R. (ed.), *King Harold II and the Bayeux Tapestry*, Woodbridge: Boydell Press, 2005.

Owen-Crocker, Gale R., 'The Interpretation of Gesture in the Bayeux Tapestry', *ANS* 29 (2006), 145-178.

Owen-Crocker, G. R., 'Reading the Bayeux Tapestry through Canterbury eyes', in Keynes et al. (2006), 243-265.

Owen-Crocker, Gale R., *The Bayeux Tapestry: Collected Papers*, Farnham: Ashgate, 2012.

Peirce, I., 'Arms, Armour and Warfare in Eleventh Century', *ANS* 10 (1988), 237-258.

Potts, Cassandra, 'Normandy or Brittany?: A Conflict of Interests at Mont Saint Michel (966-1035)', *ANS* 12 (1990), 135-156.

Potts, Cassandra, 'The Earliest Norman Counts Revised: The Lord of Mortain', *Haskins Society Journal* 4 (1993), 23-35.

Renn, D, K., 'Burgeat and Gonfanon: Two Sidelights from the Bayeux Tapestry', *ANS* 16 (1994), 177-198.

Roffe, David, *Decoding Domesday*, Woodbridge: Boydell Press, 2007.

Ronay, Gabriel, *The Lost King of England: The East European Adventures of Edward the Exile*, Woodbridge: Boydell Press, 1989.

Ross, David J. A., 'L'originalité de Turoldus: le maniement de la lance', *Cahiers de Civilisation Medieval* 6 (1963), 127-138.

Round, J. Horace, 'Wace and his Authorities', *EHR* 8 (1893), 677-683.

Round, J. Horace, 'Mr. Freeman and the Battle of Hastings', *EHR* 9 (1894), 209-260.

Round, J. Horace, *Feudal England: Historical Studies on XIth and XIIth Centuries*, London: S. Swain, Sonnenschein, 1895.

Ruaux, Jean-Yves et Léonard de Selva, *Dinan et Son Pays*, Dinan: Editions des Templiers, 1989.

Rud, Mogens, *The Bayeux Tapestry and the Battle of Hastings 1066*, Copenhagen: Christian Eilers, 1988.

Sawyer, P. H., *Domesday Book: A Reassessment*, London: Edward Arnold, 1985.

Schramm, Percy E., 'Die Krönung bei den Westfranken und Angelsächsen von 878 bis um 1000', *Zeitschrift der Savigny-Stiftung für Reichsgeschichte* 54, Kanonistische Abteilung 23 (1934), 117-242.

Scragg, D. G. (ed.), *The Battle of Maldon, AD 991*, Oxford: Basil Blackwell in association with the Manchester Centre for Anglo-Saxon Studies, 1991.

Short, Ian, 'Tam Angli quam Franci: Self-Definition in Anglo-Norman England', *ANS* 18 (1996), 153-175.

Short, Ian, 'The Language of the Bayeux Tapestry Inscription', *ANS* 23 (2001), 267-280.
Smith, Mary-Francis, 'Archbishop Stigand and the Eye of the Needle', *ANS* 16 (1994), 199-219.
Stafford, Pauline, *Unification and Conquest: A Political and Social History of England in the Tenth and Eleventh Centuries*, London: Edward Arnold, 1989.
Stafford, Pauline, 'Women and the Norman Conquest', *TrRHS* 6th series 4 (1994), 221-249.
Stafford, Pauline, *Queen Emma and Queen Edith: Queenship and Women's Power in Eleventh-Century England*, Oxford: Blackwell, 1997.
Stenton, F. M. (ed.), *The Bayeux Tapestry: A Comprehensive Survey*, London/New York: Phaidon Press, 1957.
Stenton, F. M., *Anglo-Saxon England*, 3rd edn., Oxford University Press, 1971.
Strickland, Matthew (ed.), *Anglo-Norman Warfare: Studies in Late Anglo-Saxon and Anglo-Norman Military Organization and Warfare*, Woodbridge: Boydell Press, 1992.
Sweeky, A. W., 'The Ship of Harold Godwinson', *Mariner's Miror* 67 (1981), 87-91.
Sykes, Naomi Jane, 'Zooarchaeology of the Norman Conquest', *ANS* 27 (2005), 185-197.
Sykes, Naomi Jane, *The Norman Conquest: A Zoological Perspective*, BAR International Series 1656, Oxford: Archaeopress, 2007.
Tanner, Heather, 'The Expansion of the Power and Influence of the Counts of Boulogne under Eustace II', *ANS* 14 (1992), 251-277.
Tanner, Heather, *Families, Friends, and Allies: Boulogne and Politics in Northern France and England, c.879-1160*, Leiden: Brill, 2004.
Tatton-Brown, T., 'Westminster Abbey: Archaeological Recording at the West End of the Church', *Antiquaries Journal* 75 (1995), 171-188.
Tavernier, Wilhelm, 'The Author of the Bayeux Embroidery: A Case for the Turold, 1020-1080', *Archeological Journal* 71 (1914), 171-186.
Taylor, Arnold, 'Belrem', *ANS* 14 (1992), 1-23.
Thomas, Hugh M., *The English and the Normans: Ethnic Hostility, Assimilation, and Identity, 1066-c.1220*, Oxford University Press, 2003.
鶴島博和「『バイユーの綴織』の三人の騎士」『歴史』(東北史学会) 63 (1984), 55-80.
鶴島博和「続『バイユーの綴織』の三人の騎士」『歴史』(東北史学会) 64 (1985), 38-75.
Tsurushima, Hirokazu, 'The Fraternity of Rochester Cathedral Priory about 1100', *ANS* 14 (1992), 313-337.
鶴島博和「*Textus Roffensis* の構成——古文書学的視点から」『熊本大学教育学部紀要』(人文科学) 41 (1992), 1-38.
鶴島博和「レオン城址の調査報告——1993年 (3/14-24) 熊本大学教育学部西洋史研究室調査旅行報告書に代えて」『熊本大学教育実践研究』11 (1994), 447-453.
Tsurushima, Hirokazu, 'Domesday Interpreters', *ANS* 18 (1996), 201-222.
鶴島博和「動く森のように——中世イングランドにおける騎士とジェントリの『記憶』と『記録』の世界」『思想』927 (2001), 41-67.
鶴島博和「『資料』が語る騎士の姿——11世紀から13世紀におけるケントの騎士家族の定性分析」國方敬司・直江眞一編『史料が語る中世ヨーロッパ』刀水書房, 2004, 265-288.
鶴島博和「11世紀イングランドにおける『よき人の社会』と『地域』の誕生」藤井美男・田北廣

道編『ヨーロッパ中世世界の動態像——史料と理論の対話』(森本芳樹先生古希記念論集)九州大学出版会, 2004, 347-373.

鶴島博和「『歴史』の誕生——エドワード・デリング卿の知的ネットワークと『歴史学』c. 1620-c. 1644」高田実・鶴島博和編『歴史の誕生とアイデンティティ』日本経済評論社, 2005.

Tsurushima, Hirokazu, 'The Eleventh Century in England through Fish-Eyes: Salmon, Herring, Oysters, and 1066', *ANS* 29 (2007), 193-213.

Tsurushima, Hirokazu (ed.), *Nations in Medieval Britain*, Donington: Shaun Tyas, 2010.

Tsurushima, Hirokazu, '*Hic Est Miles*: some images of three knights, Turold, Wadard and Vital', in Lewis, Owen-Crocker and Terkla (2011), 81-91.

Tsurushima, Hirokazu, 'The Moneyers of Kent in the Long Eleventh Century', in *The English and Their Legacy, 900-1200: Essays in Honour of Ann Williams*, ed. D. Roffe, Woodbridge: Boydell Press, 2012, 33-59.

鶴島博和「British Library MS Cotton Vitellius C. xii, fos. 114r-155r に関する一考察」『西洋史研究』新輯 43 (2014), 78-111.

鶴島博和「ヨーロッパ形成期におけるイングランドと環海峡世界」『史苑』75-2 (2015), 5-108.

Urry, William, *Canterbury under the Angevin Kings*, London: Athlone Press, 1967.

Vaughn, Sally N., '*Eadmer's Historia Novorum*: A Reinterpretation', *ANS* 10 (1988), 259-289.

Villegas-Aristizábal, Lucas, 'Norman and Anglo-Norman Participation in the Iberian "Reconquista", c.1018 - c.1248', Nottingham, 2007, D. Phil. thesis: ([Electronic Resource] http://etheses.nottingham.ac.uk/283/).

Walker, Ian W., *Harold: The Last Anglo-Saxon King*, Stroud: History Press, 1997.

Webber, Nick, *The Evolutionn of Norman Identity, 911-1154*, Woodbridge: Boydell Press, 2005.

Whitelock, Dorothy, David C. Douglas, Charles H. Lemmon, Frank Brarlow, *The Norman Conquest, Its Setting and Impact*, London: Eyre and Spottiswoode, 1966.

Williams, Ann, Alfred P. Smyth and D. P. Kirby, *A Bibliographical Dictionary of Dark Age Britain: England, Scotland and Wales, c. 500-1050*, Seaby: London, 1991.

Williams, Ann, *The English and the Norman Conquest*, Woodbridge: Boydell Press, 1995.

Williams, Ann, *Kingship and Government in Pre-Conquest England c.500-c.1066*, New York/Basingstoke: Palgrave Macmillan, 1999.

Williams, Ann, *Æthelred the Unready: The Ill-Counselled King*, London: Hambledon Press, 2003.

Williams, Ann, *The World before Domesday: The English Aristocracy, 900-1066*, London: Continuum, 2008.

Wilson, David M., *The Bayeux Tapestry: The Complete Tapestry in Colour*, London: Thames and Hudson, 1985.

Wormald, Francis, *The Survival of Anglo-Saxon Illumination after the Norman Conquest*, London: G. Cumberlege, 1944.

Yoshitake, K., 'The Place of Government in Transition: Winchester, Westminster and London in the Mid-Twelfth Century', ed. P. Dalton and D. Luscombe, *Rulership and Rebellion in the Anglo-Norman World, c. 1066-c. 1216*, Farnham: Ashgate, 2015, 61-75.

系　図

1　アルフレッドの王統

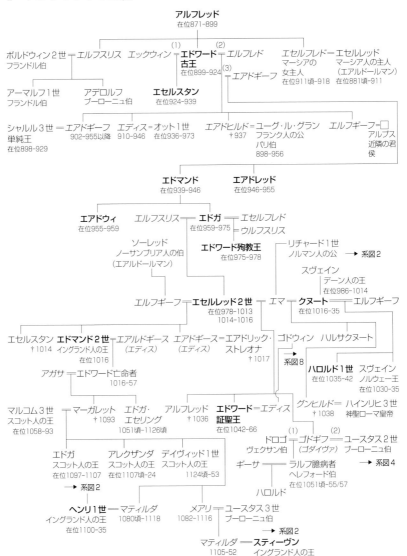

2　ノルマン人の公とイングランド人の王

- **リチャード1世**　ノルマン人の公　在位942-996
  - **リチャード2世**＝ジュディス＝ブルターニュ　ノルマン人の公　在位996-1026　→系図10
    - **リチャード3世**　ノルマン人の公　在位1026-27
    - **ロバート1世**　ノルマン人の公　在位1027-35
      - オド　バイユー司教　在任1049-97
        - ジョン
          - ロバート＝○　司教の甥あるいは孫　1133頃活躍
            - ロバート
      - ロバート　モータン伯　1031頃-90
      - **ウィリアム1世**＝マティルダ　ノルマン人の公　在位1035-87　イングランド人の王　在位1066-87　　1031頃-83
        - （前出 アデレイド (1) アンゲラン2世＝ポンチュー伯 →系図5）
          - (2) ランバート＝ランス
          - (3) オド＝シャンバーニュ
          - ジュディス＝ワルセオフ　ハンティンドン伯　在位1050-70　ノーサンブリア人の伯　在位1072-76　→系図5
        - **ロバート2世**　ノルマン人の公　在位1087-1106　†1137
        - **ウィリアム2世**　イングランド人の王　在位1087-1100
        - アガサ＝**ハロルド2世**＊　→系図8
          - マルコム3世　スコット人の王
          - **ヘンリ1世**＝マティルダ　イングランド人の王　在位1100-35　ノルマン人の公　在位1106-35　†1118
            - ロバート　1100-47
        - コンスタンス＝アラン4世　†1090　ブルターニュ公　†1137
        - アデラ＝スティーヴン　ブロワ伯
          - **スティーヴン**　イングランド人の王　在位1135-54　→系図1
  - ヘレリ　ヴァ
  - ヘルウィン
  - エレノワ　1011/13頃-71頃
  - ボルドウィン4世＝（2）　フランドル伯　→系図3
  - オギヴァ（1）
    - ボルドウィン5世　フランドル伯
      - ロバート　ウー伯　在位1080頃-90
      - ヒュー　リジュー司教　1049-77
  - マウガ＝ルーアン大司教　在任1037-54
  - ウィリアム・タロウ　アルク伯
    - ウィリアム　ウー伯　†1054頃
- エマ＝エセルレッド2世 (1)
  - ＝クヌート (2)　→系図1
- ロバート　ルーアン大司教　在任989頃-1037
- アヴィス＝ジェフリ1世　ブルターニュ公　→系図10
- オド・オ・シャペル＝ムリエル

＊ ハロルドと婚約したが破綻

3　フランドル伯家

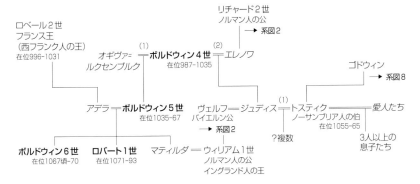

4　ブーローニュ伯家

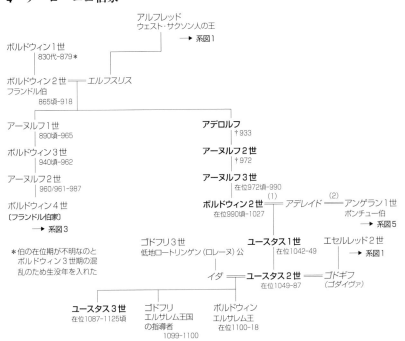

5　ポンチュー伯家

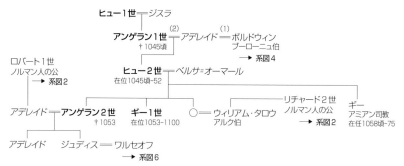

註　ポンチュー伯はカペー家の台頭とともに上昇してきた貴族で，ユーグ・カペーによってヒュー1世はサン・リキエ修道院の守護とアベヴィルの城代に任じられたが，その地位は安定してはいなかった。

6　ノーサンブリア人の伯

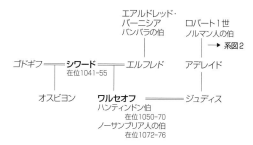

7　マーシア人の伯

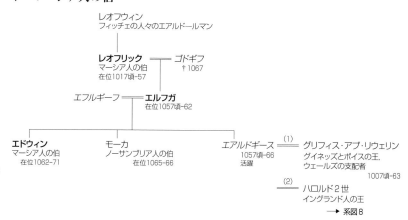

8 ゴドウィン家

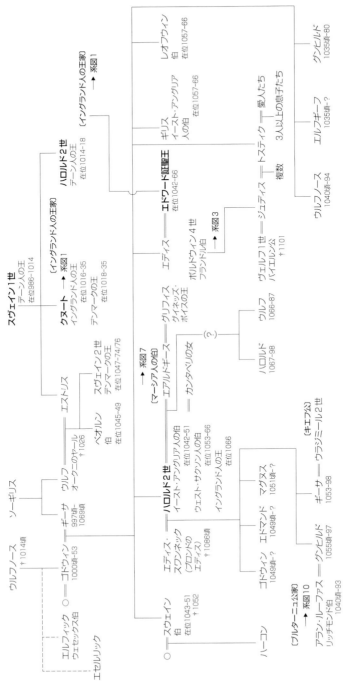

---- 姻戚関係が想定されるもの

9 ヴィタールの家系

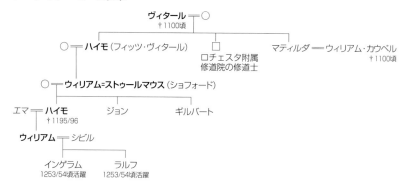

10 ブルターニュ公家

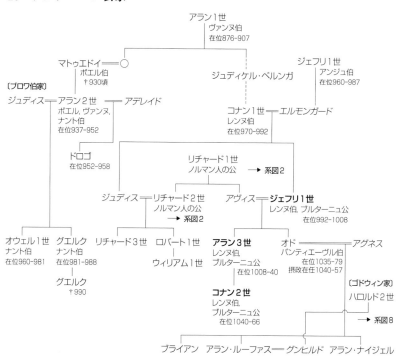

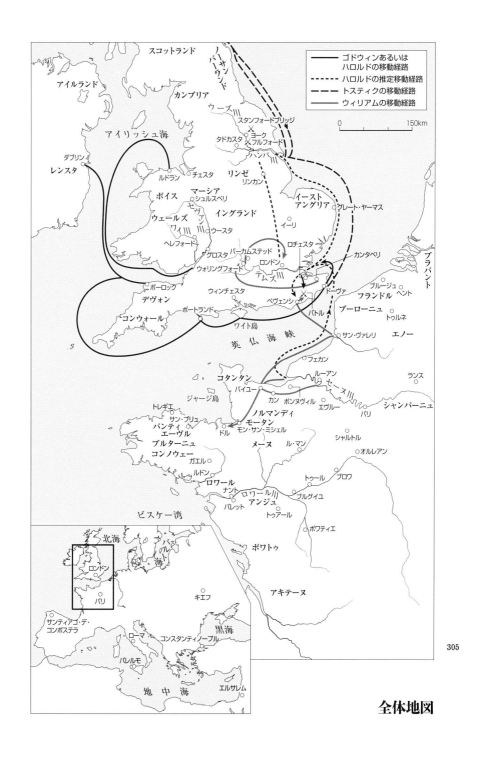

全体地図

人名索引

ア行

アインハルト　Einhard　10

アヴィス［アラン3世の母］　Hawise; Havoise
　56, 251

アガサ［ウィリアムの娘］　Agatha　48

アーサ［伝説の王］　Arthur　10, 14

アスガ・ステラ　Asger the Stellar　259

アディリサ［ハンフリ＝ティレイユの妻，ヒュー＝グランムニールの姉妹］　Adelisa　135

アデラ［ウィリアム公の娘，ブロワ伯妃］　Adela 1067頃-1137　48, 68, 69, 200

アーノルド［ル・マン司教］　Arnold, bishop of Le Mans　在任1065頃-81　240

アラン2世（曲り顎髭）　Alan Twisted beard 1052没　250, 251

アラン3世　Alan III　在位1008-40
　54-56, 58, 251, 252

アラン4世（ファーガン）　Alan Fergent 1072頃-1112　106

アラン・ナイジェル［アラン・ルーファスの兄弟］　Alan Nigel　253, 254

アラン・ルーファス　Alan, Rufus　1040頃-93
　106, 252-255

アルシージ［ラルフ＝ガエルの一族］　Alsige　253

アルフォンソ6世［レオンとカスティリャの王］　Alphonso, king of Leon and Castile　1040頃-1109（レオン王在位1065-1109，カスティリャ王在位1072-1109）　48

アルフレッド［ウェスト・サクソン人の王］　Alfred, king of the West-Saxons　在位871-899
　11, 89, 204, 205, 225, 261

アルフレッド［エマの子］　Alfred　1036没
　162, 206, 207

アレクサンデル2世［ローマ教皇］　Alexander II, pope　在位1061-73　94, 105, 164, 166, 223

アンセルム［カンタベリ大司教］　Anselm, archbishop of Canterbury　在任1093-1109
　13, 152, 246, 248

アンリ1世［フランス王］　Henry (Henri) I, king of the Franks　共同統治在位1027-31，単独統治在位1031-60　208

ウィクトル2世［教皇］　Victor II, pope
　在位1055-57　223

ヴィタール（カンタベリの）　Vital of Canterbury 1100頃没　39, 127, 155, 241, 242, 246-248, 265

ウィド［セント・オーガスティン修道院長］　Wido, abbot of St. Augustine's　在任1087?-99　243

ウィリアム1世（公，王，伯，征服王）［ノルマン人の公，イングランド人の国王］　William (Guillaume) I, king of the English 1028頃-87（在位1066-87）　6-10, 14, 20-22, 24, 36-40, 42-51, 54-61, 63-65, 68-72, 76, 77, 79, 80, 84-86, 89, 92-94, 96-98, 100-102, 105, 106, 112-126, 131, 133-135, 138-145, 148-156, 158-160, 162-167, 169-172, 174-177, 179-182, 185, 187-190, 193, 194, 208, 209, 211, 217, 220, 222, 224, 235, 236, 241-243, 246, 249, 251, 253-255, 257-263, 265

ウィリアム2世［イングランド人の国王，ウィリアム征服王の三男］　William II, king of the English 1060頃-1100（在位1087-1100）　194, 243, 245, 248, 254

ウィリアム（ギョーム）［アルク伯］　Guillaume, William of Talou, count of Arques　1025-52以降　208

ウィリアム［エヴルー伯リチャードの息子］　William, the son of Richard, count of Évreux　1118没　176, 240

ウィリアム［フェカン修道院長］　William, abbot of Fécamp　237

ウィリアム［ヘンリ王の息子］　William, the Ætheling　1103-20　247

ウィリアム［ロンドン司教，ノルマン人で国王エドワードの宮廷礼拝堂司祭より昇任］　William the Norman, bishop of London　在任1051-75　222

ウィリアム＝ヴューポン　William of Vieux Pont　179

ウィリアム・カウベル［ノルマン人初代のカンタベリ都市役人，ヴィタールの娘婿］　William Cauvel 1100頃没　247

ウィリアム＝ジュミエージュ　William of Jumièges　6, 7, 22, 31, 49, 114, 156, 185

ウィリアム・スタクリ［聖職者にして尚古家，尚古学的研究の草分け］　William Stukeley 1687-1765　202

ウィリアム・パトリック＝ラ・ランド　William Patrick of La Lande　179, 181, 182
ウィリアム・フィッツ・オズバーン［イングランド西部の統轄者，オズバーン＝ブレトゥーユの息子］William fits Osbern; William, the son of Osbern of Breteuil　1020頃-71
　　96, 98-101, 176, 239, 240, 253, 262, 263
ウィリアム＝ポワティエ　William of Poitiers
　　7-10, 22, 31, 32, 34, 38, 40, 48, 49, 57, 61, 62, 69, 73, 77, 89, 97, 105, 106, 117, 122, 127, 134, 135, 140, 141, 153, 156, 159, 164, 167, 170, 176, 177, 185, 188, 189, 198, 200, 201, 215, 216, 246, 257, 258, 260-262
ウィリアム＝マームスベリ　William of Malmesbury　1095/96頃-1143頃
　　14, 22, 31, 33, 153, 156, 159, 169
ウィリアム・マレット　William Malet　1071没
　　179, 187, 189, 190
ウィリアム＝ワレンヌ［イングランド征服後ルイスのレイプやサリを中心とした大所領の保有者］William of Warrene　176
ウェイス　Wace　1110頃-74以降
　　14, 22, 38, 45, 48, 49, 57, 69, 72, 73, 85, 86, 97, 101-103, 106, 107, 117, 123, 126, 140, 142, 145, 153, 156, 158, 159, 164, 166, 167, 170, 174, 180-182, 185, 188, 189, 205, 238-240, 245, 252-254
ウェゲティウス　Vegetius, Publius Flavius Renatus　4世紀頃　8
ヴェナンティウス・フォルトゥナートゥス　Venantius Honorius Clementianus Fortunatus　530頃-600頃/609　108
ウェルギリウス　Vergilius　前70-前19　8
ウォルタ・ギファード　Walter Giffard, lord of Longueville　99, 162, 163, 166, 176, 240
ウルフ［ドチェスタ司教］　Ulf, bishop of Dorchester　在任1050-52　221
ウルフ（ヤールの）　Ulf of Jarl　215
ウルフスタン［ヨーク大司教］　Wulfstan, Lupus, archbishop of York　在任1002-23　225
ウルフノース［ゴドウィンの子］　Wulfnoth　21, 49
ウルフノース・チャイルド［サセックスに拠点をおくセイン，ゴドウィンの父］　Wulfnoth Cild　1014頃没　214, 215
ウルフリック［セント・オーガスティン修道院長］　Wulfric, abbot of St. Augustine's　在任1044/47-59/61　227

エアドギーフ［エドワード古王の娘，エセルスタンの異母妹，シャルル3世の妻］　Eadgifu　902-955以降　48, 204
エアドシージ［カンタベリ大司教］　Eadsige, archbishop of Canterbury　在任1038-50　215
エアドヒルド［エドワード古王の娘，エセルスタンの異母妹，ユーグ・ル・グランの妻］　937没　204, 205
エアドマ　Eadmer　1060頃-1126頃
　　13, 22, 31, 32, 38, 40, 48, 49, 80, 86, 97
エアドリック・ストレオナ［マーシア人のエアルドールマン，クヌート王により処刑］　Eadric Streona, ealdorman of the Mercians　1017没(在任1007-17)　211, 214
エアドリック・ワイルド(チャイルド)［ノルマン征服に抵抗した伝説的人物］　Eadric the Wild (Cild)　254
エアルドギース［伯エルフガの娘］　Ealdgyth of Mercia　1057頃-66　211, 213
エアルドレッド［ヨーク大司教］　Ealdred, archbishop of York　在任1060頃-69　88, 89, 261
エイメリ［トゥアの「子」，副伯］　Aimery, vicomte of Thouars　1024頃-94頃　106, 176
エゲルシン［セント・オーガスティン修道院長］　Egelsin, abbot of St. Augustine's　在任1063-70　158, 159, 195
エスバーン・ビガ　Esbern Biga　231
エセルスタン［イングランド人の王］　Æthelstan, king of the English　在位924-939
　　134, 144, 204, 225, 250, 261
エセルスタン・エセリング［エセルレッド2世の長男］　Æthelstan the Ætheling　1014没　215
エセルノース＝カンタベリ［聖クヌート王の伝記作家］　Æthelnoth of Canterbury　在任1020-38　264
エセルノース・チャイルド　Æthelnoth Cild
　　231, 232, 244, 258, 263, 264
エセルリック［セイン］　Æthelric, thegn　167, 216
エセルレッド2世［イングランド人の国王］　Æthelred II, king of the English　在位978-1013, 1014-16
　　89, 97, 145, 205-207, 210, 214, 227, 236, 251, 253
エディス［エセルスタンの異母妹，オット1世の最初の妻］　Edith　910-946　204, 205
エディス［エドワード王妃，ゴドウィンの娘］　Edith, Eadgyth　1025頃-75

　　　　　　　　10, 84, 86, 90, 193, 198, 216, 217, 220, 222
エディス(ブロンドの)[ハロルドの妃]　Edith, the
　　Fair(Swanneck)　1086頃没　　　　　　213
エドウィン[マーシア人の伯，モーカの弟]　Edwin,
　　earl of the Mercians　在位1062-71
　　　　　　　79, 89, 93, 120, 124, 148, 166, 213, 223, 258, 263
エドガ[イングランド人の国王]　Edgar, king of
　　the English　在位959-975　　　57, 90, 204, 205
エドガ・エセリング[エセルレッド2世の曾孫]
　　Edgar the Ætheling　1051頃-1126頃
　　　　　　　　　　　　　　　73, 89, 145, 259, 260, 263
エドマンド1世[イングランド人の国王]　Edmund
　　I, king of the English　在位939-946　8, 204, 205
エドマンド2世(剛腕王)[イングランド人の国王]
　　Edmund II, king of the English　在位1016
　　　　　　　　　　　　　　　　　　　　　　205
エドマンド[ハロルド2世の子]　Edmund
　　1049頃-?　　　　　　　　　　　　　　　253
エドワード3世[イングランド王]　Edward III,
　　king of England　1312-77(在位1327-77)　200
エドワード古王[アングル人とサクソン人の王]
　　Edward the Elder, king of the Anglo-Saxons
　　在位899-924　　　　　　　　　　　204, 261
エドワード殉教王[イングランド人の国王]
　　Edward, king of the English　在位975-978
　　　　　　　　　　　　　　　　　　　　　　261
エドワード証聖王[イングランド人の国王, エマの子]
　　Edward, king of the English　在位1042-66
　　　　　　　　6, 10, 20-23, 25, 26, 37, 40, 46-51, 68-
　　70, 73, 76, 78-86, 88-90, 93, 96, 97, 106, 133, 139-
　　141, 162, 193, 197, 206, 207, 209, 211-217, 220-223,
　　227, 230, 232, 233, 235, 236, 241, 259, 261, 262, 265
エマ[ウィリアム・フィッツ・オズバーンの娘]
　　Emma　　　　　　　　　　　　　　253, 263
エマ・ノルマンディ(エルフギーフ)[エドワード
　　王の母，クヌート王の妃]　Emma of Normandy
　　985-1052　10, 21, 50, 205-209, 215, 220, 222, 251, 253
エルフガ[マーシア人の伯，伯レオフリックの子]
　　Elfgar, earl of the Mercians　在位1057頃-62
　　　　　　　　　　　79, 80, 211-213, 220, 223, 229, 258
エルフギッド[女性執事]　Ælfgyd the Maid　197
エルフギーフ[ソーレッドの娘]　Ælfigu　205
エルフギーフ[ハロルドの妹]　Ælfigu　　　48
エルフギーフ＝ノーサンプトン[ハロルド1世の母，
　　クヌート王の妃]　Ælfgifu of Northampton

　990頃-1040頃　　　　　　51, 198, 206, 207, 211
エルフスタン[カンタベリ大司教]　Ælfstan
　　Lyfing, archbishop of Canterbury
　　在任1013-20　　　　　　　　　　　　　215
エルフヘルム＝ヨーク[ノーサンブリア人の伯]
　　Ælfhelm of York, earl of the Northumbrians
　　在任993頃-1006　　　　　　　　　　　　206
エルフレド[シワード伯の妃]　Ælfflaed of
　　Bernicia　　　　　　　　　　　　　　　214
エルフレド[ビュルフトノースの妻]　Ælfflaed
　　　　　　　　　　　　　　　　　　　　　　199
エルモンガード＝アンジュ[ブルターニュのコナン
　　1世の妻]　Ermengarde of Anjou
　　956頃-1024頃　　　　　　　　　　　　　251
エレノワ[フランドル伯ボルドウィン4世妃, エマの姪]
　　Eleanor of Normandy　1011/13頃-71頃　208
オウエル1世[ナント伯]　Hoël I, count of
　　Nantes　在位960-981　　　　　　　　　251
オズバーン[宮廷礼拝堂司祭]　Osbern, chaplain
　　　　　　　　　　　　　　　　　　　　　　26
オズバーン・ペイスフォーレル[司教オドの封臣]
　　Osbern Paisforeire　　　　　　　　　　129
オズバーン・ペンテコステ　Osbern Pentecost
　　1054没　　　　　　　　　　　　　221, 222
オスワルド・シェリフ(ケントの)　Oswald
　　Sheriff　　　　　　　　　　　　　　　227
オット1世[神聖ローマ皇帝]　Otto I, Holy
　　Roman Emperor　912-973(在位962-973)
　　　　　　　　　　　　　　　　　　204, 205
オデラ＝オルレアン[オルデリック・ヴィターリスの
　　父，フランス人聖職者]　Odeler of Orléans　13
オド[バイユー司教]　Odo, bishop of Bayeux
　　在任1049-97　　　　　　　7, 8, 73, 99, 101,
　　102, 127, 129-131, 155, 156, 173, 174, 181, 193, 194,
　　196, 197, 200, 211, 240-244, 246, 248, 254, 262-266
オド[パンティエーヴル伯, アラン3世の弟]　Odo,
　　count of Ponthièvre　999-1079　54, 56, 252-254
オド・オ・シャペル[司教オドの妹ムリエルの夫, コ
　　タンタンの領主]　Odo au Chapel　　　　99
オベール(聖)[アヴランシュ司教]　Aubert,
　　bishop of Avranches　在任?-720　　　　57
オルデリック・ヴィターリス　Orderic Vitalis
　　1075-1142頃　　　　　　　　　　　6, 7, 14,
　　48, 49, 56, 101, 103, 106, 117, 135, 151, 169, 170, 196

カ行

ガイマル　Gaimar, Geoffrey　1136頃　124, 166
カラドック［グリフィスの息子］Caradog, Grufydd's son（Grufydd ap Rhydderch）1081没　78
ギー［アミアン司教］Guy, bishop of Amiens
　在位1045/58-75　9, 10, 32, 141, 177, 185, 259-261
ギー［ポンチュー伯］Guy, count of Ponthieu
　在位1053-1100　9, 28, 33, 37-40, 43-45, 185, 208, 233, 234, 239, 243, 266
キケロ　Cicero, Marcus Tullius　前106-前43　8
ギーサ［ゴドウィン伯妃］Gytha Thorkelsdóttir
　997頃-1069頃　168, 187, 189
ギファード　Giffard　183, 185
ギリス［ハロルドの弟、ゴドウィンの子、イースト・アングリア人の伯］Gyrth, earl of East Anglia
　在位1057-66　140, 143, 145, 151, 153, 156-158, 161, 164, 166, 168-170, 176, 223, 253
ギルバート（ジルベール）［カンのサン・テティエンヌ修道院長］Gilbert, abbot of Saint-Etienne, Caen　在任1079-1101　237
ギルバート・クリスピン［ウー伯、ブリオンヌ伯］Gilbert Crispin, count of Eu　979/1000頃-1040　251, 252
ギルバート・マミノット［リジュー司教］Gilbert Maminot, bishop of Lisieux　在任1077-1101　7
グエルク［ナント伯］Guerech, count of Nantes
　在位981-988頃　251
クヌート［イングランド人の国王］Cnut, king of the English　985/995-1035（在位1016-35）
　26, 50, 79, 142, 144, 197, 205-207, 210, 211, 214-216, 228, 236, 259, 261, 264
グリフィス・アプ・リウェリン［ウェールズの王］Gruffydd ap Llywelyn　1007頃-63頃
　22, 78, 211-214, 232
グンドルフ［ロチェスタ大司教、ロチェスタ城とロンドン塔の建設者］Gundulf, bishop of Rochester　在任1077-1108　248
グンヒルド［エドワードの異母姉妹、神聖ローマ皇帝ハインリヒ3世の妻］Gunhild　1020頃-38　26, 216
グンヒルド［ハロルド王と愛人金髪のエアドギースの娘、アラン・ルーファスの妻］Gunhild
　1055頃-97　254
ケティル　Ketil　230
ゴシュリン＝サン・ベルタン［フランドル人かブラバンド人、サン・トメールのサン・ベルタン修道士、晩年カンタベリのセント・オーガスティン修道院で奇跡譚作家として活躍］Goscelin of Saint-Bertin　1040頃-1100頃　198, 247
ゴスパトリック［ノーサンブリア伯］Gospatrick, earl of Northumbria　1073以降没　263
コットン卿［膨大な蔵書はコットンという分類記号とともに大英博物館（現在は大英図書館）に収蔵］Sir Robert Bruce Cotton　1571-1631　7
ゴドウィン［ウェスト・サクソン人の伯］Godwine, earl of the West Saxons　1000頃-53
　21, 51, 116, 139, 142, 162, 169, 207, 209, 215, 216, 219-221, 232-234, 263, 265
ゴドウィン［ハロルド2世の子］Godwine
　1049頃-?　253
ゴドウィン［ボーシャムの聖職者］Godwine　26
ゴドウィン［ラルフ＝ガエルの一族］Godwine　253
ゴドギフ（ゴダイヴァ）［エドワード王の姉妹、ドロゴ＝マントの妻］Godgifu（Godiva）　206, 212
ゴドギフ［マーシア人の伯レオフリックの妃］Godgifu　1067没　211
ゴドリック（シェリフの）Godric　197
ゴドリック＝ブラボーン　Godric of Brabourne　231
コナン1世（レンヌ）［ベルンガの息子、ブルターニュ公］Conan I, count of Brittany　992没　251
コナン2世（レンヌ）（コナン・フィッツ・アラン）［『綴織』のコナン］Conan II　1033頃-66（在位1040-66）　54, 251-253

サ行

サイワト　Sighwat　230
サッルスティウス　Sallustius, Gaius Crispus
　前86-前35　8, 160
ジェフリ（ジョフロワ）1世［ブルターニュ公］Geoffrey I, duke of Brittany　980頃-1008（在位992-1008）　56, 208, 251
ジェフリ3世［アンジュ伯］Geoffrey III, count of Anjou　在位1060-68　60
ジェフリ［クータンス司教］Geoffrey of Montbray, bishop of Coutances　在任1049-93　155, 156
ジェフリ［モータニュ伯（ペルシュ伯）ロトロの子］

ジェフリ゠シャモン　Geoffrey son of Rotrou　1100頃没　176

ジェフリ゠シャモン　Geoffrey of Chaumont　176

ジェフリ・マルテル(2世)[アンジュ伯]　Geoffrey Martel, count of Anjou　在位1040-60　208

ジェフリ゠モンマス　Geoffrey of Monmouth　1100頃-55頃　14

ジセラ[シャルル3世の娘]　Gisela　911頃　55

シャルル3世(単純王)[フランク人の王]　Charles III the Simple, king of Franks　879-929(在位898-929)　55, 204

シャルルマーニュ(カール大帝)　Charlemagne　724-814(在位768-814)　89, 164, 204

ジュエル[ドル大司教]　Juhel, archbishop of Dol　在任1040-76頃　64

ジュゴネウス[ドル大司教]　Jungoneus, archbishop of Dol　在任1030頃-32　64

ジュディス゠フランドル[トスティグの妻]　Judith of Flanders, wife of Tostig　1033頃-94　208

ジュディス゠ラン[ウィリアム1世の姪、ノーサンブリア人の伯ワルセオフの妃]　Judith of Lens　1054/55-86以降　263

ジュディス゠レンヌ[ノルマン人の公リチャード2世の妃]　Judith of Rennes　1017没　251

ジョスリン゠ディナン　Josselin of Dinan　64, 65

ジョン(ジャン)(ラヴェンナ)[フェカン修道院長]　John (Ravenna), abbot of Fécamp　在任1052-79　223, 236

ジョン゠ウースタ[ウースタ司教座聖堂附属修道院の修道士]　John of Worcester　1140頃没　185, 207

シーレッド゠チラム[シワードの子]　Sired of Chilham, son of Siward　228, 231

シワード[シワード伯の甥]　Siward　214

シワード[ノーサンブリア人の伯]　Siward, earl of the Northumbrians　在位1041-55　139, 209, 210, 212, 214, 216, 219, 223, 231, 232, 263

シワード゠チラム　Siward of Chilham　228

スウェイン[ゴドウィンの息子(長男)、ハロルド2世の兄]　Swein, Godwineson　伯位1043-51　21, 51, 206, 213, 218, 219, 222, 223

スヴェイン1世[デーン人(デンマーク)の王、クヌートの父]　Swein Folkbeard　在位986-1014　206

スヴェイン2世[デーン人(デンマーク)の王、クヌートの妹エストリスの子]　Swein Estridsen　在位1043-79　105, 263

スエトニウス　Suetonius, Gaius Tranquillus　70頃-140頃　10

スコランド[セント・オーガスティン修道院長]　Scolland, abbot of St. Augustine's　在任1072-87　194-196, 241, 243, 246, 247, 265

スティガンド[ウィンチェスタ司教、カンタベリ大司教]　Stigand, archbishop of Canterbury　在任1052-70　86, 87, 89, 90, 139, 153, 193-195, 209, 221-223, 227, 241, 243, 258-262, 265

ステファヌス9世[教皇]　Stephanus IX, pope　在位1057-58　223

ストサード[画家]　Stothard, Thomas　1755-1834　202

聖アウグスティヌス　Saint Augustine of Canterbury　604頃没　243, 247

聖エイドリアン　Saint Adrian　710没　243

聖オーエン[フランク王国の司教にして宮廷人、年代記作者]　Saint-Ouen　609-686　72

聖カトリーヌ[アレキサンドリアで殉教、聖遺物は頭部]　Saint Catherine of Alexandria　282頃-305頃　72

聖クヌート[デンマーク王]　Cnut IV, Saint Cnut, king of Denmark　在位1080-86　264

聖サムソン゠ドル[ウェールズ南部の王族でブルターニュの布教に活躍した7聖人の1人]　Saint Samson of Dol　485頃-565頃　250

聖テイロ　Saint Teilo　250

聖ペテロ　Sanctus Petrus　94, 167, 260

聖ラヴァン　Saint-Raven　73

聖ラシフ　Saint-Rasiphe　73

ソーレッド[ヨークのエアドールマン]　Thored, ealdorman of York　在位10世紀後半　205

タ行・ナ行

ダーマット・マック・マエル・ナンボ[レンスタの王]　Diarmaid mac Máel nam Bó, king of Leinster　1072没　219, 253

ダンスタン[カンタベリ大司教]　Dunstan, archbishop of Canterbury　910頃-988 (在任959-988)　82, 204

デイヴィッド1世[ハンティンドン伯、スコット人(スコットランド)の王]　David I, king of Scots

1085頃-1153(在位1134-53) 90, 263	26, 216
テイルファ［吟遊詩人］ Taillffer 164	ハインリヒ4世［神聖ローマ皇帝］ Henry (Heinrich)IV, Holy Roman Emperor 1053-1105(ローマ人の王在位1053-1105, 皇帝在位1084-1105) 105, 232
テオドール［カンタベリ大司教］ Theodore of Tarsus, archbishop of Canterbury 在任668-690 243	
トヴィ・ステラ Tovi Stella 259	ハーコン［スウェインの子］ Hakon 21, 76
ドゥシェンヌ(デュシェン), アンドレ Andre Duchesne 7, 201	バースのアデラード［旅行家にして自然科学研究の草分け］ Adelad of Bath 1080頃-1152頃 27
ドゥド＝サンカンタン［ノルマン人の聖職者, 歴史著述家］ Dudo of Saint-Quentin 1043以前没 6	ハーバード・ロジンガ［ノリッジ司教］ Losinga, bishop of Norwich 在任1095頃-1119 234
トゥラルド［バイユーの城塞守備者］ Turold, castellan of Bayeux 39, 127, 241, 243, 244	ハルサクヌート［イングランド人の国王］ Hartha Cnut, king of the English 在位1040-42 206-209, 261
トゥラルド＝ロチェスタ Turold of Rochester 39, 127, 241, 243-246, 248, 265	ハロルド1世［イングランド人の国王］ Harold I, king of the English 1015-40(在位1035-40) 50, 206-209, 211, 229, 232
トゥルスティン［白きロロの子］ Turstin, son of Rollo the white 151, 162, 163, 179, 182	
トスティク［ゴドウィンソン］［ゴドウィン伯の第3子, ノーサンブリア人の伯］ Tostig (Godwineson), earl of the Northumbrians 1066没 (在位1055-65) 49, 78-80, 92, 93, 116, 119, 120, 124, 125, 145, 149, 158, 168, 169, 208, 212, 214, 223, 228, 232	ハロルド2世(ハロルド・ゴドウィンソン)［イングランド人の国王, ゴドウィンの次男］ Harold II, king of the English 1022頃-66(在位1066) 6-9, 20-34, 36-38, 40, 41, 43-49, 51, 54, 55, 59, 61, 68-73, 78-80, 83-90, 92-97, 101, 105, 106, 114-117, 119-125, 131, 132, 135, 138-145, 148-159, 161-172, 174, 176, 178-185, 187-190, 193-195, 205, 207, 212-214, 216, 219-224, 227-234, 236, 241, 243, 244, 246, 248, 251, 253-255, 257, 259-262, 265, 266
ド・モンフォーコン［フランス人のベネディクト修道士］ Dom Bernard de Montfaucon 1655-1741 201	
ドロゴ［アラン2世の子, ブルターニュ公］ Drogo, duke of Brittany 在位952-958 251	ハロルド・ハルドラーダ［ノルウェー王ハロルド3世］ Harold Hardrada, king of Norway 在位1046-66 93, 120, 121, 124, 125, 138, 145, 148, 149, 167
ドロゴ＝マント［ヴァロワとヴェクサンの伯］ Drogo of Mantes, count of Valois and the Vexin 996-1035(在位1027-35) 206, 212	
ニコラウス2世［教皇］ Nicholas II, pope 在位1059-61 223	ハンフリ＝ティレイユ Humphrey of Tilleul 135, 257
ニコラス［サン・トゥアン修道院長, リチャード3世の庶子］ Nicolas, abbot of Saint-Ouen 1092没 240	ヒュー［バイユー司教］ Hugh, bishop of Bayeux 在任1015頃-49 73
	ヒュー［リジュー司教］ Hugh, bishop of Lisieux 在任1049-77 98
ハ行	ヒュー＝アヴランシュ［チェスタ伯］ Hugh of Avranches, earl of Chester 1047頃-1101 240
ハイモ1世［ドル・ディナンの一族］ Haimo I 64-66	ヒュー＝グランムニール Hugh of Grandmesnil 135, 176
ハイモ2世［ドル・ディナンの一族］ Haimo II 64	ヒュー＝ポート Hugh of Port 264
ハイモ・フィッツ・ヴィタール［ヴィタールの子］ Haimo, fitz Vital 246-248, 265	ヒュー＝ポンチュー Hugh of Ponthieu 183
ハインリヒ3世［神聖ローマ皇帝］ Henry (Heinrich)III, Holy Roman Emperor 1017-56(ローマ人の王在位1039-56, 皇帝在位1046-56)	ヒュー・マーゴット Hugh Margot 140-142, 145, 152, 239
	ヒュー＝モンフォール Hugh II of Monfort 1020頃-88頃 98, 176, 181, 240

ビュルフトノース［エセックスのエアルドールマン］
　Byrhtnoth, ealdorman of Essex　991没　199
フィッツ・バーナード　Fitz Bernard　106, 252
フィリップ1世［フランス王］　Philippe I, king of
　the Franks　1052-1108 (共同統治1059-60, 国王在
　位1060-1108)　261
フーコ，ニコラ＝ジョセフ［ルイ14世時代の行政官］
　Nicolas-Joseph Foucault　1643-1721　201
フーバート＝ドヴル　Fubert of Douvres　228
ブライアン［ポンティエヴール伯オドの息子］
　Brian　253
プリアモス［トロイの王］　Priamus　189
ブリフトリック［エアドリック・ステレオナの兄弟］
　Brihtric　215
フルク＝ダノー　Fulk d'Aunou (le Faucon,
　son of Baudri)　1066頃活躍　240
ブレスゲント　Blethgent　22
ブレッド　Brede (Sussex)　236
ブロワのベルタ［ブルターニュ公アラン3世の妃, コナ
　ン2世の母］　Bertha of Blois　1005頃-80頃　56
ヘクタ［トロイの王プリアモスの息子］　Hector　189
ベーダ　Bede　672-735　14
ベネディクトゥス10世［教皇］　Benedictus X,
　pope　在位1058-59　90, 223
ヘルウィン（エルリュアン）［コントゥヴィルの子，オ
　ドの父］　Herluin of Conteville　193, 245
ヘルマン［ラムスベリとシャーボンの司教，ソールズ
　ベリ初代司教］　Herman, bishop of Ramsbury
　and Sherborne, of Salisbury　在位1075-78
　216, 222
ベルンガ［レンヌ伯］　Judicael Berengar, count
　of Rennes　251
ヘレリヴァ［ウィリアム1世の母］　Herleva　193
ヘンリ1世［イングランド人の国王］　Henry I, king
　of the English　1068/69-1135 (在位1100-35)
　12, 33, 193, 200
ヘンリ2世［イングランド人の国王］　Henry II,
　king of the English　1133-89 (在位1154-89)
　14, 234
ボウドリ［ドルの大司教］　Baudri of Bourgeuil,
　archbishop of Dol　在位1107-30　200
ボルドウィン4世［フランドル伯］　Baldwin IV,
　count of Flanders　在位987-1035　79, 208, 219
ボルドウィン5世［フランドル伯］　Baldwin V,
　count of Flanders　在位1035-67　208

マ行・ヤ行

マウガ［ルーアン大司教］　Mauger, archbishop
　of Rouen　在任1037-54/55頃　251
マーガレット＝スコットランド［聖人, スコット人
　の王マルカム3世の王妃］　Margaret of Scotland
　1045頃-93　198
マグヌス［ノルウェー王］　Magnus, king of
　Norway　在位1035-47　216
マクベス［スコット人の王］　Macbeth, king of
　the Scots　在位1040-57　214, 223
マティルダ［アラン・ルーファスの娘］　Mathilda,
　daughter of Alan Rufus　254
マティルダ［ウィリアム王妃］　Mathilda of
　Normandy, Queen of the English　1031頃-83
　45, 102, 117, 193, 197, 208, 240, 263
マティルダ［シーレッドの妻］　Mathilda, wife of
　Sired　227
マティルダ［ヘンリ1世の娘, ヘンリ2世の母］
　Mathilda, daughter of Henry I　1102頃-67　193
マティルダ［ワルセオフの娘］　Mathilda,
　daughter of Wartheof　263
マトゥエドイ［ポエルの伯］　Mathuédoii, count
　of Poher　930没　250
マルコム3世［スコット人の王］　Malcom III, king
　of the Scots　在位1058-93　124
ムリエル［司教オドの妹］　Muriel　99
モーカ［エルフガの子, ノーサンブリア人の伯, マーシ
　ア伯］　Morcar, earl of the Northumbrians,
　earl of Mercia
　79, 89, 120, 124, 148, 166, 213, 223, 258, 263, 264
ユーグ・ル・グラン　Hugh the Great　204, 205
ユースタス2世［ブーローニュ伯］　Eustace II,
　count of Boulogne　在位1049-87　10, 32,
　176, 177, 183, 185, 186, 193, 206, 217, 218, 255, 265
ヨハネス13世［教皇］　Ioannes XIII, pope
　在位965-972　251

ラ行・ワ

ラウル［ウィリアム・パトリックの後継者］　Raoul
　181
ラザロ　Lazarus　86
ラハブ　Rahab　62
ラルフ臆病者（ティミド）［ヘリフォード伯］

Ralph the Timid, earl of Hereford 在位1051頃-55/57頃　　　206, 212, 216, 220, 222
ラルフ＝ガエル [イースト・アングリア人の伯] Ralph of Gael, earl of the East Anglians 1042以前-96頃　　　　106, 252, 253, 263
ラルフ＝コンシェ (トスニ) Ralph of Conches (Tosny)　　　　　　　　　162, 176
ラルフ・ステラ [ラルフ＝ガエルの父] Ralph the Stella 1011頃-68　　　　　　　253
ラルフ＝ロチェスタ [トゥラルドの息子] Ralph of Rochester　　　　　　　　244, 245
ランスロ, アントニ Antonie Lancelot　201
ランフランク [カンタベリ大司教] Lanfranc, archbishop of Canterbury 在任1070-89
　　　9, 10, 153, 198, 216, 224, 242, 243, 246, 266
リグワッタ Rigwatta　　　　　　　　22
リチャード1世 [ノルマン人の公] Richard I, duke of the Normans 在位942-996
　　　　　　　　　　　6, 44, 57, 72, 235, 251
リチャード2世 [ノルマン人の公] Richard II, duke of the Normans 在位996-1026
　　　　　　　　　　　　　　6, 56, 205, 251
リチャード3世 [ノルマン人の公] Richard III, duke of the Normans 在位1026-27
　　　　　　　　　　　　　　6, 56, 206, 251
リチャード [ウィリアム・パトリックの息子] Richard, son of William Patrick　181
リチャード [エヴルー伯] Richard, count of Éuvreux 1067没　　　　　　　　98
ルイ4世 [シャルル3世とエアドギーフの子, フランク人の王] Louis IV, king of Franks 在位936-954　　　　　　　　　　204
ルワロン＝ドル Ruallon of Dol 1015頃-65頃
　　　　　　　　　　　　57, 60, 61, 65, 252
レオ9世 [教皇] Leo IX, pope 在任1049-54
　　　　　　　　　　　　　87, 90, 217, 222
レオフウィン [ハロルドの弟] Leofwine 1035頃-66　　　　　158, 168-170, 219
レオフリック [宮廷礼拝堂司祭, エクセタ司教] Leofric, bishop of Exeter 在任1050-72　216
レオフリック [マーシア人の伯] Leofric, earl of the Mercians 在任1017頃-57
　　　　139, 189, 208-212, 216, 219, 223, 263
レミギウス [フェカン修道士, 施し係, ドーチェスタ・リンカン司教] Remigius, bishop of Dorchester, of Lincoln 在任1067-92
　　　　　　　　　　　　　　102, 142, 240
ロジャ＝ヴィエーユ Roger of Vieilles →ロジャ＝ボーモン
ロジャ・ブレトゥーユ [ウィリアム・フィッツ・オズバーンの子, ラルフ＝ガエルの妻エマの兄弟, ヘレフォード伯] Roger Breteuil, earl of Hereford 1051以前-87(在位1071-75)　　　　264
ロジャ＝ボーモン Roger of Beaumont 1015頃-94　　　98, 99, 174, 176, 240, 249, 263
ロジャ＝モンゴメリ [イエモアの子(副伯), シュルズベリ伯] Roger of Montgomery, vicomet of Hiemois, earl of Shrewsbury 1094没
　　　　　　　　　　　　　　13, 98, 99, 240
ロバート1世 [ノルマン人の公, ウィリアムの父] Robert I, duke of the Normans, count of Évreux ノルマン公在位1027-35, エヴル―伯在位1027-35　　　　　　56, 58, 193, 208, 251
ロバート2世 [ウィリアム公の長男, ノルマン人の公] Robert II, Curthose, duke of the Normans 在位1087-1106　　8, 194, 200, 238, 243, 254
ロバート (ロベール) [ウー伯] Robert, count of Eu 在任1080頃-90　　　　　98, 99, 135
ロバート [ハイモの息子, ケントのシェリフ] Robert fitz Haimo　　　　　　　　248
ロバート [モータン伯] Robert, count of Mortain 1031頃-90
　　　　　　　98, 99, 176, 193, 240, 241, 254, 265
ロバート [ルーアン大司教, エヴルー伯] Robert, archbishop of Rouen, count of Évreux 大司教在任989頃-1037　　　　　56, 251
ロバート [ロジャ＝ボーモンの息子, レスタ伯] Robert fitz Roger of Beaumont, earl of Leicester 11世紀中頃-1118　174, 176, 249
ロバート＝ジュミエージュ [カンタベリ大司教] Robert of Jumieges, archbishop of Canterbury 在任1051-52　6, 20, 98, 216, 222
ロバート・フィッツ・ワイマーク [グイマラの子] Robert fitz Wimarch, fitz Guimara 1015頃-70/75頃　　　84, 86, 138, 141, 221
ロバート・ラティマ Robert Latimer 1100没　　　　　　　　　　　　　　198
ロバート＝ルドラン [ハンフリ＝ティレウルの子] Robert of Rhuddran 1093没　　　70
ロラン Roland　　　　　　　　　　164

ロロ［ノルマン人の最初の公］ Rollo, duke of the Normans 在位911-927頃
　　　　　　　　　　55, 151, 162, 163, 179, 204
ロワンテリン Roiantelin　　　　　　　64, 65
ワダード Wadard
　　　　39, 126, 127, 197, 241, 242, 245, 246, 248, 266
ワルセオフ［ハンティンドン伯, ノーサンブリア人の伯］ Waltheof, earl of Huntingdon, earl of the Northumbrians ハンティンドン伯在位1050-70, ノーサンブリア人の伯在位1072-76
　　　　　　　　　　　　　　　214, 263, 264

地名索引

ア行

アヴランシュ Avranches　　56, 179, 240, 251, 254
アチャム Atcham　　　　　　　　　　　　13
アルキストン Alciston　　　　　　　　　264
アルモリカ Almorica　　　　　　　　74, 249
アンティフェル岬 Cap-d'Antifer　　　　　116
アンデリダ（ペヴェンシ）Anderida(Pevensey)
　　　　　　　　　　　　　　　　　　　123
イヴリ Ivry-sur-Seine　　　　　　　　　240
イースト・アングリア East Anglia
　　　158, 166, 169, 199, 209, 211, 216, 223, 224, 233, 254
イーストボーン Eastbourne　　　　223, 236
ウー Eu　　　　　　　　　　　44, 106, 208
ヴィミュ Vimeu　　　　　　　　　　32, 106
ウィルトシャ Wiltshire　　14, 116, 197, 223
ウィールドの森 Weald　　　　　　　　　152
ウィンチェスタ Winchester
　　　　　11, 22, 23, 135, 158, 194, 197, 209, 221
ウェストミンスタ Westminster 79-81, 85, 92, 94
ウェセックス Wesex　　22, 74, 205, 211, 216, 224
ウォリック Warwick　　　　　　　　　158
ウォリングフォード Wallingford　　　　259
ウォルサム Waltham　　　　　　　　　259
ウー川 Eu　　　　　　　　　　　　　　34
ウーズ川 Ouse　　　　　　　　　124, 125
ウースタ Worcester　　11, 13, 158, 159, 229
ヴートルの森 Forêt Vetre　　　　　　　237
ヴルノン Vernon　　　　　　　　　　　240
エセックス Essex
　　　141, 152, 158, 166, 179, 182, 220, 229, 234, 244-246
オクスフォード Oxford　　　　　　79, 193
オクスフォードシャ Oxfordshire　　245, 264
オークニ諸島 Orkney Islands　　　　　124
オールド・タウン（ヘイスティングズ）
　　　Old Town(Hastings)　　　　　　134
オールヌ川 Eaulne　　　　　　　　37, 45
オンフルール Honfleur　　　　　　　　240

カ行

カルドベックの丘	Caldbec Hill	158, 171
カン	Caen	14, 208, 237, 247
カンタベリ	Canterbury	8, 9, 72, 153, 158, 166, 231, 232, 235, 241, 246, 258
カンドルスホー	Candleshoe	230
カンブリア	Cambria	13
キャンシュ川	Canche	32, 34
クースノン川	Couesnon	58
グレート・ヤーマス	Great Yarmouth	33, 123, 151, 233, 234, 236
グロスタ	Gloucester	158, 212, 213, 218, 229
クローハースト	Crowhurst in East Sussex	135
ケルヴェドン	Kelvedon	167
ケント	Kent	8, 12, 32, 127, 130, 152, 153, 158, 159, 163, 166, 169, 179-182, 188, 193, 195, 196, 220, 231-234, 241, 242, 244-248, 257, 258, 264, 265
ケンブリッジシャ	Cambridgeshire	229
コヴェナム	Covenham	230
コヴェントリ	Coventry	211
コタンタン	Cotentin	179
コー地域(地方)	Pays de Caux; Chau	179, 237
コート・ダモー	Côte d'amor	252
ゴール(フランス)	Gaull	28
コンウォール	Cornwall	74, 193, 249, 253
コントヴィル	Contevill	193, 245
コンプトン	Compton	215
コンブール	Combourg	57, 254

サ行

サウサンプトン	Southampton	207
サザック(ロンドン)	Southwark	77, 219, 220
サセックス	Sussex	5, 32, 116, 134, 144, 151 158, 159, 166, 215, 233, 235, 248, 264
サネット島	isle of Thanet	124
サフォーク	Suffolk	158, 159, 166, 229, 253
サマセット	Somerset	158, 219, 220, 229
サリ	Surrey	158, 166, 220, 229, 234, 264
サルトウッド	Saltwood	181
サン・ヴァレリ	Saint-Valery-sur-Somme	32, 105-109, 112-114, 116-118
サン・ヴァレリ・アン・コー	Saint-Valery-en-Caux	240
サン・ガティアンの森	Saint-Gatien-des-Bois	237
サン・ジャム	Saint James	55, 57
サンティアゴ・デ・コンポステラ	Santiago de Compostela	162, 166
サンドウィッチ	Sandwich	92, 93, 115, 120, 123, 124, 209, 214, 220, 222, 231-236, 247
サン・トバン	Saint-Aubin-de-Terregatte	73
サン・トメール	Saint-Omer	10, 79, 80, 92, 116, 124
サン・マロ	Saint-Malo	66, 250
サン・マロ湾	Golfe de Saint-Malo	59
サン・ロー	Saint-Lô	197
シーベルツウォルド	Sibertswold	8
ジャージ島	Jersey	14
シャフツベリ	Shaftesbury	207
シュロップシャ	Shropshire	13
ショフォード	Shoford	248
シンク・ポート	Cinque Port	234, 235, 247
ストゥール川	Stour	246
スタンフォード	Stamford	158, 166
スタンフォード・ブリッジ	Stamford Bridge	120, 125, 139, 149, 167
スワンスコム(ケント)	Swanscom(Kent)	152
セヴァン川	Severn	242
セーヌ川	Seine	34, 43, 49, 96, 104, 116, 237, 238
ソールズベリ	Salisbury	158
ソルトフリート(リンカンシャ)	Saltfleet (Lincolnshire)	134
ソンム川	Somme	32, 34, 106, 116, 233

タ行

タウ(デヴォン)川	Taw(Devon)	253
ダキア	Dacia	158
タドカスタ	Tadcaster	121, 124, 125, 149, 151
ダービー	Derby	158
ダービーシャ	Derbyshire	79
ダブリン	Dublin	104, 233, 253
ダンジネス	Dungeness	220
ディアハースト	Deerhurst	222
ディヴ川	Dives	103, 105, 107, 109, 112, 116, 237
ディエップ	Dieppe	37
ディジョン	Dijon	200
ディナン	Dinan	57, 63-66, 106

デヴォン Devon		219
テラムの丘 Telham Hill		158
ドーヴァ Dover	7, 9, 32, 47, 48, 93, 115, 123, 142, 153, 181, 190, 207, 218, 220, 233-236, 242, 244, 257, 258	
ドーセット Dorset		158
ドーチェスタ Dorchester		142
トック川 Toque		237
トラン・ラ・フォレ Trans-la-Foret		250
ドル Dol	56, 57, 60, 62-65, 74, 200, 251, 254	
トン Thaon		181

ナ行

ナント Nantes		250
ヌフ・マルシェ(エプト) Neuf-Marché (Epte)		240
ノーサンバーランド Northumberland		78, 79, 151
ノーサンプトンシャ Northumptonshire		264
ノーサンブリア Northumbria	80, 89, 205, 206, 211, 216, 222, 224, 233	
ノースダウン North Downs		152, 153
ノッティンガム Nottingham		158
ノッティンガムシャ Nottinghamshire		79
ノフォーク Norfolk	158, 159, 166, 229, 234, 253	
ノリッジ Norwich		158
ノルマンディ Normandy	5, 6, 10, 20-22, 29, 31, 32, 34, 37, 39, 40, 44, 47, 49, 50, 54-58, 61, 70, 72, 73, 76, 79, 80, 82-86, 93, 94, 96-99, 101-104, 106, 107, 121, 123, 135, 139-141, 149, 153, 156, 166, 168, 181, 182, 189, 194, 196, 202, 204, 206-208, 213, 216, 217, 222, 223, 228, 237-242, 245, 246, 248, 252, 254, 255, 257, 261-266	

ハ行

ハイス Hythe		220, 234
バイユー Bayeux	5, 48, 49, 69-73, 155, 159, 174, 181, 182, 200, 239, 245	
バヴァン Bavent		107
バーカムステッド(ハーフォードシャ) Berkhamstead (Hertfordshire)		259
バークシャ Berkshire		158
パシ・シュル・ウール Pacy-sur-Eure		240
バース Bath		158, 205

バス・ノルマンディ Basse Normandie	14, 74, 116, 249	
バッキンガム Buckingham		158
バッキンガムシャ Buckinghamshire	197, 229, 264	
パトリックスボーン Patricksbourne		181
バトル Battle	5, 132, 141, 153, 155, 188, 264	
バーバステロ Barbstro		166
ハーフォード Hertford		158, 166
ハーフォードシャ Hertfordshire		229
バルヴァーヒース湾(ヘイスティングズの港) Bulverhythe	122, 131, 134, 135, 144, 152, 155, 257	
パレ(パレット) Le Pallet; Peleit		106, 252
パレルモ Palermo		194
ハンティンドンシャ Huntingdonshire		159
ハンバ川 Humber		93, 120, 122, 150, 151, 158, 159, 166, 188, 224, 233, 242
ハンプシャ Hampshire		158, 159, 264
ピカルディ Picardy; Picardie	34, 44, 73, 255	
ピニンデン・ヒース Penenden Heath	231, 243	
フィッチェ Hwicce		211
フェカン Fécamp	179, 233, 236, 238, 263	
フォークストン Folkestone		220
フォース湾 Firth of Forth		214
ブサン(地方) Bessin →ポール・アン・ブサン	179, 181, 237	
フランドル Flandre; Flanders		97, 249
ブリストル Bristol		213, 219
ブリットフォード Britford		78, 80
ブルージュ(ブルッヘ) Bruges; Brugge	208, 233	
ブルターニュ(小ブリテン) Brittany; Bretagne	14, 54-56, 58, 60, 73, 74, 144, 174, 179, 193, 249-254	
フルベック(リル) Foulbec-sur-Risle		240
プレオー Preaux		7
プレストン(ファヴィシャム) Preston		244
ブロケリアンデ Brocéliande		252
ブーローニュ Boulogne		249
ヘイスティングズ Hastings	5, 25, 57, 72, 107, 112, 115, 119, 121-123, 125, 131-135, 138, 141, 142, 144, 149, 151-153, 155, 159, 167, 171, 181, 220, 234-236, 242, 244, 245, 259, 266	
ヘイスティングズの港 port of Hastings →バルヴァーヒース湾		
ペヴェンシ Pevensey		25,

　　　　　112, 115, 117-119, 121-123, 126, 131, 132, 134, 135,
　　　　　139, 142, 144, 149, 151, 220, 233, 234, 236, 238, 262
ペヴェンシ湾　Pevensey Bay　　　122, 155, 239
ヘステンガケアストラ　Hestengaceastram
　　　　　　　　　　　　　　134, 135, 144, 234, 236
ベテューヌ　Béthune　　　　　　　　　　240
ベドフォード　Bedford　　　　　　　　158, 166
ベドフォードシャ　Bedfordshire　　　　　229
ベバーストン(グロスタシャ)　Beverstone
　　(Gloucestershire)　　　　　　　　　218
ベリ・セント・エドマンズ　Bury St. Edmunds
　　　　　　　　　　　　　　　　　　　158
ヘレフォード　Hereford　　　　　211-213, 218
ヘレフォードシャ　Herefordshire　　212, 221
ボーシャム　Bosham
　　　　　22, 23, 25-27, 29, 34, 77, 106, 118, 123
ボストン(リンカンシャ)　Boston(Lincolnshire)
　　　　　　　　　　　　　　　　　　　254
ポーツケウェット　Portskewett　　　　　　78
ボーディアン　Bodian　　　　　　　　　135
ポートランド(ドーセット)　Portland(Dorset)
　　　　　　　　　　　　　　　　　　　220
ボーモン・ル・ロジェ(ポン・トードメー)
　　Beaumont-le-Roger; Pont Audemer　240
ボーラン　Beaurain　25, 32, 34, 37, 38, 42, 43, 243
ポール・アン・ブサン　Port-en-Bessin　　240
ポーロック　Pollock　　　　　　　　　　220
ポワティエ　Poitiers　　　　　　　　　7, 249
ボーン谷　Bourne valley　　　　　　　　134
ポンチュー　Ponthieu
　　　　　28-30, 32, 36, 97, 106,112, 115, 183, 233, 249
ボンヌヴィル　Bonneville-sur-Toques
　　　　　　　　　　　　46, 48, 49, 69, 73, 101

マ行

マーシア　Mercia　　　　89, 206, 211, 216, 222, 224
マーシャム　Mersham　　　　　　　　　227
ミッドランド　Midlands　　　　　　　　242
ミドラム　Middleham　　　　　　　　　254
ミドルセックス　Middlesex　　　　　　　229
メイ川　May　　　　　　　　29, 32, 33, 38, 233
メイドストーン　Maidstone　　　　　　　152
メドウェ川　Medway　　　　　　　　　152
メーヌ　Maine　　　　　　　　　　176, 249

モンフォール(リル)　Montfort-sur-Risle
　　　　　　　　　　　　　181, 189, 240, 253

ヤ行

ユール　Eure　　　　　　　　　　　　240
ユール川　Eure　　　　　　　　　　　237
ヨーク　York　　　　　　　　　11, 78, 79,
　　　　　92, 119-122, 124, 125, 141, 149, 151, 205, 212, 263
ヨークシャ　Yorkshire　　　　　　78, 79, 254

ラ行・ワ

ライ　Rye　　　　　　　　　196, 235, 236
ラムズリ(ライ)　Ramselie(Rye)
　　　　　　　32, 133, 134, 142,144, 196, 215, 236
ラ・ランド　La Lande　　　　　　　　　179
ランスヴァル(ロンヤスヴァリユス)
　　Rencesvals　　　　　　　　　　　164
ランス川　Rance　　　　　　　　　　65, 66
リジュー　Lisieux　　　　　　　　　　7, 8
リディンゲイト　Ridingate　　　　　　　246
リール川　Risle　　　　　　　　　　　237
リンカン　Lincoln　　　　　　　　158, 193
リンカンシャ　Lincolnshire
　　　　　　79, 134, 230, 233, 234, 242, 245
リンゼ　Lindsey　　　　　　93, 124, 158, 159
ルーアン(セーヌ)　Rouen(Seine)　　31, 40,
　　　　43, 46, 48, 49, 77, 96, 97, 101, 194, 237, 240, 243, 254
ルイス(サセックス)　Lewis(Sussex)　　　135
ルドラン　Rhuddlan　　　　　　　　　213
ル・トレボール　Le Tréport　　　　　　240
ルドン　Redon　　　　　　　　　　　64
ル・マン(サルテ)　Le Mans(Sarthe)　102, 240
レンヌ　Rennes　　　　　56, 57, 63, 243, 251, 252
ロチェスタ　Rochester　　132, 135, 152, 244, 248
ロートリンゲン　Lothringen　　　　　　216
ロバーツブリッジ　Roberts bridge　　　　188
ロムニー　Romney
　　　　115, 118, 123, 124, 135, 153, 195, 220, 234, 257
ロワール　Loire　　　　　　　　　　　194
ロングヴィル・シュル・シ　Longueville sur
　　Scie　　　　　　　　　　　　　　240
ロンドン　London　　22, 77, 79, 82, 97, 106, 125,
　　　　135, 140, 141, 143, 144, 151, 152, 158, 159, 163, 166, 168,

170, 171, 188, 209, 215, 220, 221, 229, 234, 244, 258-260
ワイト島　Wight　　92, 106, 116, 120, 124, 220

事項索引

ア行

哀歌体　　　　　　　　　　　　　　　11
アキテーヌ人　Aquitanians　　　　　176
悪しき溝の伝説　Malfosse　　　　　188
アビンドン修道院　Abindon Abbey　　11
アブヴィルの伯　count of Abbeville　28
網を乾す特権　privilege of den and strand　234
『アルフレッド王伝』　Life of King Alfred　10
アングル人　Anglus; Angles　　74, 249
『アングロ・サクソン年代記』　Anglo-Saxon Chronicles
　　11, 12, 22, 24, 48, 78, 80, 81, 84, 86, 88, 89, 92-94,
　　106, 117, 118, 120, 121, 124, 134, 142, 148, 149, 151,
　　159, 168, 195, 212-215, 217, 218, 220, 221, 232, 233
アングロ・ノルマン　Anglo-Norman　266
アンジュ伯　count of Anjou　　　　252
イエシース　gesith　　　　　　　　225
家屋敷　messuage　　　　　　　　245
石工　mason　　　　　　　　　82, 247
イースト・アングリア人の伯　earl of the East-Anglians　253, 263
「茨の冠」　Crown of thorns　　　　204
イーリ修道院　Ely Abbey　　　　　199
イーリの乱　Revolt of Ely　　　　　263
イングランド人　Anglus; English　12-14, 24,
　　33, 37, 40, 46, 49, 50, 72, 78, 84-87, 117, 122, 134,
　　141, 143, 144, 148-150, 153, 155, 157, 159-161, 163,
　　167-169, 171, 173, 175-189, 195, 196, 201, 204, 205,
　　209, 212-214, 216, 224, 228, 245, 248, 253, 262-265
イングランド人の王国　Anglice regnum
　　　　　　　　　　　　　　47, 83, 84, 139
イングランド人の(国)王　Rex Anglorum
　　　　　　　　　　8, 20, 48, 89,
　　90, 121, 124, 149, 204, 205, 207, 208, 228, 249, 250
『イングランド人の国王たちの事績録』　Gesta Regum Anglorum　14, 29, 150, 155, 169, 200
イングランド人の伯　dux Anglorum　24
イングランド人の法　jus Anglorum　139

『イングランドにおける新しい歴史』 Historia novorum in Anglia 13, 21, 27, 29, 36, 47, 71, 76, 79, 88, 93, 96
印璽　seal 227
『インフェウダティオーネス・ミリトゥム』(騎士たちの授封録) Infeudationes Militum 239
ヴァイキング　Viking 6, 11, 74, 103, 204, 250
ヴァレ・ドゥヌの戦い　Battle of Val-ès-Dunes 208
ヴィタール家　the Vital 246, 248
『ウィリアム・ソーンの年代記』 William Thorne's Chronicle of St. Augustine's Abbey, Canterbury 8, 158
ウィリアムの戴冠(式)　Coronation of William I 259-262
ウィルトン女子修道院　Wilton Abbey 198, 220
ウェスト・サクソン人　West-Saxon 209
ウェストミンスタ修道院　Westminster Abbey 22, 82, 89, 167, 260
ウェストミンスタの国王宮廷　Westminster King's court 247
『ウォルサム修道院年代記』 The Waltham Chronicle 189
浮網　floating nets 232
「動く森」の逸話　legend of "Moving Forest" 258
ウースタ司教座　Bishopric of Worcester 12
ウーのノートル・ダム教会　Churh of Notre-Dam-saint-Lauren in Eu 44
エアルドールマン　earldorman 199, 205, 210, 211
英国(連合王国)　United Kingdom 202
エクスカリバ　Excalibur 14
『エセルレッド王法典』 Laws of King Æthelred 97, 225, 226
エドガ王の戴冠　Coronation at Bath 90
『エドガ王法典』 Laws of King Edgar 226
『エドワード王伝』 Vita Ædwardi Regis 10, 80, 83, 86, 124, 141, 162, 219
『エルフリック六書』 Ælfric Hexateuch 40
エルマム司教　bishop of Elmham 209
雄牛の目　ox-eye 68, 72, 73
王笏　sceptre 89
王杖　staff 89, 90
王のセイン(国王セイン, 大貴族)　King's thegn 221, 225, 227, 228, 231, 234

『王妃エマの賛歌』 Encomium Emmae Reginae 10
王妃の座(イングランド人の)　queen of the English 93
送り状　invoice 247
オダの礼拝堂　Odda's Chapel 222
斧(幅広刃, 鉋風)　ax 102, 161
お針子　embroiderer 197
オルデリック・ヴィタリス『教会史』 Orderic Vitalis's Historia Ecclesiastica 13, 99, 161, 168
オールド・ミンスタ(ウィンチェスタ)　Old Minster (Winchester) 207

カ行

海民(ボートの民, バッツカール)　butsecarles 32, 93, 102, 103, 107, 108, 115, 122-124, 126, 134, 153, 216, 220, 234, 237-239, 247, 248, 257
ガヴェルカインド(均等分割相続)　Gavelkind 130, 258
水夫役　servitium maris; service at sea 235
カズラの式服　casula 197
河川渡河料　rivage 234
家中　household 129
家中騎士　household knight (thegn) 245
兜　helmet 70, 109, 162, 165, 183, 214, 228
神の休戦　Truce of God 208
神の平和　Peace of God 219
ガーメント　garment 198
カーライル銀山　Carlisle Silver Mine 232
『ガリア戦記』 Commentarii de Bello Gallico 150
カルケート　carucate 230
『カルタエ・バロールヌム』(直属封臣報告書)　Cartae Baronum 239
棺架　Coffin 82
環海峡世界　Cross-Channel World 238
歓呼　acclamatio 89
慣習的支払　customary dues 235
関税　customs 97
カン石　Caen stone 247
「完全な友情」(国王平和)　freondscype; friendship 221
カンタベリ大司教　archbishop of Canterbury

		6, 9, 13, 193, 194, 204, 242, 244, 247, 248
カンタベリ大司教座	Archbishopric of Canterbury	13, 204
カンタベリ大司教座教会（クライスト・チャーチ）	Christ Church	12, 189, 227, 232, 235, 243
カンタベリ大司教座聖堂附属修道院	Canterbury Cathedral Priory	9, 13, 198
「カンタベリ大司教に奉仕する騎士たちのリスト」	De Militibus Archiepiscopi	246
キヴィタース	civitas	135
騎士	miles; knight; chevalier	39, 42, 47, 63, 98, 100-102, 108, 114, 122, 123, 127, 150, 151, 155, 161, 163, 165, 167, 173, 174, 176, 177, 179-182, 184, 186, 189, 211, 239, 241, 243, 246, 258, 259
騎士叙任（式）	Knighting	48, 69, 70, 179, 181
騎士のベルト	cingulum militiae; belt of knighthood	70
騎士役	servitium militum	240
奇跡譚	miracle	198, 247
貴族	baron	122, 140
祈禱兄弟盟約	fraternity	198, 247, 265, 266
旧ウィンチェスタ司教座教会	Old Minster, Winchester	207
宮廷礼拝堂司祭	royal chaplain	8, 216
弓兵	archers	122, 163, 167, 177, 180, 182, 188, 228
教皇特使	papal legate	260
教皇の旗	papal standard	106
郷土防衛	landwehr	115
居館	burgh-geat-setl	226
漁民	fisherman	238, 247
「キリストの十字架」	True Cross	204
ギルド	guild	228, 236-238
金の槍旗	gonfanon a or	184
吟遊詩人	troubadour	164
金曜日に魚を食べる慣習		130
鎖帷子	hauberk	63, 70, 109, 162, 164, 165, 173, 214, 228
9時課（午後3時）	none	174
クニ	patria	201, 219, 221
『クヌート王法典』	Laws of King Cnut	79, 225, 226
クノール船	knörr	103
熊いじめ	bear beating	42
クライスト・チャーチ	Christ Church →カンタベリ大司教座教会	
グラン・セミネール（綴織博物館）	Grand Seminaire	202
グランド・デザイナ	grand designer	194, 196
クリプト	crypt	57
クリュニ修道院	Cluny Abbey	13
クロスボ（石弓）	crossbow	160
クローランド修道院	Crowland Abbey	13, 197
軍役	military service	228, 239
軍旗（槍旗）	pennons; gonfalon	122, 157, 161, 164, 166, 179, 184, 228
軍船	scegp	117, 149, 152, 214
軍馬	destrier	122
ケアストラ	ceastra	135
外陣	nave	26, 82
決闘	judicial duel →私闘	139, 148
ゲルド（税）	geld	197, 230
権原開示	Quo warranto	258
賢者	Witan	221
ケント州共同体	community of Kent	258
ケントの人々	cil de Kent; men of Kent; Kentishmen; Kentois	163, 166, 180
ケント（人の）伯	earl of Kent	193, 211, 242
高位祭壇	High Altar	185, 260
貢租	firma	197
口頭伝承	（oral）tradition	156
国王の宣誓	King's Oath	90
国王の代理人	King's representative	242
「国王バロン」	King's baron	262
国王奉仕	servitium regis	230
ゴクスタッド船（型）	Gokstad ship	103
ゴスラ銀	Goslar silver	232
ゴドウィン家	the Godwines	7, 10, 12, 25, 26, 80, 117, 144, 159, 195, 214, 216, 222, 223
「子どもたち」	pueri	174
小舟	skiff	106
コモン・ロー	Common Law	258
小屋住	cottarius	247
コンブールの領主	lord of Combourg	254

サ行

「最後の晩餐」	Last Supper	130
「最上の人々」（大貴族）	→王のセイン	
細密画（家）	miniature（miniaturist）	40, 62, 195, 241

321

日本語	英語	ページ
サウス・ケンジントン博物館（ヴィクトリア・アルバート博物館）	South Kensington Museum（Victoria and Albert Museum）	202
サクソン人	Saxons	74, 249
サトラーパ	satrap	264
サネットのミンスタ教会	Minster-in-Thanet	195
3時課（午前9時）	tierce	164, 174
参事会会員	canon	14
サン・テヴルー修道院	Abbey of Saint-Evroul	13
サン・テティエンヌ（カンの修道院）	Saint-Etienne of Caen	237
サント・トリニテ（カン）	Sainte-Trinité	197
サント・トリニテ（フェカン修道院）	Sainte-Trinité	238, 263
サン・ブリュ司教座	bishopric of Saint-Brieuc	252
サン・ベルタン修道院	Abbey of Saint-Bertin	10
サン・マグドゥーレン小修道院	Priory of Saint-Magdalene	66
サン・マグロワール修道院（パリ）	Abbey of Saint-Magloire	65
サン・マロ教会	Saint-Malo	66
サン・マロ司教座	Bishopric of Saint-Malo	252
サン・リキエ修道院	Abbey of Saint-Riquier	73
子（副伯）	viscount; vicomte	64, 65, 98, 106, 176, 245
ジェラード執事	Gerald the Steward	240
ジェリコの町	Jericho	62
シェリフ	sheriff	141, 197, 211, 227, 246-248
ジェントリ	gentry	248, 258
司教杖	baculus	82
四旬節	Lent	217, 223
7人の眠れる者たちの日	Seven Sleepers Day	214
シップソーク（船舶供出義務）	ship-soke	214, 240
実務的なラテン語の世界	pragmatic literacy of Latin	247
シテ	cité	43, 49
私闘	trial by battle	145
使徒聖マタイの祝日の前日の徹夜の祈りの日	Vigil of St. Matthew the Apostle	149
死の床での贈与	dono in extremis	139
死の床での遺言と指名	testament and designation	145, 241
詩篇	Psalter	84
写本	manuscript	7, 11, 62, 180, 195, 197, 241
シャルトル伯	count（comte）of Chartres	251
首位権	primacy	13, 260
州	county; shire	80, 211, 226-228, 230, 231, 242, 246
州共同体	county community	231
15年紀	indiction	11
十字軍	Crusades	194
州集会（裁判州会）	shire-moot	225, 227, 231, 240, 243
自由土地保有者	free holder	230
終油の秘跡	extreme unction	86
修練士	oblate	13
守護職	advocatus	57
受胎告知	annunciation	11
ジュミエージュ修道院	Abbey of Jumièges	6
ジュミエージュ修道院長	abbot of Jumièges	216
シュルズベリ修道院	Shrewsbury Abbey	13
シュルズベリ伯	earl of Shrewsbury	13
「巡礼の道」	Pilgrim's Way	152, 153
小教区制	parish church system	225
尚古家	antiquarian	7, 201
城塞	castle, fortification	134, 257
城塞区（レイプ）	rape	135, 193
城塞の築修	burghbot	228
証書（譲渡書）	diploma, charter	64, 139, 152, 167, 181, 215, 253
尚書部	chancery	236, 262
上納	renders	235
鐘楼	bell-tower	226
助祭長（大助祭）	archdeacon	7, 69
叙述史料	narrative source	39
所領視察	visitation	223
『ジョン＝ウースタ』	John of Worcester	22, 83, 86, 88, 89, 120, 212, 213, 219, 260
史料	historical evidence	5-8, 10, 12, 13, 15, 22, 31, 39, 40, 50, 57, 65, 79, 80, 86, 101, 103, 115, 117, 125, 134, 144, 156, 166, 167, 196, 200, 201, 214, 232, 239, 262

資料　material		5, 6, 10-12, 102, 114, 201, 202
城　catsle		244, 257
白い帆　white canvas		262
親衛隊　→フスカール		
シンク・ポートのバロン　barons of the Cinque Port		235
臣従礼の儀式　homage		
	47, 48, 56, 58, 69, 70, 80, 85, 101, 239, 241, 259	
神聖ローマ皇帝（ローマ人の皇帝）　Imperator Romanorum; Holy Roman Emperor		
		204, 205, 216, 232
シンドン　sindon		86, 187, 189
神判　ordeal		226
犂隊　plough-team		133
スクレレウ船（型）　Skuldelev ship		104
スクーンの石　Stone of Scone; Stane o Scuin		
		90
スコット人　scoti; scots		214
スタクリの『ブリテンの古書体学』		
Palaeographia Britannica, 1742		202
スターリング　sterling; esterlin		141
ステムステッチ　stem stitch		192
スピリトステッチ　split stitch		192
聖アンドルーの祝日［11月30日］　Feast of Saint Andrew		235, 236
聖遺物　relics		
	68, 69, 71-74, 77, 79, 97, 113, 154, 200, 241, 250	
聖遺物箱　feretory		68, 69, 72, 73, 114
製塩場　salt pan		133, 142
生業　occupation for subsistence		103
聖香油　Chrism		260
聖シモンと聖ユダの日［10月28日］　St. Simon and St. Judes' Day		79
聖スティーヴンの祝日［12月26日］　Feast of St. Stephen's; St. Stephen's Day		238
聖戦　Holy Battle		90, 94
聖体拝領　communion		84
聖バーソロミューの日［8月24日］　Day of St. Batholomews		78
「征服されざるケント」　unconquered Kent		258
聖別　consecration		81, 88, 89, 260
聖ペテロの日（鎖の記念日、収穫祭）［8月1日］　Lammas		78, 217
聖マタイの宵祭りの日［9月20日］　Vigil of St. Matthew		120
聖マリアの祝日（生誕の日）［9月8日］　Feast of Nativity of St. Mary		106, 218
聖マルコの祝日の連禱［4月25日］　Greater Litany		92
聖ミカエルの祝日（ミクルマス）［9月29日］　Feast of Michael; Michaelmas		78, 118, 121, 149, 235
聖務執行停止　interdict		222
聖ヨハネの祭り［6月24日］　St. John; Feast of Nativity of the Baptist		201
聖霊降臨祭［復活祭から50日後の移動祝日］　Pentecost		261
セイン　thegn　→バロン、王のセイン		78, 115, 124, 158, 167, 197, 219, 225-231, 241-245, 259, 266
雪冤宣誓　compurgation		226
銭貨　coin		79, 90, 204, 205
銭貨製造人　moneyer		134, 144
戦艦　snekkar		220
戦士　esquiers		122
船首像　figurehead　→艫の飾り		
宣誓　oath		
	8, 46, 72, 73, 76, 84, 85, 87, 89, 93, 97, 145, 169, 170	
宣誓補助者　oath-helper		225, 226
船団　fleet		
	108, 112, 113, 117, 122, 123, 131, 144, 149, 151, 154, 167, 211-215, 219, 220, 222, 235, 238, 239, 247, 253	
船長（船主）　ship-master		247
セント・オーガスティン修道院　St. Augustine's Abbey		8, 9, 12, 40, 62, 72, 127, 130, 142, 152, 158, 159, 194-196, 198, 241-243, 247, 248, 262, 265, 266
『セント・オーガスティンの奇跡譚』　*Miracles of St. Augustine*		198, 247
セント・メアリ教会（ドーヴァ）　St. Mary (Dover)		7, 9, 231
セント・メアリ修道院（ヨーク）　St. Mary Abbey (York)		254
船舶供出義務　→シップソーク		
船舶リスト　ship list		101, 240, 248
相続上納物　heriot		231

タ行

大英図書館　British Library		265
『大カール伝』　*Vita Karoli Magni*		10
戴冠式　coronation		
		86, 89, 90, 204, 236, 241, 260, 261

戴冠式の天蓋　canopy	236
「第3エセルスタン法典」　*Decretum episcoporum et aliorum sapientum de Kantia de pace observanda*	225
大司教座聖堂附属修道院　Cunterbury Cathedral Priory	9
大天使ミカエル（ミシェル）　Michael	57
「第2クヌート王法典」　→クヌート王の法	
貸与地（レーンランド）　lænland	243, 244
対立教皇　antipope	90, 223
托身　commendation	70, 231
ターレント　talent	189
単婚小家族　small monogamy family	226
ダンシネンの戦い　Dunsinane	214, 232
チェオル（自由人）　ceorl	225
チェーンステッチ　chain stitch	192
地先　coastal waterbody under manorial rights	32
地代取得可能額　valet	244, 246
地方官　regional governor	201
チャリス　chalice	197
仲裁　arbitration; peace-making	219, 221, 222
忠誠　fealty	47, 56, 219, 251
長子相続　primogeniture	258
直営地　demesne	133
直属封臣　tenant-in-chief	181, 240, 255
『直属封臣報告書』　→『カルタエ・バローヌム』	
通行税（河川）　passage (rivage)	142, 234
罪の許し　absolution	82
通夜　vigil	82
ディナンの領主　lord of Dinan	106, 252, 254
剃髪　tonsure	140
手書き本　manuscript	196
デザイナ　designer	25, 26, 33, 40, 62, 66, 71, 72, 82, 85, 86, 103, 117, 123, 134, 192, 194-197, 248
手による宣誓　iureiurando suis manibus	139
デーン人　Danes	55, 78, 105, 157, 199, 206, 207, 214, 249, 250
ドイツ皇帝　German Emperor	26
ドイツ皇帝の臣民（ケルン商人）　subject of German Emperor (Cologne merchant)	97
ドーヴァ街道　Dover road	246
ドーヴァの城塞守備　Dover castle-guard	181, 245
ドーヴァの城　Dover castle	193, 216

統合イングランド王権　united kingship of England	205
統合王国　united kingdom	204, 207, 210, 220, 225
統治の平和　peace of government	226
ドゥームズデイ審問　Domesday Inquest	226, 244
『ドゥームズデイ・ブック』　Domesday Book	7, 26, 94, 123, 133, 134, 144, 153, 159, 167, 181, 229, 231, 234, 235, 245, 246, 254, 262, 264
特祷　collect	260
都市的集落　→バラ	
ドーチェスタ司教　bishop of Dorchester	142
艫の飾り　stern ornamentation	117, 214, 232
塗油　unction	85, 261
ドル（大）司教座　(arch)bishopric of Dol	57, 252
ドルの領主　lords of Dol	254
奴隷　servus	247
トレギエ司教座　Diocese of Treguier	252
ドンジョン　donjon	34, 37, 43, 63

ナ行

内陣　chancel	26, 82
投げ槍　lance	160
『ナント年代記』　*Chronicon Namnetense*	250
難破船（から浜への漂着物・人への権利）　wrecum maris	32
二重修道院　double-monastery	198
二重の結婚　bigamy	251
ニシン　herring	32, 115, 142, 151, 232-236, 238, 257
ニシン船団　herring-fleet	233, 238, 257
ニシンの大市（フェカン）　fair of herring (Fécamp)	233, 234, 236, 238
ニシンの暦　herring calendar	123, 232
ニシン漁場　herring fisheries　→グレート・ヤーマス（地名索引）	
年代記　Annal, Chronicle	11, 12, 55, 73
農民騎士　miles agrarius	130
ノーサンブリア人の伯　earl of the Northumbrians	12, 80, 209-213, 218, 223
ノーサンブリア人の反乱　revolt of the Northumbrians	223, 224
『ノーサンブリアの年代記』　Northumbrian annals	12

「覗き屋トム」 peeping Tom 211
ノルマン人 Normans 6, 14, 24, 26, 49, 55, 61, 85, 95, 115, 119, 138, 139, 148, 150, 158, 160-163, 168, 173, 174, 176, 178, 180, 181, 183, 184, 186-189, 212, 221, 249
ノルマン人の軍旗 banner of the Normans 162
ノルマン人の公 dux Normannorum 24, 205, 249, 251
『ノルマン人の公ウィリアムの事績録』 The Gesta Guillelmi of William of Poitiers 7, 9, 20, 22, 28, 36, 44, 46, 54, 60, 76, 87, 92, 95, 98, 105, 112, 119, 138, 143, 154, 156, 157, 160, 175, 178, 183, 186, 201
ノルマン人の支配者 Normannorum princeps 139
『ノルマン人の諸公の事績録』 The Gesta Normannorum Ducum of William of Jumièges 6, 7, 20, 22, 28, 87, 112, 154
ノルマン人の法 jus Normannorum 139
『ノルマン人のもっとも高貴な伯ウィリアムについての短い話』 The Brevis Relatio de Guillelmo Nobilissimo Comite Normannorum 240
「ノルマン征服」 Norman Conquest 7-9, 12, 14, 145, 181, 196, 200, 204, 223, 238, 242, 249, 255, 265

ハ行

バイオカッシ人 Baiocassi 5
陪臣 vavassor 241
ハイド hide 133
バイユー司教座教会 Bayeux Cathedral 14, 73, 200, 242
バイユー司教座教会の審問調査 Inquisitio Baiocensis (1133) 245
バイユーステッチ（コーチング・ステッチ）Bayeux stitch（couching stitch） 192
伯領 earldom 44, 80, 211
橋の維持 bridgebot 228
旗と指輪（アレキサンデル2世が与えた） papal banner and ring 94
パックス貨 Pax type 90
波止場の使用料 quayage 234
バトル修道院 Battle Abbey 157, 185, 188, 240, 264
パトロン patron 193
ハムソクン hamsocn 218
バラ（都市的集落） borough 123, 133-135, 144, 216, 218, 234, 235
パリウム pallium 90, 217, 222, 223
ハレー彗星 Halley's comet 92, 94
ハロー（砕土機） harrow 40
ハロルドの海軍 Harold's naval forces 234
ハロルドの旗 →龍（と戦士）の旗
パンカルタ pancarta 13
反逆 treachery 218
ピーターバラ修道院 Peterborough Abbey 12
「人々の権利と身分」 Rectitudines singularum personarum 228
漂流物取得・再販売 all wreck and resale 234
ビリングズゲイト Billingsgate 97
貧者の施し relief of the poor 84
ファーロング furlong 84
フェカン修道院 →サント・トリニテ 32, 102, 123, 133, 134, 142, 196, 215, 237, 239, 262
副王 subregulus 88
フスカール（ハウスカール、御家人的集団、親衛隊） huscarl, household troops 78, 80, 115, 160, 163-167, 185, 214, 228, 229
復活祭の洗足木曜日 Maundy Thursday 102
復活祭表 codex of Easter Cycle; list of dates for Easter 11
ブックランド book land 228
船大工 shipwright 122
船乗り mariners 122
フランク人 Franks 55
『フランス王政の記念碑』 Les monuments de la monarchie française 201
フランス人 Frenchmen 12, 33, 37, 40, 159, 171, 173, 175, 178, 183, 195, 212, 221, 265
フランドル伯 count of Flandre 80, 163, 232
『ブリタニアの諸王の歴史』 Historia Regum Britanniae 14
ブール bourg 66
ブルゴーニュ公 duke of Burgundy; duc de Bourgogne 200
『プルターク英雄伝』（プルタルコス『対比列伝』） Vitae Parallelae 77
ブルターニュ公(伯) duke(count) of Brittany; duc de Bretagne 254
ブルトン語 Breton Language 249

フルフォードの戦い　Battle of Fulford　148
『フロドアード(フロドア)＝ランスの年代記』
　　Flodoard's Annals　205
ブーローニュ伯　count of Boulogne　10, 32
文書庫　scriptorium　240
紛争解決　settlement of dispute
　　220, 222, 225, 226
ベイ　bay　82
ヘイスティングズの戦い　Battle of Hastings
　　5, 8, 10, 14, 80, 135, 195, 228, 240
『ヘイスティングズの戦いの詩』　Carmen de
　　Hastingae Proelio
　　9, 10, 32, 108, 113, 117, 121, 141, 148, 152, 153,
　　161, 167, 170, 176, 183, 185, 187, 189, 190, 259, 260
ベイリ(前庭部)　bailey　35
平和と友情　pax et amicitia
　　120, 139, 212, 213, 219, 222, 251
平和の侵害　breach of the peace　231
ペヴェンシの城　Pevensey Castle　193
『ベーダの教会史』　Bede's Ecclesiastical
　　History of the English People　12
ペニー銀貨　silver penny　232
ベネディクト(修道院)改革　Benedictine
　　Reform　57, 205
ベネディクト修道士　Benedict monk
　　57, 82, 140, 142
法外者　outlaw　78, 79, 212, 221-223
封建的軍役負担　feudal military obligation　249
封建的バロン領　feudal barony　211
宝珠　orb　90
封臣　feudal tenant　242, 245
封土　feudum; fief　100, 239, 245
捕鯨漁民　→漁民
ボードリアン図書館　Bodleian Library　240
ボーモン家　the Beaumonts　7

マ行

『マクベス』　Macbeth　214, 232
マーシア人の主君　lord of the Mercians　210
マーシア人の伯　earl of the Mercians
　　12, 79, 209-211, 213, 219, 223, 257, 263
マームスベリ修道院　Malmesbury Abbey　14
マント　Mantes　23, 48, 96, 197, 208
ミクルマス　→聖ミカエルの祝日

三つ花弁飾りの王冠(フラ・ダ・リ)　fleur-de-
　　lis　21, 89
「緑の木」の伝説　legend of 'Green Tree'　80
民兵　militia　115, 116, 151, 162, 228
無辜聖嬰児の日　Holy Innocents' Day　79, 81
村人　villanus　247
ムント権　munt　218, 221
命日一覧　necrologium　198, 243, 265, 266
銘文と文献学アカデミ　Académie des
　　Inscriptions et Belles-Lettres　201
名誉回復　restoration　219, 220
命令違反　transgression　221
モータン伯領　comté de Mortain　254
モット・アンド・ベイリ　Motte-and-bailey
　　35, 72
モラ　Mora　102
盛り土(モット)　motte　35, 43, 134
『モールドンの詩』　the Battle of Maldon　199
モールドンの戦い　Battle of Maldon　199
モン・サン・ミシェル(修道院)　Mont-Saint-
　　Michel　56-59, 195-197, 241, 251
文書史料　diplomatic source　14
モンフォールの領主　lord of Montfort　181

ヤ行

ヤール　jarl　210, 216
友情(平和)　→平和と友情
『ユグルタ戦記』　Bellum Iugurthinum　160
ユーワス　Ewyas　222
良き風　leading wind　114, 262
良き人々　goodmen　124, 166, 168, 225, 227
良き法　good law　88, 89
ヨーク大司教座　Archbishopric of York　12, 204
「ヨシュア記」　Book of Joshua　62
「ヨハネによる福音書」　Evangelium secundum
　　Johannem; Book of John　129
鎧張　clinker-built　102

ラ行・ワ

ライディング　Riding　230
ラムスベリとシャーボンの司教　bishop of
　　Ramsbury and Sherborne　216
リジュー司教　bishop of Lisieux　98

日本語	英語	ページ
リチャード1世の戴冠式	coronation of king Richard I	235
リッチモンド伯領	Earldom of Richmond	254
リネン	linen	5, 86, 189, 192, 199, 241
リポン	Ripon	11
龍骨	keel	102, 238
流通税	toll	134
龍(と戦士)の旗	Flag of dragon	165, 185, 231
ルーアンの城	castle of Rouen	43
ル・マンの司教	bishop of Le Mans	102
零細者	bordarius	246
令状	writ	152, 153, 167, 227, 262
礼拝堂司祭	chaplain	7, 141
レオンの城	castle of Lehon	64
歴史書	historia	13
レゲイト石	Regate Stone	82
レミンスタ修道院(ヘレフォードシャ) Leominster Abbey (Herefordshire)		51
レーン制	Lehnswesen	239
連禱	litany	260
「六書」	Hexateuch	62
ロチェスタ司教座聖堂附属修道院 Rochester Cathedral Priory		198
六歩格	Hexameter	11
炉辺	hearth	218
ローマ人の皇帝	→神聖ローマ皇帝	
ロマネスク(ノルマン)様式	Romanesque style	57, 82, 181, 247
ロムジ修道院	Romsey Abbey (Hampshire)	198
『ロロの物語』	The Roman de Rou	14, 21, 26, 29, 37, 55, 68, 84, 93, 96, 99, 106, 114, 122, 126, 140, 143, 150, 157, 162, 173, 178, 184, 188, 252
ロングシップ	Longship	103
ロンドンから来た人々	cil de London	163
ロンドン司教	bishop of London	82, 216
ロンドン尚考学協会	Society of Antiquaries of London	201, 202
和解	settlement	80, 221
ワッペンティク	wapentake	230

謝辞

　私が「バイユーの綴織」と初めて出会ったのは，ロンドン大学に席をおいていた1978年頃だったと記憶している。本屋でたまたま手にしたのが，ギブス＝スミス『バイユーの綴織』であった。それから37年のつきあいになる。当時は，ケントの騎士層のプロソポグラフィカルな研究に重心を移しつつあったときで，『綴織』に縫い込まれた躍動する人々の姿が目に焼きついた。とくに，トゥラルド，ワダード，そしてヴィタールという平の騎士は魅力的であった。というのも，彼らが当時の大きな物語であった『年代記』や『事蹟録』で，その活躍が名前をあげて語られることがなかったからである。この3人がセットとして，縫い込まれたのはなぜか。そこに，「綴織」の秘密をとく糸口がありそうな気がしたのである。それで，この3人を主題に長い論文を書いた。若いときの話ではあるが，ここから「綴織」との長い格闘が始まった。

　「綴織」は，難しい史料である。画像と銘文からなる混成史料ではあるが，決して雄弁ではない。それだからさまざまな解釈が生まれる余地が存在した。なかには，論者の思いつきでしかないものも多々あった。そうした異質な説明は，「綴織」の物語性を壊していったように思われる。「綴織」の物語を書いてみたいと思い始めたのはいつのことだったろうか。最初にその企画を山川出版社に持ち込んだのは，熊本大学に就職して程なくしてのことであるから，30年近く前のことになる。しかし，結論からいえば，できなかった。物語るには当時の私は未熟すぎた。

　1991年から，研究の拠点をバトル・コンファランスに移した。毎年7月末，ヘイスティングズの古戦場バトルにあるパイク・ハウス(Pyke House)に集い，4日間から5日間にわたって寝食をともにしながら，10世紀後半から13世紀初頭のイングランドとノルマンディを中心とした研究報告をめぐって白熱した議論を展開する専門家集団の研究集会である。もともとロンドン大学留学時代に参加していた，歴史学研究所(Institute of Historical Research)で開かれていたアレン・ブラウン教授の前期中世史セミナ(別名水曜日セミナ)を母体とした集会だけに，知った顔も多く，私には居心地のよい場所であった。発表が45分から1時間，質疑応答が30分から15分の報告は真剣勝負の場であった。報告は1日に4本だけで，全員でとる3度の食事と2回の30分のお茶の時間は，報告の激しさとは対照的に，会話のなかにも時がゆっくりと流れ，

緊張した気持ちが和らいだものである。夕食のあと，パイク・ハウスに文字通り隣接したパブ，チェッカーズで過ごす時間は，議論の延長や情報交換，そして酒宴の場であった。7月の南イングランドはいつも美しかった。パイク・ハウスから見る古戦場は夏の強い日差しと，優しい風に揺れていた。

　それからゆうに20年以上の時間が経過した。そのなかで，「バイユーの綴織」は，ほぼ毎年耳にする「おきまりの主題」であった。この間，なんと多くの「物語」を聞いたことか。この場で，私の「綴織」に対する，仮説とプロットが形成されていった。本書において，*Anglo-Norman Studies*に掲載された論文が多用され，英語を中心とした人名表記がなされたのは，フランス語が苦手な私の語学上の能力だけではなく，ヘイスティングズの戦場の場こそが，物語作成の地であったからにほかならない。英語で議論した記憶が脳裏から離れない。

　それにしても，これまで何度物語ろうとしたことか。道を探って私は関係のある土地を彷徨した。ボーランの城跡から，サン・ヴァレリ，フェカン，ルーアン，バイユー，モン・サン・ミシェル，ドル，ディナン。バトルは夏の私の研究拠点であったから古戦場は散歩コースだったし，ペヴェンシヘと何度も車を走らせた。ヘイスティングズからロムニに行く道は夏のおきまりのドライブコースだった。カンタベリやロチェスタは「わたしの」町であった。ハロルド軍がロンドンからバトルへ侵攻したと推測される道を探したものである。しかし，それでも筆は進まなかった。

　風が吹いたのは，設立当初からバトル・コンファランスを陰で支えてきたイアン・ピアスの一言であった。「ヒロ，一緒に『バイユーの綴織』の本を書こう」。私が，人物（ヒト）と事件（コト）を，彼が武具や城や船といった「モノ」を担当することで話が決まった。マジョリ・チブナル先生が，「耳が遠くなって質問ができなくなったからバトル・コンファランスにもう来ない」と宣言された年，パイク・ハウスの玄関先でイアンとともに先生の荷物を持ってタクシーを待っている私に，先生は「イアンと2人で『バイユーの綴織』の本を出すって。楽しみにしているわ」と言われた。それが先生との最後の会話となった。アングロ・サクソンとヴァイキングの武具を専門とするサセックスの偉大な農民歴史家はおしゃべりだった。いつの間にか，わたしたちは本を書くことになっていた。しかし，その彼は私に一度も原稿を見せることなく，2008年11月11日，突然われわれの前から消えた。そしてパイク・ハウスも失

ったバトル・コンファランスは流浪の旅に出た。

　そのとき，私は，方向転換を決めた。日本語で書こう，と。そして山川出版社に再度都合のよい話を持ち込んだ。それでも作業は遅々として進まなかった。ここで，複数の仕事を同時にしていないと精神的安定を得られない，私の「神経的多動性症候群」とでもいうべき研究スタンスを呪う，私の執筆にかかわったすべての編集諸氏に謝罪しておこう。それでも牛歩の歩みではあったが，「絵解きを前面に出したら」という編集者の的確なアドヴァイスもあって執筆は軌道に乗ることができた。本を出すということは，協同作業である。

　この間，河南一氏・春田直紀氏・薫武彦氏はもとより事務補佐の石坂紀美氏をはじめ勤務先の同僚諸氏には本当にお世話になった（これ以外に言葉がみつからない）。1991年の山田雅彦氏とのノルマンディ珍道中は楽しい思い出として残っている。1992年のピカルディからディナンまでの巡見につきあってくれた友人デリック，カトリーヌ，ハナのヴォータス家，そして1993年の巡見に参加した学生たちに感謝したい。カトリーヌは，ルフラン氏からボーランの城の等高線図を掲載する許可をとってくれた。本書に掲載したモデルは，それをもとに井上佳子氏をはじめとする当時の学生たちがつくったものである。現在，ノルマンディで研究者として活躍している藤本太美子氏は，ノルマンディに関するさまざまな情報を提供してくれた。故マジョリ・チブナル，サリ・ハーヴィ，ジョン・ギリンガム，キャサリン・キーツ・ローハン，ウィリアム・エアード，デイヴィッド・ロフ，エミリー・アルブ，クリス・ルイス，マイケル・ルイスの諸氏そしてバトル・コンファランスに集まった多くの友人たちの助言と励ましが私を勇気づけてくれた。とりわけ1978年から私の研究を支えてくれたアン・ウィリアムズの，疑問にメール1本で即座に丁寧で正確に答えてくれる，いつもながらの助言がなければ，この本はできなかっただろう。

　鶴島悦子は必要な画像のいくつかをトレースしてくれたし，鶴島翔は写真におさめてくれた。家族の援助がこの本に縫い込まれたことは喜びである。近視で極度の乱視の私の校正を，成川岳大氏と内川勇太氏の有能な若き友人が助けてくれた。畑奈保美氏の献身的ともいえる努力がこの本を多くの誤りから救ってくれた。

　それにしても，950年ほど前に，人々はどのような思いでこの「綴織」をつ

くったのか。お針子たちは何を思い，何を考えて，布地に糸を通したのか。その丁寧な仕事ぶりは賞賛に値する。2014年の夏，大英図書館の写本室で，セント・オーガスティン修道院の「命日一覧」を読んだ。「バトルの地に倒れた我が兄弟たち」や「ヴィタール」という文言を写し取りながら，「綴織」がカンタベリのこの修道院で作成されたという思いをさらに強くした。はるか昔に亡くなった人たちのいろいろな「思い」を掘り起こし，丁寧にそして正確に「物語」に織り込んでいくことは，歴史を生業(なりわい)とする者のささやかな矜持であろう。本書がそれに値するかどうかは読者の判断を仰ぐしかない。

　最後に，本書を，一人息子を自由奔放に何も束縛せず我が儘に育ててくれた，今は亡き父と静かな老いを迎えている母，そして亡き友に捧げることをお許し願いたい。

　　　　2015年5月26日　　奏文庫にて

　　　　　　　　　　　　　　　　　　　　　　　　　　　　鶴島博和

追記
第Ⅰ部扉の写真の掲載に関して，Portable Antiquities and Treasure, British Museumのご厚意に感謝する。

著者紹介

鶴島博和　つるしま ひろかず
1952年，北海道室蘭市生まれ
1977年，ロンドン大学政治経済学院(London School of Economis)留学
1983年，東北大学大学院文学研究科博士課程後期単位取得退学
現在，熊本大学教育学部教授
　　　FSA(ロンドン尚古協会フェロー)，*FRHistS*(王立歴史学協会フェロー)

「バイユーの綴織」写真提供：Musée de la Tapisserie de Bayeux
Details of the Bayeux Tapestry—11th Century with special permission from the City of Bayeux

バイユーの綴織(タペストリ)を読む
中世のイングランドと環海峡(かんかいきょう)世界

2015年8月10日　1版1刷印刷
2015年8月25日　1版1刷発行

著者：鶴島博和(つるしまひろかず)

発行者：野澤伸平

発行所：株式会社 山川出版社
〒101-0047　東京都千代田区内神田1-13-13
電話　03-3293-8131(営業)　8134(編集)
http://www.yamakawa.co.jp/
振替　00120-9-43993

印刷所：株式会社 プロスト
製本所：株式会社 ブロケード
装幀：菊地信義
デザイン・制作：中村竜太郎

© Hirokazu Tsurushima 2015 Printed in Japan
ISBN978-4-634-64072-6

造本には十分注意しておりますが，万一，
落丁・乱丁などがございましたら，小社営業部宛にお送りください。
送料小社負担にてお取り替えいたします。
定価はカバーに表示してあります。